金陵全書

丁編·文獻類

爾雅注
（晋）郭璞 注

方言注
（晋）郭璞 注

山海經傳
（晋）郭璞 傳

葬經
（晋）郭璞 撰

穆天子傳注
（晋）郭璞 注

南京出版社
南京出版傳媒集團

圖書在版編目（CIP）數據

爾雅注・方言注・山海經傳・葬經・穆天子傳注 /
(晋) 郭璞注、傳、撰. -- 南京 : 南京出版社, 2021.4
（金陵全書）
ISBN 978-7-5533-3193-5

Ⅰ.①爾… Ⅱ.①郭… Ⅲ.①古籍－匯編－中國－東
晋時代 Ⅳ.①Z423.72

中國版本圖書館CIP數據核字（2021）第037885號

書　　名　【金陵全書】（丁編・文獻類）
　　　　　爾雅注・方言注・山海經傳・葬經・穆天子傳注
作　　者　（晋）郭璞
出版發行　南京出版傳媒集團
　　　　　南　京　出　版　社
　　　　　社址：南京市太平門街53號　　郵編：210016
　　　　　網址：http://www.njcbs.cn　　電子信箱：njcbs1988@163.com
　　　　　聯系電話：025-83283893、83283864（營銷）　025-83112257（編務）

出 版 人　項曉寧
出 品 人　盧海鳴
責任編輯　嚴行健
裝幀設計　楊曉崗
責任印製　楊福彬

製　　版　南京新華豐製版有限公司
印　　刷　南京凱德印刷有限公司
開　　本　889毫米×1194毫米　1/16
印　　張　44.75
版　　次　2021年4月第1版
印　　次　2021年4月第1次印刷
書　　號　ISBN　978-7-5533-3193-5
定　　價　800.00元

用微信或京東
APP掃碼購書

用淘寶APP
掃碼購書

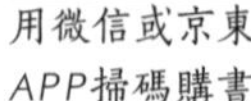

總序

南京，古稱金陵，中國著名的四大古都之一，是國務院首批公佈的國家歷史文化名城。

南京有着六十萬年的人類活動史，近二千五百年的建城史，約四百五十年的建都史，享有『六朝古都』『十朝都會』的美譽。南京歷史的興衰起伏在某種程度上可以説是中國歷史的一個縮影。在中華民族光輝燦爛的歷史長河中，古聖先賢在南京創造了舉世矚目、富有特色的六朝文化、南唐文化、明文化和民國文化，爲中華民族文化的傳承和發展做出了不朽貢獻。然而，由於時代的遞遷、戰争的破壞以及自然的損毁等原因，歷史上南京的輝煌成就以物質文化形態留存下來的相對較少，見諸文獻典籍的則相對較多。南京文獻内涵廣博，卷帙浩繁，版本複雜。截至一九四九年中華人民共和國成立，南京文獻留存下來的有近萬種，在全國歷史文化名城中名列前茅。以六朝《世説新語》《文心雕龍》《昭明文選》，唐朝《建康實録》，宋朝《景定建康志》《六朝事迹編類》，元朝《至正金陵新志》，明朝《洪武京城圖志》《金陵古今圖考》《客座贅語》，清朝《康熙江寧府志》《白下瑣言》，民國《首都計劃》《首都志》《金陵古蹟圖考》等爲代表的南京地方文獻，不僅是南京文化的集中體現，也是中華民族優秀傳統文化的重要組成部分。這些南京文獻，積澱貯存了歷代南京人民的經驗和智慧，翔實地反映了南京地區的社會變遷，是研究南京乃至全國政治、經濟、軍事、文化、外交和民風民俗的重要資料。

歷史上的南京文化輝煌燦爛，各類圖書典籍琳琅滿目。迄今爲止，南京文獻曾經有過三次不同程度的整理。

第一次是距今六百多年前的明朝永樂年間，明朝中央政府在南京組織整理出版了《永樂大典》。《永樂大典》正文二萬二千八百七十七卷，凡例和目録六十卷，分裝成一萬一千零九十五册，總字數約三億七千萬字。書中保存了中國上自先秦、下迄明初的各種典籍資料達七八千種，是中國古代最大的類書。

第二次是民國年間，南京通志館編印了一套《南京文獻》。《南京文獻》每月一期，從一九四七年元月至一九四九年二月共刊行了二十六期，收入南京地方文獻六十七種，包括元明清到民國各個時期的著作，其中收録的部分民國文獻今天已經成爲絶版。

第三次是二〇〇六年以來，南京出版社選取部分南京珍貴文獻，整理出版了一套《南京稀見文獻叢刊》點校本，到二〇二〇年，已經出版了六十九册一百零五種，時代上起六朝，下迄民國，在學術普及方面做出了一定的貢獻。

中華人民共和國成立以來，尤其是改革開放以來，南京的政治、經濟、文化建設飛速發展，但南京文獻的全面系統整理出版工作一直没有得到應有的重視，這與南京這座國家歷史文化名城的地位頗不相稱。據調查，目前有關南京的各類文獻主要保存在南京圖書館、南京市檔案館，以及全國各地的高等院校、科研院所、圖書館、檔案館、博物館，少數流散於民間和國外。一方面，廣大讀者要查閲這些收藏在全國各地的南京文獻殊爲不便；另一方面，許多珍貴的南京文獻隨着歲月的流逝而瀕臨損毁和失傳。南京文獻的存史、資治、教化、育人功能没有得到應有的發揮。

盛世修史（志）。在中華民族和平崛起和大力弘揚民族傳統文化、全力發展民族文化事業的大背景下，在建設『文化南京』的發展思路下，中共南京市委、南京市人民政府於二〇〇九年十二月做出決定，將南京有史以來的地方文獻進行全面系統的匯集、整理和影印出版，輯爲《金陵全書》（以下簡稱《全書》），以更好地搶救和保護鄉邦文獻，傳承民族文化，推動學術研究，促進南京文化建設；同時，也更爲有効地增加南京文獻存世途徑，提昇南京文獻地位，凸顯南京文獻價值。

爲編纂出能够代表當代最高學術水平和科技成就，又經得起時間檢驗的《全書》，我們將編纂工作分成三個階段進行。第一個階段爲調研階段，主要對南京現存文獻的種類、數量、保存現狀以及收藏地點等進行深入細緻的調研，召集專家學者多次進行學術論證和可操作性論證，撰寫出可行性調查報告，爲科學決策提供依據，此項工作主要由中共南京市委宣傳部和南京出版社組織完成。第二個階段爲啓動階段，以二〇〇九年十二月二十四日召開的『《金陵全書》編纂啓動工作會』爲標志，市委主要領導親自到會動員講話，市委宣傳部對《全書》的編纂出版工作作了明確部署。在廣泛徵求專家學者意見的基礎上，確定了《全書》的總體框架設計，確定了將《全書》列爲市委宣傳部每年要實施的重大文化工程，確定了主要參編責任單位和責任人，並分解了任務。第三個階段爲編纂出版階段，主要在全國範圍內進行資料的徵集、遴選和圖書的版式設計、複製、排版及印製工作。

爲了確保《全書》編纂出版工作的順利進行，中共南京市委、南京市人民政府成立了專門的編纂出版組織機構。其中編輯工作領導小組，由中共南京市委、市政府領導以及相關成員單位主要負責人組成；《全書》的編纂出版工作由市委宣傳部總牽頭；學術指導委員會，由蔣贊初、茅家琦、梁白泉等一批全國著名的專家學者組成，負責《全書》的學術審核和把關。

《全書》分爲方志、史料、檔案和文獻四大類。自二〇一〇年起，計劃每年出版四十册左右。鑒於《全書》的整理出版工作難度較大，周期較長，在具體操作中，我們採取了分工協作的方式。市委宣傳部和南京出版社負責《全書》的總體策劃，其中方志部分，主要由南京市地方志編纂委員會辦公室和南京出版傳媒集團·南京出版社共同承擔；史料和文獻部分，主要由南京圖書館承擔；檔案部分，主要由南京市檔案局（館）承擔。《全書》的編輯出版，得到了江蘇省文化廳、江蘇省新聞出版局、江蘇省檔案局（館）、南京大學、南京圖書館、南京市文廣新局、南京市社科聯（社科院）、南京市文聯、金陵圖書館以及各區委宣傳部和地方志辦公室等單位及社會各界的熱情鼓勵和大力支持，尤其是得到了中國國家圖書館和全國各地（包括港臺地區）高等院校、科研院所、圖書館、檔案館、博物館等藏書單位的鼎力相助，在此表示深深的謝意！

我們相信，在中共南京市委、南京市人民政府的長期不懈支持下，在各部門、各單位的積極配合和衆多專家學者的共同努力下，這項功在當代、利在千秋的傳世工程一定能够圓滿完成。

《金陵全書》編輯出版委員會

凡例

一、《金陵全書》（以下簡稱《全書》）收録的南京文獻，分爲方志、史料、檔案和文獻四大類。

二、《全書》按上述四大類分爲甲、乙、丙、丁四編，以不同的封面顏色加以區分；每編酌分細類，原則上以成書時代爲序分爲若幹册，依次編列序號。

三、《全書》收録南京文獻的地域範圍，包括了清代江寧府所轄上元、江寧、句容、溧水、高淳、江浦、六合。

四、《全書》收録的南京文獻，其成書年代的下限爲一九四九年。

五、《全書》收録方志、史料和文獻，盡量選用善本爲底本。《全書》收録的檔案以學術價值和實用價值較高爲原則，一般選用延續時間較長、相對比較完整的檔案全宗。

六、《全書》收録的南京文獻底本如有殘缺、漫漶不清等情況，必要時予以配補、抽换或修描，以保證全書完整清晰；稿本、鈔本、批校本的修改、批注文字等均保留原貌。

七、《全書》收録的南京文獻，每種均撰寫提要，置於該文獻前，以便讀者了解其作者生平、主要内容、學術文化價值、編纂過程、版本源流、底本採用等情況。

八、《全書》所收文獻篇幅較大時，分爲序號相連的若幹册；篇幅較小的文獻，則將數種合編爲一册。

九、《全書》統一版式設計，大部分文獻原大影印；對於少數原版面過大或過小的文獻，適當進行縮小或放大處理，並加以説明。

十、《全書》各册除保留文獻原有頁碼外，均新編頁碼，每册頁碼自爲起訖。

總目録

提要

《爾雅注》三卷，晉郭璞注；《方言注》十三卷，晉郭璞注；《山海經傳》十八卷，晉郭璞傳；《葬經》一卷，舊題晉郭璞撰；《穆天子傳注》六卷，晉郭璞注。

郭璞（二七六—三二四），字景純，河東聞喜（今山西聞喜）人。西晉惠、懷帝間避亂過江，宣城太守殷祐以爲參軍，後爲王導參軍。至建鄴（今江蘇南京），晉元帝又除著作佐郎，尋遷尚書郎，母憂去職。明帝初，王敦起爲記室參軍，以阻王敦謀逆被害。敦平，追贈弘農太守。今南京玄武湖有『郭璞僊墩』，即其衣冠冢。《晉書》本傳稱『璞好經術，博學有高才，而訥於言論，詞賦爲中興之冠。好古文奇字，妙於陰陽算曆』『然性輕易，不修威儀，嗜酒好色，時或過度』。撰有《周易新林》四卷、《毛詩拾遺》一卷、《方言注》十三卷、《三蒼注》三卷、《穆天子傳注》六卷、《山海經傳》十八卷、《山海經圖贊》二卷、《水經注》三卷、《洞林》三卷、《楚辭注》二卷以及大量詩賦誄頌等數十萬言，多傳於世。

《爾雅注》

《爾雅》是一部先秦故訓的彙編，也是中國最早的的辭典，其首篇《釋詁》相傳爲周公所作。漢文帝時《爾雅》被列爲博士。唐文宗時，《爾雅》被刻入『開成石經』，從此正式躋身儒家經典『十三經』之列，爲歷代學者所研習。唐陸德明《經典釋文序錄》云：『《爾雅》者，所以訓釋《五經》，辯章同異，實九流之通路，百氏之指南，多識鳥獸草木之名，博覽而不惑者也。爾，近也；雅，正也。言可近而取正也。』宋邢昺《爾雅疏敘》亦云：『夫《爾雅》者，先儒授教之術，後進索隱之方，誠傳注之濫觴，爲經籍之樞要者也。』可見其在儒家經典中的重要地位。

漢魏時《爾雅》就已出現犍爲文學、劉歆、樊光、李巡、孫炎等人所作的注，今多已亡佚。現存最早最完整的注本就是晉郭璞的《爾雅注》。由其自序可知，郭璞在參考樊光、孫炎等前人舊注的同時，還實地考察，採集各地方言，前後花去十八年的時間，用功之勤，前所未有。其卷數，《隋書·經籍志》云五卷，《經典釋文》《舊唐書·經籍志》等皆著爲三卷，《新唐書·藝文志》又著錄爲一卷，三者不同。盧文弨《經典釋文考證》云『《隋志》作「五卷」，誤』，邵晉涵《爾雅正義》云『《隋書·經籍志》作五卷，疑兼《音》《圖》而言。今本郭注俱作三卷，此其舊題也』。全書共分十九篇，分別爲卷一《釋詁》《釋言》《釋訓》《釋親》，卷二《釋宫》《釋器》《釋樂》《釋天》《釋地》《釋丘》《釋山》《釋水》，卷三《釋草》《釋木》《釋蟲》《釋魚》《釋鳥》《釋獸》《釋畜》，與《漢書·藝文志》著錄的『三卷二十篇』不同。唐孔穎達於《毛詩·關雎》疏文下引有《爾雅·序篇》，學者或謂即《爾雅》第二十篇；又《釋詁》文多，宋元以後注疏本多分爲兩卷，清宋翔鳳就此認爲此篇舊分二篇；又《釋樂》上，學者或疑脱《釋禮》一篇。然《漢志》所錄篇目不可考，故此亦不可確知。

郭璞於《爾雅》隨文爲注，言簡意賅卻徵引宏博，所涉先秦、兩漢典籍近五十種，其中如《魯詩》《逸書》《倉頡》等多爲古本，後來多散佚；闡釋方法獨特，始終貫徹以今語釋古語、以當代方言證雅言的原則，僅《釋草》一篇云『今』『俗』『今江東』者就達五十餘條，不盲從古人、古訓；注釋嚴謹，凡不能目驗、親測而前人說者紛然、義有難明者，多闕疑不妄斷，以致全書明言『未詳』『未聞』者多達百餘處。全書『詞約而義博，事覈而旨遠』（邵晋涵《爾雅正義序》），故撰成後能迅速取代前人舊注，爲歷代學者所稱道。陸德明作《經典釋文》即以之爲正，云：『郭景純治聞强識，詳悉古今，作《爾雅注》，爲世所重。』清代邵晋涵《爾雅正義》與郝懿行《爾雅義疏》兩部《爾雅》新疏代表作，也均以之爲據，故四庫館臣評價云：『璞時去漢未遠，故所注多可據。後人雖迭爲補正，然宏綱大旨，終不出其範圍。』（《四庫全書總目提要》）其價值、影響之巨大，於此可見一斑。

此書版本複雜，除敦煌、吐魯番寫本、『開成石經』外，以臺北『故宫博物院』所藏南宋國子監本和國家圖書館所藏南宋十行本最古。前者保留了五代監本舊式，頗爲當代學者所器重，周祖謨作《爾雅校箋》以之爲本；而後者則爲現存刊刻時間最早的郭璞《爾雅注》刻本。該本共三卷，每卷末附有五代後蜀毋昭裔所撰《爾雅音釋》，瞿氏鐵琴銅劍樓舊藏，避諱至『遘』字，乃典型的南宋初年浙東地區刊本，明清以來一直在江陰、蘇州、常熟一帶藏書家手中遞藏，吴元恭、顧廣圻等曾寓目，毛晋父子曾據之鈔補南宋國子監本的後兩頁，而阮元聘請臧庸撰寫《爾雅注疏校勘記》時卻未曾得觀，十分珍貴。因《四部叢刊》據之影印時文字已有所描改，故此次出版以存其真。

《金陵全書》收錄的《爾雅注》以中國國家圖書館藏南宋十行本爲底本影印出版。原書版框尺寸横長十二點一厘米，縱高十七點四厘米，現調整爲横長十三點八厘米，縱高十九點八厘米。

瞿林江

《方言注》

《方言》，舊題《輶軒使者絕代語釋别國方言》，是中國第一部專門收録比較方言詞彙的典籍，雖正史中並無明確記載，但清代學者戴震、盧文弨、錢繹、王先謙等均認爲是漢代著名文學家揚雄所纂集。揚雄（前五三—一八），字子雲，西漢末年蜀郡郫縣（今四川成都郫都區）人，少年好學，博覽群書，除《方言》外，尚著有《太玄》《法言》以及大量辭賦作品等傳世。他雖未如輶軒使者去各地實地調查周秦異代方言，但卻在其師莊遵（即『嚴君平』）以及林閭翁孺等人所收集的口語材料基礎上，藉助『天下孝廉、衛卒交會，周章質問，以次注續，二十七年，爾乃治正，凡九千字』（應劭《風俗通序》）。所謂『周章質問，以次注續』，即『常把三寸弱翰，齎油素四尺，以問其異語，歸即以鉛摘次之於槧』（《揚雄答劉歆書》），足見其取材之豐富，方法之靈活，用工之精勤。書成後，大約於東漢和帝以後流傳開來，被譽爲『洽見之奇書，不刊之碩記』（郭璞《方言注序》）、『懸諸日月，不刊之書』（李善《文選注》）。郭璞少年治《爾雅》之時，經常涉獵周秦各地方言，故又轉而替此書作注。

今本《方言》均爲郭璞注本，凡十三卷，與《揚雄答劉歆書》所云《方言》原書『十五卷』以及郭《序》中所言『三五之篇』不同，當爲六朝以後的更動；字數據戴震統計爲『一萬一千九百餘字』（《四庫提要》），較應劭《風俗通序》所云亦多出近三千，想是郭璞以前人所增。據王國維的考察，郭璞『全以晋時方言爲主』『廣子雲之説，其例有廣地、有廣言』，其中『廣地』又分『子雲時一方之言，至晋時爲通語者』『又漢時此方之語，晋時或見於彼方』兩例，『廣言』又分『今語雖與古語同，而其義廣狹迥異，或與之相涉，則亦著之』『至義同而語異者，景純亦隨時記於注中』（《觀堂集林·書郭注〈方言〉後二》）兩例，從中可以看出漢晋方言的異同以及有音無字各詞的讀法。正所謂『觸事廣之，演其未及，摘其謬漏』（郭《序》），郭璞可謂是《方言》問世三百餘年後最大的功臣，清人戴震作《方言疏證》、錢繹作《方言箋疏》時均以之爲據。

郭璞《方言注》在北宋時有國子監本，晁公武靖康末年避亂蜀中時曾以之校蜀本，『多所得正，其疑者兩存之』（《郡齋讀書志》）。南宋寧宗慶元六年（一二〇〇），潯陽太守李孟傳據大字本（周祖謨《方言校箋自序》疑即蜀本）『刊置郡齋』，故世稱『宋慶元六年潯陽郡齋刊本』或『贛本』。今監本、蜀本、閩本均未見傳本，衹有贛本流傳下來，故明清人多據之翻刻、校訂。國家圖書館所藏是本每半葉八行，每行十七字，注雙行小字同，白口，四周雙欄。書中鈐有『顧仁效收藏圖書』『仁效』『顧元慶鑒賞印』『横經閣收藏圖籍印』『華亭朱氏』『季振宜藏書』『揚州季氏』『滄葦』『振宜之印』『曉峰珍藏』『曉峰珍閲』『宗室文慤公家世藏』『譚錫慶學看宋版書籍印』『藏園』『雙鑒樓』『雙鑒樓藏書印』『增湘』『雙鑒樓主人珍藏宋本』『傅氏增湘』『正闇經眼』等印，從中可知最早收藏者爲明代吴縣（今江蘇蘇州）

沈辨之野竹齋，後經長洲（今江蘇蘇州）顧仁效、顧元慶、華亭（今上海松江）朱大韶等名家遞藏。明末爲錢曾所得，錢謙益（號牧齋）曾於卷首朱質序後有題跋，因清初書禁，故此頁連同卷二首兩頁均被撤去而加以鈔補。之後，此書被轉售於泰興季振宜，又經秦維嶽（字曉峰）、愛新覺羅·盛昱等遞藏。民國後，又幾經周轉，最終爲傅增湘從北京譚錫慶正文齋中購得。傅氏得此書後，轉赴滬請繆荃孫、沈曾植、楊守敬等人同賞並題識，繼又有鄧邦述、章鈺、王闓運、袁克文、内藤虎、吳昌綾、李盛鐸等題跋，爲此書增色不少。因贛本世所罕見，故傅氏曾將此書寄往日本，請小林氏以珂羅版影印百部，以廣流傳；後又拜託繆荃孫請湖北黃岡刻書名手陶子麟精摹付印，收入《蜀賢叢書》。此後，此本又相繼收入《四部叢刊》《中華再造善本》等，然或偶有描補、剜改之失。

《金陵全書》收錄的《方言注》以中國國家圖書館藏宋慶元六年潯陽郡齋本爲底本原大影印出版。

瞿林江

《山海經傳》

《山海經》由《山經》和《海經》構成，是一部上古奇書，《漢書·藝文志》列入數術略之形法類，《隋書·經籍志》列入史部地理類；《四庫提要》以『道里山川，率難考據，案以耳目所及，百不一真』，遂歸入子部小説類。其作者，司馬遷《史記·大宛列傳》但言『《山海經》所有怪物，余不敢言之也』，未言爲誰作；劉歆《上山海經表》（歆於建平初年曾改名『秀』，然四庫館臣疑此表爲贋託）云『禹別九州，任土作貢，而益（即伯益）等類物善惡，著《山海經》』；王充《論衡·別通篇》云『益主記異物，海外山表，無所不至，以所見聞作《山海經》』，《列子》稱『大禹行而見之，伯益知而名之，夷堅聞而志之』，蓋皆襲劉歆；而《隋志》又云『蕭何得秦圖書，後又得《山海經》，相傳夏禹所記』；四庫館臣因『書中載夏后啓、周文王及秦漢長沙、象郡、餘暨、下嶲諸地名，斷不作於三代以上，殆周秦間人所述，而後來好異者又附益之』，今人多從之。其篇數，劉向校書時原有三十二篇，劉歆重新校定爲十八篇，而《漢志》則著録爲十三篇，輾轉分合，實難定論。加上時代變遷，字譌句脱，『山川名號，所在多有舛謬，與今不同，師訓莫傳，遂將湮泯』，郭璞有感於此，故爲之作傳，『庶幾令逸文不墜於世，奇言不絕於今，夏后之迹，靡刊於將來；八荒之事，有聞於後裔，不亦可乎』（《山海經序》）。

郭璞《山海經傳》，或稱《山海經注》，易篇爲卷，《隋志》《新唐書·藝文志》均著錄爲『二十三卷』，疑即在劉歆校定的十八卷後增入《大荒經》四卷及《海內經》一卷，《舊唐書·經籍志》則著錄爲『十八卷』，蓋即在《漢志》著錄的十三卷後增入《大荒經》《海內經》五卷。因郭璞深信《山海經》所載不可怪，且並非完全閎誕迂誇，故傳中着重圍繞文字校勘、訓詁、名物考證等方面，而採用之方法主要爲徵引前人典籍與列舉實物兩種。所引典籍不僅有如《古山海經圖》等傳世文獻，更有當時如《穆天子傳》《汲塚竹書》等出土文獻，其中不乏今已散佚而當時完璧者；而所列舉實物則揭示其真實性的同時，更突出其神異性，文簡意富，正所謂『疏其壅閡，辟其茀蕪，領其玄致，標其洞涉』（《山海經序》），從而開創了《山海經》玄學視野下的考據之風。後人爲《山海經》作注箋者，明有王崇慶、楊慎，清有吳世臣、汪紱、畢沅、郝懿行等，雖成就各有高下，然均奉郭傳爲圭臬，其首創之功不容忽視。

此書問世後，傳抄、刻印者極多，版本十分複雜。南宋藏書家尤袤自紹興辛未（一一五一）以後的三十年間，先得『京都舊印本』三卷，既又得《道藏》本十八卷、『劉歆所定書』十八篇等十數本，而篇卷均不盡相合。淳熙七年（一一八〇），時任江南東路提舉的尤袤，以『劉歆所定書』『多者十餘簡，少者二三簡，雖卷帙不均，而篇次整比最古，遂爲定本』，以別本『參校得失，於是稍無舛訛，可繕寫』，刻於貴池，世稱『宋淳熙七年池陽郡齋刻本』。泰興季振宜曾藏有此本，惜不知今所在。國家圖書館所藏之本，與季振宜藏本全同，當亦爲尤袤刻本，衹是無尤袤序（袤序今見於國圖藏毛扆跋明刻本後），想爲重裝時脱去。國圖本半頁十行，行二十一字，白口，左右雙欄，避諱至『慎』字，多闕末筆，當爲孝宗時刊本無疑。書中又鈐有『汪士鐘曾讀』『周暹』以及大量『宋存書室』『以增私印』『楊紹和鑒定』『關西節度系關西』等印章，知其爲聊城楊氏海源閣舊藏，中華人民共和國成立初由周叔弢先生捐贈國圖者，前《中華再造善本》《國學基本典籍叢刊》等曾據之影印。

《金陵全書》收錄的《山海經傳》以中國國家圖書館藏宋淳熙七年（一一八〇）池陽郡齋刻本爲底本原大影印出版。

瞿林江

《葬經》

郭璞撰《葬經》（原稱《葬書》）一卷，始見於鄭樵《通志·藝文略》著錄，《宋史·藝文志》因之。陳振孫《直齋書錄解題》作『《續葬書》一卷』云：『稱郭景純，鄙俗依託。』《晉書》本傳並未提及此書，祇言郭璞曾得授河東郭公《青囊中書》九卷，故從此洞悉五行、天文、卜筮之術；又言他曾占卜其母葬地於暨陽（縣治設於今張家港市），去水僅百步許，人以近水爲言，璞卻云『當即爲陸矣』，其後沙漲，去墓數十里皆爲桑田。《世説新語·術解篇》云：『晉明帝解占冢宅，聞郭璞爲人葬，帝微服往看。因問主人：「何以葬龍角？此法當滅族！」主人曰：「郭云：『此葬龍耳，不出三年，當致天子。』」帝問：「爲是出天子邪？」答曰：「非出天子，能致天子問耳。」』《晉書》本傳亦載此事。《南史·張裕傳》又云：『初，裕曾祖澄當葬父，郭璞爲占墓地曰：「葬某處，年過百歲，位至三司，而子孫不蕃；某處，年幾減半，位裁卿校，而累世貴顯。」澄乃葬其劣處，位光禄，年六十四而亡，其子孫遂昌云。』此等事不知是否可信，但郭璞生時即以卜葬相冢墓著名，想是無疑。然《青囊書》後爲其弟子趙載所竊去，未讀而被火焚毁，晁公武《郡齋讀書志》卻著録有郭璞《青囊補注》三卷（《文獻通考·經籍考四十七》引），亦當爲僞託。兩《唐書》又著録《葬書地脈經》《墓書五陰》各一卷，然不云郭璞所撰。蓋葬地之法盛行於東漢以後，此二書亦當爲唐時方士所撰。宋代玄理盛行，儒生又好古成癖，故此書始出，而託名『郭璞』，奉爲《葬經》，然若『必以爲出自璞手，則無可徵信』（《四庫提要》）。

此書今僅存八篇、一千一百五十八字，文辭簡雅，賅括靡遺，敘述相地重要性的同時，又提出具體的相地之法：《氣感篇》以『人受體於父母，本骸得氣（即地氣），遺體（指子女）受廕』言風水之法，《因勢篇》以地氣『其行也因地之勢，其聚也因勢之止』言擇地之法，《平支篇》以『地貴平夷，土貴有支，支之所起，氣隨而始；支之所終，氣隨而鍾』言觀支之法，《山勢篇》以葬山要『乘其所來，審其所廢，擇其所相，避其所害』言擇山之法，《四勢篇》以『葬以左爲青龍，右爲白虎，前爲朱雀，後爲玄武』言擇勢之法，《貴穴篇》以『外氣所以聚內氣』『外無以聚，內氣散於地中』言擇穴之法，《形勢篇》再言『勢止形昂，前澗後岡』等形勢之法，《聚散篇》又言『重岡疊阜，羣壠聚支，當擇其特』等擇壠支之法。據明初王禕《青巖叢錄》，後世葬術分化爲兩派：一是宗廟之法，主於星卦，純取八卦五星以定生剋之理，始於閩中，浙中傳之，而用之者甚鮮；二是江西之法，主於形勢，原其所起，即其所止，以定位向，專指龍、穴、砂、水之相配，肇於贛人楊筠松，而曾文辿及賴大有、謝子逸輩，尤精其學，傳之者甚眾。然無論何派，均可溯源至郭璞，後者即據《葬書》。故此書雖非郭璞所撰，然博雅名通，『後之諸家，雖有精麤本末之殊，而未嘗無深淺源流之合，其枝分派別，蓋皆具體於是書，而流傳於後，分其肢體，各立門户，互相牴牾者也。』（周中孚《鄭堂讀書記》）足見其爲堪輿形法類書籍之鼻祖，價值巨大，毋庸置疑。

此書問世後，廣受追捧，方技家們競相增删、潤色，最多時竟有二十篇。南宋蔡元定病其蕪雜，遂删定爲八篇，此爲今所見本之源頭，或稱『古本』。元吳澄又病蔡本未盡蘊奥，遂重新組合此八篇成三篇，即擇其至純者爲內篇，精粗純駁相半者爲外篇，粗駁當去而姑存者爲雜篇，其弟子劉則章爲之作注，遂爲明清時期通行本，流傳甚廣。明李國木《地理大全》、清《四庫全書》、張受祺《地理正義》、胡珽輯刻《琳琅祕室叢書》等均據吴本錄入，祇有明末藏書家毛晋所刻《津逮祕書》中保存蔡氏原本，清張海鵬《學津討原》據之翻刻。清嘉慶二十四年（一八一九），南京藏書家甘福（一七六八—一八三四）認爲吴本不如蔡本，而蔡本又爲明人篡改爲由，遂取《津逮祕書》本參以家藏各本，重加校訂，務求完善，刻成於甘氏宅邸友恭堂，題名《葬經》，内分八篇。太平軍亂後，此本僅存一部，爲甘福姪甘元煥從灰燼中獲得，今藏南京圖書館。光緒壬午（一八八二），『江南大儒』王宗沂（一八三七—一九〇六）校刊《葬書》時搜羅各本中即以此本爲最善，並建議崇文書局據之重刊。該本書前有甘元煥跋兩篇，書末附有王宗沂跋一紙，書中鈐有『劍侯』『元奐讀書記』『甘氏復廬所藏』諸印。

《金陵全書》收錄的《葬經》以南京圖書館藏清嘉慶二十四年金陵甘氏友恭堂刻本爲底本原大影印出版。

瞿林江

《穆天子傳注》

是書六卷。王隱《晉書·束皙傳》云『《周王遊行》五卷，説周穆王遊行天下之事。今謂之《穆天子傳》』；唐修《晉書·束皙傳》曰『《穆天子傳》五篇，言周穆王遊行四海，見帝台、西王母』。可知原書爲五篇，或謂五卷，乃記周穆王遊行之事，由中書監荀勖、校書郎中傅瓚諸人共同校定。然自《隋書·經籍志》著録『《穆天子傳》六卷，汲塚書，郭璞注』以來，各書目著録多作《穆天子傳》六卷。考汲塚所出《雜書十九篇》中有題爲《周穆王美人盛姬死事》者，疑後人以之屬穆王時事，將其併入，爲《穆天子傳》第六卷。

是書言周穆王遊行之事。第一卷記穆王北征絶漳水西至河宗之邦、陽紆之山，舉行祭祀披圖視典，做好西征出發準備。第二卷記穆王以河宗伯夭爲嚮導，北升春山至於西王母之邦，記沿途接見各部族首領事。第三卷記穆王觴西王母於瑤池，後北至於曠原之野飛鳥之所解其羽處。第四卷記穆王西征還國，里西土之數。第五卷記穆王在周邊封國及畿內巡遊之事。第六卷乃述盛姬死事。書所記甚詳，文頗淳古。

周穆王實有其人，且好遊歷，是書或爲穆王隨行史官之記録及衍生之傳說。因此，自《隋書·經籍志》以下各官私書目均將其著録入史部，或入雜傳類，或入别史類，或入雜史類。然明人胡應麟目之爲小説之濫觴，他在《少室山房筆叢》中論第六卷『淑人盛姬葬哭事』時説：『兹篇獨寡脱簡，而文極贍縟，有法可觀，三代前敘事之詳無若此者，然頗爲小説濫觴矣。』四庫館臣認爲其虽然『體近乎起居注』，『實則恍惚無征』，故歸入《四庫全書》子部小説家類。此後，大多藏書家多將《穆天子傳》歸於『小説家』。民國時期，因其敘述特點與現代小説内涵暗合，遂被尊爲『中國最古小説』。

是書爲研究先秦歷史、文學、中西交通、文化交流等重要史料，具有很高的學術價值。其中卷三所載穆王駕八駿西見王母事廣爲流傳，有好事者作《八駿圖》《瑶池宴圖》記其事，後成爲畫家的經典題材。書中有詩《黄澤謡》（又稱宫樂謡）《白雲謡》《穆天子答辭》《黄竹詩》者備受文人推崇，後世仿作頗多。有關《穆天子傳》中的物典、事典亦被歷代文人廣泛援引。

是書卷前有元王漸序，言劉貞『懼其無傳』，命金陵學官重刊，落款云『時至正十年，歲在庚寅春二月二十七日壬子，北嶽王漸玄翰序』。此劉貞本（至正本）不僅是明正統《道藏》本所據之本，還是明、清以來諸家收藏、閲讀、著錄、校刊最多之本。此外還有天一閣藏本（又名范本）、《漢魏叢書》本（又名程榮校本）、梅鼎祚本、吳琯本（又名《古今逸史》本）、洪頤煊校正本（即《平津館叢書》本）等。

《金陵全書》收録的《穆天子傳注》以南京圖書館藏洪氏平津館刻本爲底本影印出版。原書版框尺寸横長十一點七厘米，縱高十六點六厘米，現調整爲横長十三點三厘米，縱高十八點八厘米。

劉伏玲

金陵全書

丁編·文獻類

爾雅注

（晋）郭璞 注

南京出版社
南京出版傳媒集團

爾雅序

郭璞撰

夫爾雅者所以通詁訓之指歸敘詩人之興詠摠絕代之離詞辯同實而殊號者也誠九流之津涉六藝之鈐鍵學覽者之潭奧摛翰者之華苑也若乃可以博物不惑多識於鳥獸草本之名者莫近於爾雅爾雅者蓋興於中古隆於漢氏豹鼠既辨其業亦顯英儒贍聞之士洪筆麗藻之客靡

不欽玩耽味爲之義訓璞不揆檮昧少而習焉沈研鑽極二九載矣雖註者十餘然猶未詳備並多紛謬有所漏略是以復綴集異聞會稡舊說考方國之語采謠俗之志錯綜樊孫博關羣言剟其瑕礫搴其蕭根事有隱滯援據徵之其所易了闕而不論別爲音圖用袪未寤輒復擁篲清道企望塵躅者以將來君子爲亦有涉乎此也

爾雅卷上

郭璞注

釋詁第一　釋言第二

釋訓第三　釋親第四

釋詁第一

初哉首基肇祖元胎俶落權輿始也尚書曰三月哉生魄詩曰令終有俶又曰俶載南畝又曰訪予落止又曰胡不承權輿胚胎未成亦物之始也其餘皆義之常行者耳此所以釋古今之異言通方俗之殊語

林烝天帝皇王后辟公侯君也詩曰有壬有林又曰文王烝哉其餘義皆通見詩書

弘廓宏溥介純夏幠厖墳嘏丕弈洪誕戎駿假京碩濯訏宇穹壬路淫甫景廢壯冢簡箌昄晊將業席大也詩曰我受命溥將又曰亂如此幠爲下國

駿尨湯孫奏假王公伊濯訏謨定命有壬有林厥聲載路旣有淫威廢爲殘賊爾土宇昄章緇衣之席兮廓落宇宙穹隆至極亦爲大也劉義未聞尸子曰此皆大有十餘名而同一實

幠尨有也二者又爲有也詩曰遂幠大東

迄臻極到赴來弔艐格戾懷摧詹至也齊楚之會郊曰懷宋曰屆詩曰先祖于摧又曰六日不詹詹摧皆楚語方言云

如適之嫁徂逝往也方言云自家而出謂之嫁猶女出爲嫁

賚貢錫畀予貺賜也皆賜與也

儀若祥淑鮮省臧嘉令類綝彀攻穀介徽善也詩曰儀刑文王左傳曰禁禦不若詩曰永錫爾類我車旣攻介人維藩大姒嗣徽音省綝彀未詳其義餘皆常語

舒業順敘也皆謂次敘

舒業順敘緒也四者又爲端緒

怡懌悅欣衎喜愉豫愷康妉般樂也皆見詩

悅懌愉釋賓協服也皆謂喜而服從

遹遵率循由從自也自猶從也

遹遵率循也三者又爲循行

靖惟漠圖詢度咨諏究如慮謨猷肇基訪謀也國語曰詢于八虞咨于二虢度于閎夭謀于南宮諏于蔡原訪于辛尹通謂謀議耳如肇所未詳餘皆見詩

典彝

法則刑範矩庸恒律戛職秩常也[庸戛職秩義見詩書餘皆謂常法耳]柯憲刑範辟律矩則法也[詩曰伐柯伐柯其則不遠論語曰不踰矩]辜辟戾皋也[皆刑罪]黃髮齯齒鮐背耇老壽也[黃髮髮落更生黃者齯齒齒墮更生細者鮐背背皮如鮐魚耇猶耆也皆壽考之通稱]允孚亶展諶誠亮詢信也[方言曰荆吳淮汭之閒曰展燕岱東齊曰諶宋衛曰詢亦皆見詩]展諶允慎亶誠也[轉相訓也詩曰慎爾優遊]謔浪笑敖戲謔也[謂調戲也見詩]粵于爰曰也[書曰土爰稼穡詩曰對越在天王于出征]爰粵于也[轉相訓]爰粵于那都繇於也[左傳曰棄甲則那那猶今人云那那也書曰皋陶曰都繇辭於乎皆語之韻絕]敆郃盇翕仇偶妃匹會合也[皆謂對合也]仇讎敵妃知儀匹也[詩云君子好仇樂子之無知實維我儀國語亦云丹朱憑身以儀之讎猶儔也廣雅云讎輩也]妃合會對也[皆相當對]妃媲也[相偶媲也]紹胤嗣續纂緌績武係繼也[詩曰下武維周緌見釋水餘皆常語]忥謐溢蟄慎貉謐顗頠密寧靜也[忥顗頠未聞其義餘皆見詩傳]隕磒湮下降

爾雅上　二

隊墜摽蘦落也碩猶隕也方俗語有輕重耳湮沈落也摽蘦見詩命令禧畛祈請謁訊誥告
也禧未聞禮記曰畛於鬼神永悠迥違遐逷闊遠也書曰逷矣西土之人永悠迥遠遐也
遐亦遠也轉相訓虧壞圮垝毀也書曰方命圮族詩曰乘彼垝垣虧通語耳矢雉引延順薦劉
繹尸旅陳也禮記曰尸陳也雉順劉皆未詳尸職主也左傳曰殺老牛莫之敢尸詩曰誰其尸之又曰職爲
亂階尸寀也謂寀地寀寮官也官地爲寀同官爲寮績緒采業服宜貫公
事也論語曰仍舊貫餘皆見詩書永羕引延融駿長也宋衛荆吳之閒曰融羕所未詳喬嵩
崇高也皆高大貌左傳曰師叔楚之崇也崇充也亦爲充盛犯奢果毅剋捷功肩
堪勝也陵犯誇奢果毅皆得勝也左傳曰殺敵爲果肩即剋耳書曰西伯堪黎勝肩戡劉殺克也轉相
訓耳公羊傳曰克之者何殺之也劉獮斬刺殺也書曰咸劉厥敵秋獵爲獮應殺氣也公羊傳曰刺之者何殺之也亹
亹蠠沒孟敦勗釗茂劭勔勉也詩曰亹亹文王蠠沒猶黽勉書曰茂哉茂哉方言云周鄭之閒

相勸勉爲勔釗孟未聞鶩務昏暋強也馳鶩事務皆自勉強書曰不昏作勞暋不畏死卬吾台予朕
身甫余言我也卬猶姎也語之轉耳書曰非台小子古者貴賤皆自稱朕禮記云授政任功曰予一人畛於鬼神曰有某甫言
見詩朕余躬身也今人亦自呼爲身台朕賚畀卜陽予也賚卜畀皆賜與也與猶予
也因通其名耳魯詩云陽如之何今巴濮之人自呼阿陽肅延誘薦餤晉寅藎進也禮記曰主人肅
客詩曰亂是用餤王之藎臣易曰晉進也寅未詳羞餞迪烝進也皆見詩禮詔亮左右相
導也皆謂教導之詔相導左右助勴也勴謂贊勉亮介尚右也紹介勸尚皆相
佑助左右亮也反覆相訓以盡其義緝熙烈顯昭晧熲光也詩曰學有緝熙于光明又
曰休有烈光劼鞏堅篤掔虔膠固也劼虔皆見詩書易曰鞏用黃牛之革固志也掔然亦牢固之意
疇昔疇孰誰也易曰疇離祉暀暀皇皇藐藐穆穆休嘉珍褘懿鑠
美也自穆穆已上皆美盛之貌其餘常語諧輯協和也書曰八音克諧左傳曰百姓輯睦關關噰

噰音聲和也皆鳥鳴相和勰燮和也書曰燮友柔克從申神加弼崇重
也隨從弼輔增崇皆所以爲重疊神所未詳殼悉卒泯忽滅罄空畢罊殲拔殄
盡也殼今直語耳忽然盡貌今江東呼厭極爲罊餘皆見詩苞蕪茂豐也苞叢繁蕪皆豐盛揫斂屈
收戢蒐裒鳩樓聚也禮記曰秋之言揫揫斂也春獵爲蒐蒐者以其聚人衆也詩曰屈此羣醜原隰裒矣左傳曰以
鳩其民樓猶今言拘樓聚也肅齊遄速亟屢數迅疾也詩曰仲山甫徂齊疌駿肅
亟遄速也詩曰不疌故也駿猶迅速亦疾也壑阬阬滕徵隍漮虛也壑谿壑也阬阬
謂阬壍也隍城池無水者方言云漮之言空也皆謂丘墟耳滕徵未詳黎庶烝多醜師旅衆也皆見詩洋
觀裒衆那多也詩曰薄言觀者又曰受福不那洋溢亦多貌流差柬擇也皆選擇見詩戰
慄震驚戁竦恐慴懼也詩曰不戁不竦慴即懾也痡瘏虺頹玄黃劬勞
咎顇瘽瘉鰥戮癙癵𤸇痒疷疵閔逐疚痗瘥痱癉瘵

瘼癠病也虺頹玄黃皆人病之通名而說者便爲之馬病失其義也詩曰生我劬勞書曰智藏瘝在相戮辱亦可恥病也今江東呼病曰瘵東齊曰瘼禮記曰親癠色容不盛戮逐未詳餘皆見詩恙寫悝盱繇慘恤罹憂也今人云無恙謂無憂也寫有憂者思散寫也詩曰悠悠我悝云何盱矣繇役亦爲憂愁也倫勩邛敕勤愉庸癉勞也詩曰莫知我勩維王之邛哀我癉人國語曰無功庸者倫理事務以相約敕亦爲勞勞苦者多惰愉今字或作窳同勞來強事謂翦𥬯勤也詩曰職勞不來自勉強者亦勤力者由事事故爲勤也詩曰迨其謂之翦𥬯未詳悠傷憂思也皆感思也懷惟慮願念惄思也詩曰惄如調飢祿祉履戩祓禧褫祜福也詩曰福履綏之俾爾戩穀祓祿康矣褫禧書傳不見其義未詳禋祀祠烝嘗禴祭也書曰禋于六宗餘者皆以爲四時祭名也儼恪祗翼諲恭欽寅熯敬也儼然敬貌書曰夙夜惟寅詩曰我孔熯矣諲未詳朝旦夙晨晙早也晙亦明也須竢替戾底止徯待也書曰徯我后今河北人語亦然替戾底者皆止也止亦相待噊幾烖殆危也幾猶殆也噊烖未詳譏汔也謂相摩近治肆古

故也治未詳肆古見詩書肆故今也肆既爲故又爲今今亦爲故故亦爲今此義相反而兼通者事例在下而皆見詩惇亶祜篤掔仍肶埤竺腹厚也頻仍埤益肶輔皆重厚掔然厚貌餘皆見詩書載謨食詐僞也載者言而不信謨者謀而不忠書曰朕不食言話猷載行訛言也詩曰愼爾出話猷者道道亦言也周禮曰作盟詛之載今江東通謂語爲行世以妖言爲訛遘逢遇也謂相遭遇遘逢遇遻也轉復爲相觸遻遘逢遇遻見也行而相值即見顯昭覲釗覿見也顯昭明見也逸書曰釗我周王監瞻臨涖頫相視也皆謂察視也鞠詾溢盈也詩曰降此鞠詾孔魄哉延虛無之言間也孔穴延魄虛無皆有間隙餘未詳瘞幽隱匿蔽竄微也微謂逃藏也左傳曰其徒微之是也訖徽妥懷安按替戾底底尼定曷遏止也妥者坐也懷者至也按抑按也替廢皆止住也戾底義見詩傳國語曰戾久將底孟子曰行或尼之今以逆相止爲遏徽未詳豫射厭也詩曰服之無斁豫未詳烈績業也謂功業也績勳功也謂功勞也功績質登平

明考就成也功績皆有成詩曰質爾民人禮記曰年穀不登穀梁傳曰平者成也事有分明亦成濟也梏梗較頲庭道直也梏梗較頲皆正直也詩曰既庭且碩頲道無所屈密康靜也皆安靜也豫寧綏康柔安也皆見詩書平均夷弟易也皆謂易直矢弛也弛放弛易也相延易希寡鮮罕也罕亦希也鮮寡也謂少酬酢侑報也此通謂相報荅不主于飲酒毗劉暴樂也謂樹木葉缺落蔭疎暴樂見詩覭髳茀離也謂草木之叢茸翳薈也茀離即彌離彌離猶蒙蘢耳孫叔然字別為義失矣蠱謟貳疑也蠱惑有貳心者皆疑也左傳曰天命不謟音縚楨翰儀榦也詩曰維周之翰儀表亦體榦弼棐輔比俌也書曰天畏棐忱易曰比輔也俌猶輔也疆界邊衛圉垂也疆埸竟界邊旁營衛守圉皆在外垂也左傳曰聊以固吾圉也昌敵彊應丁當也書曰禹拜昌言彊者好與物相當值浡肩搖動蠢迪俶厲作也浡然興作貌蠢動作公羊傳曰俶甚也穀梁傳曰始厲樂矣肩見書迪未詳茲斯咨呰已此也呰已皆方俗異語嗟咨⿰镸差也今河北人云⿰镸差歎音兎罝閑

狎串貫習也串厭串貫貫忕也今俗語皆然曩塵佇淹留久也塵垢佇企淹滯皆稽久逮及暨與也公羊傳曰會及暨皆與也逮亦及也隮假格陟躋登陞也方言曰魯衛之閒曰隮梁益曰格禮記曰天王登遐公羊傳曰躋者何陞也揮盝歇涸竭也月令曰無漉陂池國語曰水涸而成梁揮振去水亦為竭歇通語挋拭刷清也振訊抆拭埽刷皆所以為絜清鴻昏於顯間代也鴻鴈知運代昏主代明明亦代昏顯即明也閒錯亦相代於義未詳饁饟饋也國語曰其妻饁之遷運徙也今江東通言遷徙秉拱執也兩手持為拱廞熙興也書曰庶績咸熙廞見周官衛蹶假嘉也詩序曰假樂嘉成王也餘未詳廢稅赦舍也詩曰召伯所稅舍放置棲遲憩休苦㪴齂呬息也棲遲遊息也苦勞者宜止息憩見詩㪴齂呬皆氣息貌今東齊呼息為呬也供峙共具也皆謂備具煤憐惠愛也煤韓鄭語今江東通呼為憐娠蠢震戁妯騷感訛蹶動也娠猶震也詩曰憂心且妯無感我帨兮或寢或訛蠢戁騷蹶皆搖動貌覆察副審也覆校察視副長皆所為審諦契滅殄絕

也今江東呼刻斷物爲契斷郡臻仍迺侯乃也迺即乃餘未詳迪繇訓道也義皆見詩書
僉咸胥皆也東齊曰胥見方言育孟耆艾正伯長也育養亦爲長正伯皆官長艾
歷也長者多更歷歷秭算數也歷歷數也今以十億爲秭論語云何足算也歷傅也傅近艾
歷覛胥相也覛謂相視也公羊傳曰胥盟者何相盟也艾歷未詳乂亂靖神弗淈治也
論語曰予有亂臣十人淈書序作汩音同耳神未詳餘並見詩書頤艾育養也汝潁梁宋之間曰艾方言云汱渾
隕隊也汱渾皆水落皃際接翜捷也捷謂相接續也毖神溢慎也神未詳餘見詩書鬱
陶繇喜也孟子曰鬱陶思君禮記曰人喜則斯陶陶斯詠詠斯猶猶即繇也古今字耳馘穧獲也今以獲賊耳爲
馘獲禾爲穧並見詩阻艱難也皆險難剡絜利也詩曰以我剡耜允任壬佞也書曰而難
任人允信者佞人似信壬猶任也俾拼抨使也皆謂使令見詩俾拼抨使從也四者又爲隨從
儴仍因也皆謂因緣董督正也皆謂御正享孝也享祀孝道珍享獻也珍物

宜獻穀梁傳曰諸侯不享覲縱縮亂也縱放掣緒皆亂法也探篹俘取也書曰俘厥寶玉篹者奪取也探者摸取也徂在存也以徂爲存猶以亂爲治以曩爲曏以故爲今此皆詁訓義有反覆旁通美惡不嫌同名在存省士察也書曰在璿璣玉衡士理官亦主聽察存即在烈枿餘也晉衛之間曰蘖陳鄭之間曰烈迓迎也公羊傳曰跛者迓跛者元良首也左傳曰狄人歸先軫之元良未聞薦摯臻也薦進也摯至也故皆爲臻臻至也賡揚續也書曰乃賡載歌揚未詳祔祪祖也祔付也付新死於祖廟祪毀廟主即尼也即猶今也尼者近也尸子曰悅尼而來遠尼定也尼者止也止亦定邇幾暱近也暱親近也妥安坐也禮記曰妥而后傳命貉縮綸也綸者繩也謂牽縛縮貉之今俗語亦然貉嘆安定也皆靜定見詩伊維也發語辭伊維侯也詩曰侯誰在矣互相訓時寔是也公羊傳曰寔來者何是來也卒猷假輟已也猷假未詳求酋在卒就終也詩曰嗣先公爾酋矣成就亦終也其餘未詳崩薨無祿卒徂落殪死也古者死亡尊卑同稱耳故尚書堯曰殂落舜曰陟方乃死

釋言第二

殷齊中也書曰以殷仲春釋地曰岠齊州以南斯誃離也齊陳曰斯誃見詩謖興起也禮記曰尸謖還復返也宣徇徧也皆周徧也馹遽傳也皆轉車驛馬之名蒙荒奄也奄奄覆也皆見詩告謁請也皆求請也肅嗈聲也詩曰肅嗈和鳴格懷來也書曰格尔衆庶懷見詩昣厎致也皆見詩傳恀怙恃也今江東呼母爲恀音是律遹述也皆叙述也方俗語耳俞畣然也禮記曰男唯女俞畣者應也亦爲然豫臚叙也皆陳叙也庶幾尚也詩曰不尚息焉觀指示也國語曰且觀之兵若惠順也詩曰惠然肯來敖憮傲也禮記曰無憮無傲傲慢也幼鞠稚也書曰不念鞠子哀逸諐過也書曰汝則有逸罰疑休戾也戾止也疑者亦止疾齊壯也壯壯事謂速也齊亦疾悈褊急也皆急狹貿賈市也詩曰抱布貿絲厞陋隱也禮記曰厞用席書曰揚側陋遏遾逮也東齊曰遏北燕曰遾皆相及逮征邁行也詩曰

王于出征邁亦行圮敗覆也謂毀覆荐原再也易曰水荐至今呼重蠶爲蠒憮敉撫也
憮愛撫也敉義見書臞脙瘠也齊人謂瘠瘦爲脙桄頻充也皆充盛也屢暱亟也親暱者亦
數亟亦數也靡罔無也爽差也爽忒也皆謂用心差錯不專一佴貳也佴次爲副貳劑
翦齊也南方人呼翦刀爲劑刀饙餾稔也今呼餐飯爲饙饙熟爲餾媵將送也左傳曰以媵秦
穆姬詩曰遠于將之作造爲也餥餱食也方言云陳楚之間相呼食爲餥鞫究窮也皆窮盡也
見詩滷矜鹹苦也滷苦地也可矜憐者亦辛苦苦即大鹹干流求也詩曰左右流之流覃也覃
延也皆謂蔓延相被及佻偷也謂苟且潛深也潛深測也測亦水深之別名穀鞠
生也詩曰穀則異室啜茹也啜者拾食茹虞度也皆測度也詩曰不可以茹試式用也見詩
書誥誓謹也皆所以約勤謹戒衆競逐彊也皆自勉彊禦圉禁也禁制窒薶塞
也謂塞孔穴黼黻彰也黼文如斧黻文如兩已相背膺身親也謂躬親愷悌發也發發

行也詩曰齊子愷悌髦士官也取俊士令居官畯農夫也今之嗇夫是也蓋割裂也蓋未詳邕支載也皆方俗語亦未詳諈諉累也以事相屬累爲諈諉漠察清也皆清明庇庥廕也今俗語呼樹蔭爲庥穀履祿也書曰既富方穀詩曰福履將之履禮也禮可以履行見易隱占也隱度逆迎也憯曾也發語辭見詩增益也今江東通言增窶貧也謂貧陋薆隱也謂隱蔽僾唈也嗚唈短氣皆見詩基經也基業所以自經營基設也亦爲造設祺祥也謂徵祥祺吉也祥吉之先見兆域也謂塋界肇敏也書曰肇牽車牛挾藏也今江東通言挾浹徹也謂霑徹替廢也替滅也亦爲滅絕速徵也徵召也易曰不速之客琛寶也詩曰來獻其琛探試也刺探嘗試髦選也俊士之選髦俊也士中之俊如毛中之髦俾職也使供職紕飾也謂緣飾見詩凌慄也凌懅戰慄慄慼也戰慄者憂慼蠲明也蠲清明貌茅明也左傳曰前茅慮無明朗也猷圖

也（周官曰以猷鬼神祇謂圖畫）猷若也（詩曰寔命不猷）偁舉也（書曰偁爾戈）稱好也（物稱人意亦爲好）坎律銓也（易坎卦主法法律皆所以銓量輕重）矢誓也（相約誓、）舫舟也（並兩船）泳游也（潛行游水底）迨及也（東齊曰迨）冥幼也（幼稚者冥昧）降下也傭均也（齊等）強暴也（強梁凌暴）窕肆也（輕窕者好放肆）肆力也（肆極力）俅戴也（詩曰戴弁俅俅）瘞幽也（幽亦薶也）氂罽也（毛氂所以爲罽）烘燎也（謂燒燎）煁烓也（今之三隅竈見詩）陪朝也（陪位爲朝）康苛也（謂苛刻）樊藩也（謂藩籬）賦量也（賦稅所以評量）粻糧也（今江東通言粻）庶侈也（庶者衆多爲奢侈）庶幸也（庶幾僥倖）筑拾也（謂拾掇）奘駔也（今江東呼大爲駔駔猶麤也）集會也舫泭也（水中簰筏）洵均也（謂調均）洵龕也（未詳）逮遝也（今荆楚人皆云遝音沓）是則也（是事可法則）畫形也（畫者爲形象）賑富也（謂隱賑富有）局分也（謂分部）懠怒也（詩曰天之方懠音薺）僁聲也（謂聲音、）葵揆也（詩曰天子葵之）揆度也商度逮及也惄飢也惄然飢意眕重也謂厚重見左傳𤞞虐也淩𤞞暴虐土田也別二名戍遏也戍守所以止寇賊師人也謂人衆硈鞏也硈然堅固棄忘也䁥閑也䁥然閑暇貌謀心也謀慮以心獻聖也謚法曰聰明睿智曰獻里邑也謂邑居襄除也詩曰不可襄振古也詩曰振古如兹猶云久若此懟怨也縭介也縭者繫介猶閡號謼也今江東皆言謼凶咎也苞稹也今人呼物叢緻者爲稹逜寤也相干寤顁題也題額也詩曰麟之定猷肯可也詩曰猷來無棄肯今通言務侮也詩曰外禦其侮貽遺也相歸遺貿買也廣二名賄財也甲狎也謂習狎菼騅也菼亂也詩曰毳衣如菼菼草色如騅在青白之間粲餐也今河北人呼食爲餐渝變也謂變易宜肴也詩曰與子宜之夷悅也詩曰我心則夷顛頂也頭上耋老也八十爲耋輶輕也詩曰德輶如毛俴淺也詩曰小戎俴收綯絞也糾絞繩索訛化也詩曰四國是訛跋躐也詩曰狼跋其胡

疐跲也詩曰載疐其尾烝塵也人衆所以生塵埃戎相也相佐助餯私也宴飲之私孺
屬也謂親屬幕暮也幕然暮夜熵熾也熾盛也互相訓熵義見詩本
也謂根本窕閒也窈窕閒隙淪率也相率使罹毒也憂恩慘毒檢同也模範同等
郵過也道路所經過遜遯也謂逃去斃踣也前覆僨僵也却偃畛殄也謂殄
絶曷盍也盍何不虹潰也謂潰敗隌闇也隌然冥貌翏膠也膠黏翏孔甚也
厥其也戛禮也謂常禮闍臺也城門臺囚拘也謂拘執攸所也展
適也得自申展皆適意鬱氣也鬱然氣出宅居也休慶也祈叫也祈祭者叫
呼而請事濬幽深也濬亦深也哲智也弄玩也尹正也謂官正也皇匡正也
詩曰四國是皇服整也服御之令齊整聘問也見穀梁傳愧慙也殛誅也書曰鯀則殛死克能
也翌明也書曰翌日乃瘳訩訟也言訩譊晦冥也奔走也逡退也外傳曰巳

而逡復於事　踣仆也頓躓倒仆　亞次也　諗念也相思念　屆極也有所限極　奄同也
詩曰奄有龜蒙　弇蓋也謂覆蓋　恫痛也詩曰神罔時恫　握具也謂備具　振訊也振者奮迅　閱
恨也相怨恨　越揚也謂發揚　對遂也詩曰對揚王休　燬火也詩曰王室如燬燬燬齊人語　懈怠
也　宣緩也謂寬緩　遇偶也偶爾相值遇　曩鄉也國語曰曩而言戲也　偟暇也詩曰不遑
啓處　宵夜也　懊忨也謂愛忨　愒貪也謂貪羨　榰柱也相榰柱　裁節也　並
併也詩曰並坐鼓瑟　卒既也既已　慒慮也謂謀慮也　將資也謂資裝　薾紩也今人
呼縫紩衣為薾　遞迭也更迭　矧況也譬況　廩廯也或說云即倉廩所未詳　逭逃也亦見禮記
訊言也相問訊　閒俔也左傳謂之諜今之細作也　沄流也水流漭沆　干扞也相扞衛
趾足也足脚　跀刖也斷足　襄駕也書曰懷山襄陵　忝辱也　燠㶽也今江東通
言燠　塊堛也土塊也外傳曰枕由以堛　將齊也謂分齊也詩曰或肆或將　餬饘也糜也　啓跪也

小跽 矏密也 謂緻密 開闢也 書曰闢四門 袍襺也 左傳曰重襺衣裘 障畛也 謂壅障 靦姡也 面姡然 鬻糜也 淖糜 舒緩也 謂遲緩 翢纛也 今之羽葆幢 纛翳也 舞者所以自蔽翳 隍壑也 城池空者爲壑 芼搴也 謂拔取菜 典經也 威則也 威儀可法則 苛妎也 煩苛者多嫉妎 芾小也 芾者小貌 迷惑也 狃復也 狃忕復爲 逼迫也 般還也 左傳曰般馬之聲 班賦也 謂布與 濟渡也 濟成也 濟益也 所以廣異訓各隨事爲義 緍綸也 詩曰維絲伊緍緍繩也江東謂之綸 辟歷也 未詳 漦盝也 漉漉出涎沫 寬綽也 謂寬裕也 衮黻也 衮衣有黻文 華皇也 釋草曰葟華榮 昆後也 謂先後方俗語 彌終也 終竟也

釋訓第三

明明斤斤察也 皆聰明鑒察 條條秩秩智也 皆智思深長 穆穆肅肅

敬也皆容儀謹敬 諸諸便便辯也皆言辭辯給 肅肅翼翼恭也皆恭敬
廱廱優優和也皆和樂 兢兢憴憴戒也皆戒慎 戰戰蹌蹌
動也皆恐動趨步 晏晏溫溫柔也皆和柔 業業翹翹危也皆危懸 惴
惴憢憢懼也皆危懼 番番矯矯勇也皆壯勇之貌 桓桓烈烈威
也皆嚴猛之貌 洸洸赳赳武也皆果毅之貌 藹藹濟濟止也皆賢士盛多之容止
悠悠洋洋思也皆憂思 蹶蹶踖踖敏也皆便速敏捷 薨薨增增
衆也皆衆夥之貌 烝烝遂遂作也皆物盛興作之貌 委委佗佗美也皆佳麗美
豔之貌 忯忯惕惕愛也詩云心焉惕惕韓詩以爲悦人故言愛也忯忯未詳 偁偁格格舉也
皆舉持物 蓁蓁孽孽戴也皆頭戴物 懕懕媞媞安也皆好人安詳之容 祁
祁遲遲徐也皆安徐 丕丕簡簡大也皆多大 存存萌萌在也萌萌

未見所出懋懋慔慔勉也皆自勉強庸庸慅慅勞也皆劬勞也赫赫躍躍迅也皆盛疾之貌綽綽爰爰緩也皆寬緩也悠悠偁偁丕丕簡簡存存懋懋庸庸綽綽盡重語坎坎墫墫喜也皆鼓舞懽喜瞿瞿休休儉也皆良士節儉旭旭蹻蹻憍也皆小人得志憍蹇之貌夢夢訰訰亂也皆闇亂爆爆邈邈悶也皆煩悶儚儚洄洄惽也皆迷惽版版盪盪僻也皆邪僻爞爞炎炎薰也皆旱熱薰炙人居居究究惡也皆相憎惡仇仇敖敖傲也皆傲慢賢者佌佌瑣瑣小也皆才器細陋悄悄慘慘慍也皆賢人愁恨痯痯瘐瘐病也皆賢人失志懷憂病也殷殷惸惸忉忉慱慱欽欽京京忡忡惙惙怲怲弈弈憂也此皆作者歌事以詠心憂畇畇田也言墾辟也畟畟耜也言嚴利郝郝耕也言土解繹繹生也言種調穟穟苗也言茂好也綿綿穮也言芸精挃挃穫

也刈禾聲 栗栗衆也積聚緻 溞溞淅也淅米聲 烰烰烝也氣出盛 俅俅
服也謂戴弁服 峨峨祭也謂執圭璋助祭 鍠鍠樂也鐘鼓音 穰穰福也言饒多
子子孫孫引無極也世世昌盛長無窮 顒顒卬卬君之德也道君人者之德
望 丁丁嚶嚶相切直也丁丁斫木聲嚶嚶兩鳥鳴以喻朋友切磋相正 藹藹萋萋臣
盡力也梧桐茂賢士衆地極化臣竭忠 雝雝喈喈民協服也鳳凰應德鳴相和百姓懷附興頌歌 佻
佻契契愈遐急也賦役不均小國困竭賢人憂歎遠益急切 宴宴粲粲尼居息
也盛飾宴安近處優閑 哀哀悽悽懷報德也悲苦征役思所生也 儵儵嘒嘒罹禍
毒也悼王道穢塞羨蟬鳴自得傷己失所遭讒賊 晏晏旦旦悔爽忒也傷見絕弃恨士失也 皐皐
琄琄刺素食也譏無功德尸寵祿也 懽懽愮愮憂無告也賢者憂懼無所訴也 憲
憲洩洩制法則也佐興虐政設教令也 謔謔謞謞崇讒慝也樂禍助虐增譖惡也

翕翕訿訿莫供職也（賢者陵替姦黨熾背公恤私曠職事）速速蹙蹙惟逑鞫也（陋人專祿國侵削賢士永哀念窮迫）抑抑密也（威儀審諦）秩秩清也（德音清泠）甹夆掣曳也（謂牽拕）朔北方也（謂幽朔）不俟不來也（不可待是不復來）不遹不蹟也（言不循軌跡也）不徹不道也（徹亦道也）勿念勿忘也（勿念念也）萲諼忘也（義見伯兮考槃詩）每有雖也（詩曰每有良朋辭之雖也）饎酒食也（猶今云饎饌皆一語而兼通）舞號雩也（雩之祭舞者吁嗟而請雨）暨不及也（公羊傳曰及我欲之暨不得已暨不得已是不得及）蠢不遜也（蠢動爲惡不謙遜也）如切如磋道學也（骨象須切磋而爲器人須學問以成德）如琢如磨自脩也（玉石之被雕磨猶人自脩飾）瑟兮僩兮恂慄也（恂戰慄）赫兮烜兮威儀也（貌光宣）有斐君子終不可諼兮（斐文貌）道盛德至善民之不能忘也（常思詠）既微且尰骭瘍爲微腫足爲尰（骭脚脛瘍瘡）是刈是穫鑊煮之也（煮葛

爲絺綌

履帝武敏武迹也敏拇也 拇迹大指處 張仲孝友 周宣王時賢臣 善父母爲孝善兄弟爲友有客宿宿言再宿也有客信信言四宿也 再宿爲信重言之故知四宿 美女爲媛 所以結好媛 美士爲彥 人所彥詠 其虛其徐威儀容止也 雍容都雅之貌 猗嗟名兮目上爲名 眉眼之閒 式微式微者微乎微者也 言至微 之子者是子也 斥所詠 徒御不驚輦者也 步挽輦車 襢裼肉袒也 脫衣而見體 暴虎徒搏也 空手執也 馮河徒涉也 無舟楫 籧篨口柔也 籧篨之疾不能俯口柔之人視人顏色常亦不伏因以名云 戚施面柔也 戚施之疾不能仰面柔之人常俯似之亦以名云 夸毗體柔也 屈己卑身以柔順人也 婆娑舞也 舞者之容 擗拊心也 謂椎胷也 矜憐撫掩之也 撫掩猶撫拍謂慰恤也 緎羔裘之縫也 縫飾羔皮之名 殿屎呻也 呻吟之聲 幬謂之帳 今江東亦謂帳爲幬 侜張誑也 書曰無或侜張爲幻

幻惑欺誑人者誰昔昔也誰發語辭不辰不時也辰亦時也凡曲者爲罶毛詩傳曰罶曲梁也凡以簿爲魚笱者名爲罶鬼之爲言歸也尸子曰古者謂死人爲歸人

釋親第四

父爲考母爲妣禮記曰生曰父母妻死曰考妣嬪今世學者從之按尚書曰大傷厥考心事厥考厥長聰聽祖考之彝訓如喪考妣公羊傳曰惠公者何隱之考也仲子者何桓之母也蒼頡篇曰考妣延年書曰嬪于虞詩曰聿嬪于京周禮有九嬪之官明此非死生之異稱矣其義猶今謂兄爲晜妹爲媦即是此例也父之考爲王父父之妣爲王母加王者尊之王父之考爲曾祖王父王父之妣爲曾祖王母曾猶重也曾祖王父之考爲高祖王父曾祖王父之妣爲高祖王母高者言最在上父之世父叔父爲從祖祖父父之世母叔母爲從祖祖母從祖而別世統異故父之晜弟先生爲世父後生爲叔父世有爲嫡者嗣世統故也男子先

生爲兄，後生爲弟。男子謂女子先生爲姊，後生爲妹。父之姊妹爲姑。父之從父昆弟爲從祖父，父之從祖昆弟爲族父，族父之子相謂爲族昆弟，族昆弟之子相謂爲親同姓。同姓之親無服屬。兄之子、弟之子相謂爲從父昆弟。從父而別。子之子爲孫，孫猶後也。孫之子爲曾孫，曾猶重也。曾孫之子爲玄孫，玄者言親屬微昧也。玄孫之子爲來孫，言有往來之親。來孫之子爲昆孫，昆後也。汲冢竹書曰：不窋之昆孫。昆孫之子爲仍孫，仍亦重也。仍孫之子爲雲孫。言輕遠如浮雲。王父之姊妹爲王姑。曾祖王父之姊妹爲曾祖王姑。高祖王父之姊妹爲高祖王姑。父之從父姊妹爲從祖姑。父之從祖姊妹爲族祖姑。父之從父昆弟之母爲從祖王母。父之從祖晜弟之母爲族祖王母父之兄妻爲世母父之弟妻爲叔母父之從父晜弟之妻爲從祖母父之從祖晜弟之妻爲族祖母父之從祖祖父爲族曾王父父之從祖祖母爲族曾王母父之妾爲庶母祖王父也晜兄也今江東人通言晜

宗族

母之考爲外王父母之妣爲外王母母之王考爲外曾王父母之王妣爲外曾王母異姓故言外母之晜弟爲舅母之從父晜弟爲從舅母之姊妹爲從母從母之男子爲從母晜弟其女子子爲從母姊妹

母黨

妻之父爲外舅，妻之母爲外姑。謂我舅者吾謂之甥，然則亦宜呼婿爲甥。孟子曰帝館甥于二室是。姑之子爲甥，舅之子爲甥，妻之晜弟爲甥，姊妹之夫爲甥。四人體敵，故更相爲甥。甥猶生也。今人相呼蓋依此。妻之姊妹同出爲姨。同出謂俱已嫁。詩曰邢侯之姨。女子謂姊妹之夫爲私。詩曰譚公維私。男子謂姊妹之子爲出。公羊傳曰蓋舅出。女子謂晜弟之子爲姪。左傳曰姪其從姑。謂出之子爲離孫，謂姪之子爲歸孫，女子子之子爲外孫。女子同出，謂先生爲姒，後生爲娣。同出謂俱嫁事一夫。公羊傳曰諸侯娶一國，二國往媵之，以姪娣從。娣者何？弟也。此即其義也。女子謂兄之妻爲嫂，弟之妻爲婦。猶今言新婦是也。長婦謂稚婦爲娣婦，娣婦謂長婦爲姒婦。今相呼先後，或云妯娌。

妻黨

婦稱夫之父曰舅稱夫之母曰姑姑舅在則曰君舅君姑沒則曰先舅先姑 國語曰吾聞之先姑 謂夫之庶母爲少姑夫之兄爲兄公 今俗呼兄鍾語之轉耳 夫之弟爲叔夫之姊爲女公夫之女弟爲女妹 今謂之女妹是也 子之妻爲婦長婦爲嫡婦衆婦爲庶婦女子子之夫爲壻壻之父爲姻婦之父爲婚父之黨爲宗族母與妻之黨爲兄弟婦之父母壻之父母相謂爲婚姻兩壻相謂爲亞 詩曰瑣瑣姻亞今江東人呼同門爲僚壻 婦之黨爲婚兄弟壻之黨爲姻兄弟 古者皆謂婚姻爲兄弟 嬪婦也 書曰嬪于虞 謂我舅者吾謂之甥也

婚姻

爾雅卷上

經四千一百三十二字

注五千四百一十六字

爾雅音釋卷上

夫扶輿許譍鍵件摛癡贍時豔璞朴檮桃少詩照纘子管會古外粹子外剟掇

礫歷搴愆稂郎易以豉了潦雋似銳企丘豉躅逐

釋詁第一

肇兆俶昌叔辟并亦幠呼厖亡江誕但訏吁箌罩昄蒲板晊之日極紀力弔的

艐宗摧昨雷畀必寐予羊汝鮮息淺省先郢令力政綝勑金彀古豆妉丁含般盤樂洛

遹聿度鐸諏子須彝夷辟婢亦辜孤辠罪齯倪鮐台耇狗亶丁但諶市林

敖五報粵曰繇由於烏敆閤郃合盍胡臘妃配媲普計纂子管忥戲諡侍

貉陌謐密顗擬頠魚毀隕于閔磒于敏摽婢眇蘦零令力政眕稹告谷迵戶項

逷惕壞怪圮房美垝鬼寀七代羕樣毅義戡堪獮尠刺次亹尾蠠蜜

爾雅上音　十六

釗招劭邵勔泯鶩務晵閔強其丈卬五剛台怡同畀必二陽賜予與餤談
藎燼相息亮勴慮頗古迥劼苦黠掔牽疇直留睢旺藐邈褘衣輯集噰於恭
勰協重直龍轂學嚳苦計殲尖揫子由蒐搜遄船亟欺冀數朔亟居力寁昝
阬坑濂康差义柬簡慄栗戁女板恐丘勇慴之涉痡普胡瘏徒虺灰頹悴
瘽勤瘉俞癙鼠癵力專㾖里痒羊疷祁痗妹瘥但何痱肥⿸疒亶亶瘵債
癠徂細悝里盱吁繇遥勩與世癉丁賀勞力報來賚強其丈思司嗣惄溺祓廢
褫斯禴藥恪墟各諲因熯而善晙俊顉須竢士厎止徯胡禮噊聿烖哉
譏祈汔蓋肶毗埤脾竺篤遘搆遻悟監鑒涖利頫眺瘞於計匿女力
妥他果遏烏曷射亦梏谷較角頲他頂易以豉矢弛並音尸紙鮮息淺酢昨㬥剝
樂洛覭陌髳蒙諳叨棐匪比毗志俌甫圉語呰紫⿱髟差嗟串五患貫慣

隲質假遐洄鶴拒振刷所劣於烏閒瞯饁叶饟餉饋櫃廞許金蹶居衛
假叚舍捨𢓸苦怪齂訶誡呬許四峙直紀共恭[忄某]某娠振妯抽契苦結繇由
僉七廉長丁丈秭姊算筭傅附覛脉淈骨汱古犬渾胡本毖祕翜所甲繇由
馘古獲穧才細難乃旦剡羊冉䂮略任壬鴆拼北萌抨烹儴攘探貪篡初患俘孚
枿五割薦替練賡古孟祔附祪鬼尼女乙幾機暱女乙妥他回貉陌嗼莫寔石
卒子卹輟丁劣酋在由薨呼弘殪於計

釋言第二

誃侈謖所六還旋徇辝峻馹日傳張戀告谷恀是畣荅諐愆悈紀力褊必淺
貫古厞符沸遾誓圯皮美荐賤憮武敉亡婢臞衢脙求亟墟記差初佴而志
劑即隨饙紛餾力又媵以證餥非佻挑茹如庶度鐸彊巨丈窒豬乙薶埋黼甫

黻弗畯俊諈竹睡諉女睡累劣僞憯慘寠求矩薆僾並音愛唈烏合挾叶浹接

琛勑金紕備淩凌傭勑容氂離罽計燎料煁市針烓頃苛何筑竹奘徂朗

䮡粗泭孚遝沓畫畫賑之忍分符問懠才細僁屑度徒各眕之忍硈苦角囂五刀

懟隊縭離號毫謼火故逜悟顁丁佞遺唯季菼他敢薍五患餐孫耋迭輶酉

俴踐綯陶躐獵疐致跲其業柢帝閒閑斃弊踣蒲北僨糞僵姜潰會

隌唵冥莫定䵒女乙闍都殛紀力冥亡定仆赴諗審弇掩鬩呼歷燬毀偟皇

懊烏報忨五館愒苦蓋榰枝柱注慒四黹致恥紩秩廯息淺逭換閒諫俔胡典

沄云沆胡黨䠊扶味燠於六堛孚逼齊才細饘之然矈武延襺吉典靦他典姡滑鬻之六

翢徒刀纛徒到妎胡計芾貝狃女九復扶又般班還旋緍民辟婢亦漦仕其華胡瓜

釋訓第三

斤居覲倐由便婢緜廱於容惴之瑞憢許堯番波矯居兆譪烏害濟子禮思賜踖夕
佗陀怟徒啓懕於占媞題懋茂慔暮慅騷赫釋墫七旬瞿居具蹻巨虐憍嬌夭
夢亡工訰之閏懪雹儚亡崩爞同敖五高傲五耗仳此痯管瘐羊主惸瓊慱團
怲柄畇巡畟楚力郝釋穟遂穮方遙挃丁秩穫戶郭溞蘇刀淅錫鑛橫丁爭
盡咨忍喈皆佻勑料契苦結尼女乙儵徒的嘒呼惠琄胡犬刺七賜懽貫愮遙謞虛各
訿子尒甹普經夆芳逢掣充世遹述萲袁諼喧號毫雩于暨忌僩限烜喧
尰時勇骭覓瘍羊拇畝媛于眷猗於宜襢但裼息馮平籧渠篨除夸誇
擗婢亦拊撫緎域縫逢殿丁練屎希呻申幬紬侜張留罶力九

釋親第四

妣比從父從祖從母從並才用切晜昆姪徒結姒似娣第公鍾嫡的

嬪頻

爾雅卷中

郭璞注

釋宮第五

宮謂之室室謂之宮 皆所以通古今之異語明同實而兩名 牖戶之閒謂之扆 窻東戶西也禮云斧扆者以其所在處名之 其內謂之家 今人稱家義出於此 東西墻謂之序 所以序別內外 西南隅謂之奧 室中隱奧之處 西北隅謂之屋漏 詩曰尚不媿於屋漏其義未詳

東北隅謂之宧宧見禮亦未詳東南隅謂之窔禮曰婦室聚窔窔亦隱闇柣謂之閾閾門限棖謂之楔門兩旁木楣謂之梁門戶上橫梁樞謂之椳門戶扉樞樞達北方謂之落時門持樞者或達北檼以爲固也落時謂之戺道二名也垝謂之坫在堂隅坫端也牆謂之墉書曰既勤垣墉鏝謂之杇泥鏝椹謂之榩斫木櫍也地謂之黝黑飾地也牆謂之堊白飾牆也樴謂之杙橜也在牆者謂之楎禮記曰不敢縣於夫之楎箷在地者謂之臬即門橜也大者謂之栱長者謂之閣別杙所在長短之名闍謂之臺積土四方有木者謂之榭臺上起屋雞棲於弋爲榤鑿垣而棲爲塒今寒鄉穿牆棲雞皆見詩植謂之傳傳謂之突戶持鏁植也見埤蒼杗廇謂之梁屋大梁也其上楹謂之棁侏儒柱也閞謂之槉柱上欂也亦名枅又曰楮栭謂之楶即櫨也棟謂之桴屋檼桷謂之榱屋椽桷直而遂謂之閱謂五

架屋際椽正相當直不受檐謂之交謂五架屋際椽不直上檐交於檼上檐謂之樀屋相容
謂之防形如今牀頭小曲屏風唱射者所以自防隱見周禮連謂之移堂樓閣邊小屋今呼之簃廚連觀也屋上
薄謂之筄屋笮兩階間謂之鄉人君南鄉當階間中庭之左右謂之位
羣臣之列位也門屏之間謂之宁人君視朝所宁立處屏謂之樹小牆當門中閍謂之門
詩曰祝祭於祊正門謂之應門朝門觀謂之闕宮門雙闕宮中之門謂之闈
謂相通小門也其小者謂之閨小閨謂之閤大小異名衖門謂之閎左傳曰盟諸僖
閎衖頭門門側之堂謂之塾夾門堂也橛謂之闑門閫闔謂之扉公羊傳曰
齒著于門闔所以止扉謂之閎門辟旁長橛也左傳曰高其閈閎閎長杙即門橛也瓴甋謂之甓
甗甎也今紅東呼瓴甓宮中衖謂之壼巷閤閒道廟中路謂之唐詩曰中唐有甓堂途
謂之陳堂下至門徑也路旅途也途即道也路場猷行道也博說道之異名一達謂之

道路道長二達謂之岐旁岐道旁出也三達謂之劇旁今南陽冠軍樂鄉數道交錯俗呼之五劇鄉四達謂之衢交道四出五達謂之康史記所謂康莊之衢六達謂之莊左傳曰得慶氏之木百車於莊七達謂之劇驂三道交復有一岐出者今北海劇縣有此道八達謂之崇期四道交出九達謂之逵四道交出復有旁通室中謂之時堂上謂之行堂下謂之步門外謂之趨中庭謂之走大路謂之奔此皆人行步趨走之處因以名云隄謂之梁即橋也或曰石絕水者為梁見詩傳石杠謂之徛聚石水中以為步渡彴也孟子曰歲十月徒杠成或曰今之石橋室有東西廂曰廟夾室前堂無東西廂有室曰寢但有大室無室曰榭榭即今堂堭四方而高曰臺陝而修曲曰樓脩長也

釋器第六

木豆謂之豆豆禮器也竹豆謂之籩籩亦禮器瓦豆謂之登即膏登也盎謂之

缶盆也甌瓿謂之缻瓿甊小甖長沙謂之缻康瓠謂之甈瓠壺也賈誼曰寶康瓠是也斪斸謂之定鋤屬斫謂之鐯钁也斛謂之疀皆古鍬鍤字緵罟謂之九罭九罭魚罔也今之百囊罟是亦謂之罭今江東呼爲緵嫠婦之笱謂之罶毛詩傳曰罶曲梁也謂以簿爲魚笱罺謂之汕今之撩罟篧謂之罩捕魚籠也槮謂之涔今之作槮者聚積柴木於水中魚得寒入其裏藏隱因以簿圍捕取之鳥罟謂之羅謂羅絡之兔罟謂之罝罝猶遮也見詩麋罟謂之罞冒其頭也彘罟謂之羉羉幕也魚罟謂之罛最大罟也今江東云繴謂之罿罿罬也罬謂之罦罦覆車也今之翻車也有兩轅中施罥以捕鳥展轉相解廣異語約謂之救救絲以爲約或曰亦罥名律謂之分律管可以分氣大版謂之業築牆版也繩之謂之縮之縮者約束之詩曰縮版以載彝卣罍器也皆盛酒尊彝其總名小罍謂之坎罍形似壺大者受一斛衣裗謂之視衣縷也齊人謂之攣或曰袿衣之飾黼領謂之襮繡刺黼文以褗領

緣謂之純衣緣飾也袕謂之褮衣開孔也衣眥謂之襟交領衱謂之裾
衣後裾也衿謂之袸衣小帶佩衿謂之褑佩玉之帶上屬執衽謂之袺持衣上衽扱
衽謂之襭扱衣上衽於帶衣蔽前謂之襜今蔽膝也婦人之褘謂之縭縭緌
也即今之香纓也褘邪交落帶繫於體因名爲褘緌繫也裳削幅謂之纀削殺其幅深衣之裳輿革前謂
之鞎以韋鞔車軾後謂之笰以韋靶後戶竹前謂之禦以簟衣軾後謂之蔽以簟衣後
戶環謂之捐著車衆環鑣謂之钀馬勒旁鐵載轡謂之轙車軛上環轡所貫也轡首
謂之革轡靶勒見詩餀謂之餯說物臭也食饐謂之餲飯饖臭見論語摶者謂
之爛飯相著米者謂之糪飯中有腥肉謂之敗臭壞魚謂之餒肉爛肉曰
脫之剝其皮也今江東呼麋鹿之屬通爲肉魚曰斮之謂削鱗也冰脂也莊子云肌膚若冰雪冰雪脂膏也肉謂
之羹肉臛也廣雅曰湆見左傳魚謂之鮨鮨鮓屬也見公食大夫禮肉謂之醢肉醬有骨者謂之

臡雜骨醬見周禮康謂之蠱米皮澱謂之垽滓澱也今江東呼垽鼎絕大謂之鼐最大圜弇上謂之鼒鼎斂上而小口附耳外謂之釴鼎耳在表款足者謂之鬲鼎曲腳也䰝謂之鬵詩曰溉之釜鬵鬵鉹也涼州呼鉹璲瑞也詩曰鞙鞙佩璲璲者玉瑞玉十謂之區雙玉曰瑴五瑴爲區羽本謂之翮鳥羽根也一羽謂之箴十羽謂之縳百羽謂之緷別羽數多少之名木謂之虡縣鐘磬之木植者名虡旄謂之藣旄牛尾也菜謂之蔌蔌者菜茹之揔名見詩白蓋謂之苫白茅苫也今江東呼爲蓋黃金謂之璗其美者謂之鏐白金謂之銀其美者謂之鐐此皆道金銀之別名及精者鏐即紫磨金餅金謂之鈑周禮曰祭五帝即供金鈑是也錫謂之鈏白鑞象謂之鵠角謂之觷犀謂之剒木謂之剫玉謂之雕左傳曰山有木工則剫之五者皆治樸之名金謂之鏤木謂之刻骨謂之切象謂之磋玉謂之琢

石謂之磨（六者皆治器之名）璆琳玉也（璆琳美玉名）簡謂之畢（今簡札也）不律謂之筆（蜀人呼筆爲不律也語之變轉）㓕謂之點（以筆㓕字爲點）絕澤謂之銑（銑即美金言最有光澤也國語曰玦之以金銑者謂此也）金鏃翦羽謂之鍭（今之錍箭是也）骨鏃不翦羽謂之志（今之骨骲是也）弓有緣者謂之弓（緣者繳纏之即今宛轉也）無緣者謂之弭（今之角弓也左傳曰左執鞭弭）以金者謂之銑以蜃者謂之珧以玉者謂之珪（用金蚌玉飾弓兩頭因取其類以爲名珧小蚌）珪大尺二寸謂之玠（詩曰錫爾玠珪）璋大八寸謂之琡（璋半珪也）璧大六寸謂之宣（漢書所云瑄玉是也）肉倍好謂之璧（肉邊好孔）好倍肉謂之瑗（孔大而邊小）肉好若一謂之環（孔邊適等）繸綬也（即佩玉之組所以連繫瑞玉者因通謂之繸）一染謂之縓（今之紅也）再染謂之赬（淺赤）三染謂之纁（纁絳也）青謂之葱（淺青）黑謂之黝（黝黑皃周禮曰陰祀用黝牲）斧謂之黼（黼文畫斧形因名云）邸謂之柢（根柢皆物

之邸邸即底通語也　雕謂之琢治玉名也　蓐謂之茲公羊傳曰屬負茲茲者蓐席也　竿謂之箷衣架

簀謂之笫牀版　革中絕謂之辨中斷皮也　革中辨謂之韏復分半也　鏤鋟也刻鏤物為鋟　卣中尊也不大不小者

釋樂第七

宮謂之重　商謂之敏　角謂之經　徵謂之迭　羽謂之柳皆五音之別名其義未詳　大瑟謂之灑長八尺一寸廣一尺八寸二十七絃　大琴謂之離或曰琴大者二十七絃未詳長短廣雅曰琴長三尺六寸六分五絃　大鼓謂之鼖鼖長八尺　小者謂之應詩曰應朄縣鼓在大鼓側　大磬謂之毊毊形似犂錧以玉石為之　大笙謂之巢列管瓠中施簧管端大者十九簧　小者謂之和十三簧者鄉射記曰三笙一和而成聲　大篪謂之沂篪以竹為之長尺四寸圍三寸一孔上出一寸三分名翹橫吹之小者尺二寸廣雅云八孔　大塤謂之嘂塤燒土為之大如鵝子銳上平底形如稱錘六孔小者如雞子　大鐘謂之鏞書曰笙鏞以間亦名鑮音

博其中謂之剽小者謂之棧大簫謂之言編二十三管長尺四寸小者謂之筊十六管長尺二寸簫一名籟大管謂之簥管長尺圍寸併漆之有底賈氏以爲如箎六孔其中謂之篞小者謂之篎大籥謂之産籥如笛三孔而短小廣雅云七孔其中謂之仲小者謂之箹徒鼓瑟謂之步獨作之徒吹謂之和徒歌謂之謠詩云我歌且謠徒擊鼓謂之咢詩云或歌或咢徒鼓鐘謂之修徒鼓磬謂之寋未見義所出所以鼓柷謂之止柷如漆桶方二尺四寸深一尺八寸中有椎柄連底桐之令左右擊止者其椎名所以鼓敔謂之籈敔如伏虎背上有二十七鉏鋙刻以木長尺櫟之籈者其名大鼗謂之麻麻者音槪而長也小者謂之料料者聲清而不亂和樂謂之節

釋天第八

穹蒼蒼天也天形穹隆其色蒼蒼因名云春爲蒼天萬物蒼蒼然生夏爲昊天言氣

皓旰 秋爲旻天 旻猶愍也愍萬物彫落 冬爲上天 言時無事在上臨下而已

四時

春爲青陽 氣青而温陽 夏爲朱明 氣赤而光明 秋爲白藏 氣白而收藏 冬爲玄英 氣黑而清英 四氣和謂之玉燭 道光照 春爲發生夏爲長嬴秋爲收成冬爲安寧 此亦四時之別號尸子皆以爲太平祥風 四時和爲通正 道平暢也 謂之景風 所以致景風 甘雨時降萬物以嘉 莫不善之 謂之醴泉 所以出醴泉

祥

穀不熟爲饑 五穀不成 蔬不熟爲饉 凡草菜可食者通名爲蔬 果不熟爲荒 果木子 仍饑爲荐 連歲不熟左傳曰今又荐饑

災

太歲在甲曰閼逢在乙曰旃蒙在丙曰柔兆在丁曰強圉在戊曰著雍在己曰屠維在庚曰上章在辛曰重光在壬曰玄黓在癸曰昭陽

歲陽

太歲在寅曰攝提格在卯曰單閼在辰曰執徐在巳曰大荒落在午曰敦牂在未曰協洽在申曰涒灘在酉曰作噩在戌曰閹茂在亥曰大淵獻在子曰困敦在丑曰赤奮若

載歲也夏曰歲取歲星行一次商曰祀取四時一終周曰年取禾一熟唐虞曰載取物終更始

歲名

月在甲曰畢在乙曰橘在丙曰修在丁曰圉在戊曰厲在己曰則在庚曰窒在辛曰塞在壬曰終在癸曰極

月陽

正月爲陬離騷云攝提貞於孟陬二月爲如三月爲寎四月爲余五月爲皋六月爲且七月爲相八月爲壯九月爲玄國語云至於玄月是也十月爲陽純陰用事嫌於無陽故以名云十一月爲辜十二月爲涂皆月之別名自歲陽至此其事義皆所未詳通者故闕而不論

月名

南風謂之凱風詩曰凱風自南東風謂之谷風詩云習習谷風北風謂之涼風詩云北風其涼西風謂之泰風詩云泰風有隧焚輪謂之穨暴風從上下扶搖謂

之猋暴風從下上風與火爲庉庉庉熾盛之貌迴風爲飄旋風也日出而風爲暴詩云終風且暴風而雨土爲霾詩曰終風且霾陰而風爲曀詩曰終風且曀天氣下地不應曰雺言蒙昧地氣發天不應曰霧霧謂之晦言晦冥螮蝀謂之雩螮蝀虹也俗名爲美人虹江東呼雩音芌蜺爲挈貳蜺雌虹也見離騷挈貳其別名見尸子弇日爲蔽雲即暈氣五彩覆日也疾雷爲霆霓雷之急激者謂霹靂雨霓爲霄雪詩曰如彼雨雪先集維霓霓水雪雜下者故謂之消雪暴雨謂之涷今江東呼夏月暴雨爲涷雨離騷云令飄風兮先驅使涷雨兮灑塵是也涷音東西之東小雨謂之霢霂詩曰益之以霢霂久雨謂之淫左傳曰天作淫雨淫謂之霖雨自三日已上爲霖濟謂之霽今南陽人呼雨止爲霽音薺

風雨

壽星角亢也數起角亢列宿之長故曰壽天根氐也角亢下繫於氐若木之有根天駟房也龍爲

天馬故房四星謂之天駟大辰房心尾也龍星明者以爲時候故曰大辰大火謂之大辰大火心也在中最明故時候主焉析木謂之津即漢津也箕斗之間漢津也箕龍尾斗南斗天漢之津梁星紀斗牽牛也牽牛斗者日月五星之所終始故謂之星紀玄枵虛也虛在正北北方色黑枵之言耗耗亦虛意顓頊之虛虛也顓頊水德位在北方北陸虛也虛星之名凡四營室謂之定定正也作宮室皆以營室中爲正娵觜之口營室東壁也營室東壁星四方似口因名云降婁奎婁也奎爲溝瀆故名降大梁昴也西陸昴也昴西方之宿別名旄頭濁謂之畢掩兔之畢或呼爲濁因星形以名咮謂之柳咮朱鳥之口柳鶉火也鶉鳥名火屬南方北極謂之北辰北極天之中以正四時何鼓謂之牽牛今荆楚人呼牽牛星爲檐鼓檐者荷也明星謂之启明太白星也晨見東方爲启明昏見西方爲太白彗星爲欃槍亦謂之孛言其形孛孛似埽彗奔星爲彴約流星

星名

春祭曰祠 祠之言食 夏祭曰礿 新菜可汋 秋祭曰嘗 嘗新穀 冬祭曰蒸 進品物也 祭天曰燔柴 既祭積薪燒之 祭地曰瘞薶 既祭埋藏之 祭山曰庪縣 或庪或縣置之於山山海經曰縣以吉玉是也 祭川曰浮沈 投祭水中或浮或沈 祭星曰布 布散祭於地 祭風曰磔 今俗當大道中磔狗云以止風此其象 是禷是禡師祭也 師出征伐類於上帝禡於所征之地 既伯既禱馬祭也 伯祭馬祖也將用馬力必先祭其先 禘大祭也 五年一大祭 繹又祭也 祭之明日尋繹復祭 周曰繹 春秋經曰壬午猶繹 商曰肜 書曰高宗肜日 夏曰復胙 未見義所出

祭名

春獵爲蒐 搜索取不任者 夏獵爲苗 爲苗稼除害 秋獵爲獮 順殺氣也 冬獵爲狩 得獸取之無所擇 宵田爲獠 管子曰獠獵畢弋今江東亦呼獵爲獠音遼或曰即今夜獵載鑪照也 火田爲狩 放火燒草獵亦爲狩 乃立冢土戎醜攸行 冢土大社戎醜大衆 起大事動大衆必先

有事乎社而後出謂之宜有事祭也周官所謂宜乎社振旅闐闐振旅整衆闐闐羣行聲出爲治兵尚威武也幼賤在前貴勇力入爲振旅反尊卑也尊老在前復常儀也

講武

素錦綢杠以白地錦韜旗之竿纁帛縿纁帛絳也縿衆旒所著素陞龍于縿畫白龍於縿令上向練旒九練絳也飾以組用綦組飾旒之邊維以縷用朱縷維連持之不欲令曳地周禮曰六人維王之太常是也緇廣充幅長尋曰旐帛全幅長八尺繼旐曰旆帛續旐末爲燕尾者義見詩注旄首曰旌載旄於竿頭如今之幢亦有旒有鈴曰旂縣鈴於竿頭畫蛟龍於旒錯革鳥曰旟此謂合剥鳥皮毛置之竿頭即禮記云載鴻及鳴鳶因章曰旃以帛練爲旒因其文章不復畫之周禮云通帛爲旃

旌旂

釋地第九

兩河間曰冀州自東河至西河河南曰豫州自南河至漢河西曰雝州自西河至黑水漢南曰荆州自漢南至衡山之陽江南曰楊州自江南至海濟河間曰兖州自河東至濟濟東曰徐州自濟東至海燕曰幽州自易水至北狄齊曰營州自岱東至海此蓋殷制

九州

魯有大野今高平鉅野縣東北大澤是也晉有大陸今鉅鹿北廣河澤是也秦有楊陓今在扶風汧縣西宋有孟諸今在梁國睢陽縣東北楚有雲夢今南郡華容縣東南巴丘湖是也吳越之間有具區今吳縣南太湖即震澤是也齊有海隅海濱廣斥燕有昭余祁今太原鄔陵縣北九澤是也鄭有圃田今滎陽中牟縣西圃田澤是也周有焦護今扶風池陽縣瓠中是也

十藪

東陵阠南陵息慎西陵威夷中陵朱滕北陵西隃鴈門是也(即鴈門山也)陵莫大於加陵(今所在未聞)梁莫大於湨梁(湨水名梁隄也)墳莫大於河墳(墳大防)

八陵

東方之美者有醫無閭之珣玗琪焉(醫無閭山名今在遼東珣玗琪玉屬)東南之美者有會稽之竹箭焉(會稽山名今在山陰縣南竹箭篠也)南方之美者有梁山之犀象焉(犀牛皮角象牙骨)西南之美者有華山之金石焉(黃金礝石之屬)西方之美者有霍山之多珠玉焉(霍山今在平陽永安縣東北珠如今雜珠而精好)西北之美者有崐崘虛之璆琳琅玕焉(璆琳美玉名琅玕狀似珠也山海經曰崐崘山有琅玕樹)北方之美者有幽都之筋角焉(幽都山名謂多野牛筋角)東北之美者有斥

山之文皮焉虎豹之屬皮有縟綵者中有岱岳與其五穀魚鹽生焉言泰山有魚鹽之饒

九府

東方有比目魚焉不比不行其名謂之鰈狀似牛脾鱗細紫黑色一眼兩片相合乃得行今水中所在有之江東又呼爲王餘魚南方有比翼鳥焉不比不飛其名謂之鶼鶼似凫青赤色一目一翼相得乃飛西方有比肩獸焉與邛邛岠虛比爲邛邛岠虛齧甘草即有難邛邛岠虛負而走其名謂之蟨呂氏春秋曰北方有獸其名爲蟨鼠前而兔後趨則頓走則顛然則邛邛岠虛亦宜鼠後而兔前前高不得取甘草故須蟨食之今鴈門廣武縣夏屋山中有獸形如兔而大相負共行土俗名之爲蟨鼠音厥北方有比肩民焉迭食而迭望此即半體之人各有一鼻一孔一臂一脚亦猶魚鳥之相合更望備驚急中有枳首蛇焉岐頭蛇也或曰今江東呼兩頭蛇爲越王約髮亦名弩絃此四方

中國之異氣也

五方

邑外謂之郊郊外謂之牧牧外謂之野野外謂之林林外謂之坰邑國都也假令百里之國五十里之界界各十里也下溼曰隰大野曰平廣平曰原高平曰陸大陸曰阜大阜曰陵大陵曰阿可食者曰原可種穀給食陂者曰阪阪陀不平下者曰溼公羊傳曰下平曰隰田歲曰菑今江東呼初耕地反草爲菑二歲曰新田詩曰于彼新田三歲曰畬易曰不菑畬

野

東至於泰遠西至於邠國南至於濮鉛北至於祝栗謂之四極皆四方極遠之國觚竹北戶西王母日下謂之四荒觚竹在北北戶在南西王

母在西日下在東皆四方昏荒之國次四極者九夷八狄七戎六蠻謂之四海九夷在東八狄在北七戎在西六蠻在南次四荒者岠齊州以南戴日爲丹穴岠去也齊中也北戴斗極爲空桐戴值東至日所出爲太平西至日所入爲太蒙即蒙汜也太平之人仁丹穴之人智太蒙之人信空桐之人武地氣使之然也

四極

釋丘第十

丘一成爲敦丘成猶重也周禮曰爲壇三成今江東呼地高堆者爲敦再成爲陶丘今濟陰定陶城中有陶丘再成銳上爲融丘纖頂者三成爲崑崙丘崐崘山三重故以名云如椉者椉丘形似車椉也或云椉謂稻田塍埒如陼者陼丘水中小洲爲陼水潦所止泥丘頂上汙下者方丘胡丘形四方絕高爲之京人力所作非人爲之丘地自然生水潦所還

埒丘謂丘邊有界埒水繞環之上正章丘頂平澤中有丘都丘在池澤中當途梧丘途道途出其右而還之畫丘言爲道所規畫途出其前戴丘道出丘南途出其後昌丘道出丘北水出其前渻丘水出其後沮丘水出其右正丘水出其左營丘今齊之營丘淄水過其南及東如覆敦者敦丘敦盂也邐迤沙丘旁行連延左高咸丘右高臨丘前高旄丘詩云旄丘之葛兮後高陵丘偏高阿丘詩云陟彼阿丘宛中宛丘宛謂中央隆高丘背有丘爲負丘此解宛丘中央隆峻狀如負一丘於背上左澤定丘右陵泰丘宋有太丘社云見史記如畝畝丘丘有壟界如田畝如陵陵丘陵大阜也丘上有丘爲宛丘嫌人不了故重曉之陳有宛丘今在陳郡陳縣晉有潛丘今在太原晉陽縣淮南有州黎丘今在壽春縣天下有名丘五其三在河南其二在河北說者多以州黎宛營爲河南潛敦爲河北者案此方稱天下之名丘恐此諸丘碌碌未足用當之殆自別更有

䰠梧桀大者五但未詳其名號今者所在耳

丘

望厓洒而高岸厓水邊洒謂深也視厓峻而水深者曰岸夷上洒下不漘厓上平坦而下水深者爲漘不發聲隩隈今江東呼爲浦隩淮南子曰漁者不爭隈厓内爲隩外爲隈別厓表裏之名畢堂牆今終南山道名畢其邊若堂之牆重厓岸兩厓累者爲岸岸上滸岸上地墳大防謂隄涘爲厓謂水邊窮瀆汜水無所通者谷者溦通於谷

厓岸

釋山第十一

河南華華陰山河西嶽吳嶽河東岱岱宗泰山河北恒北嶽恒山江南衡衡山

南嶽山三襲陟襲亦重再成英兩山相重一成坯書曰至于太伾山大而高崧今中嶽嵩

高山蓋依此名山小而高岑言岑崟銳而高嶠言纖峻卑而大扈扈廣貌小而衆巋小山叢羅小山岌大山峘岌謂高過屬者嶧言駱驛相連屬獨者蜀蜀亦孤獨上正章山上平宛中隆山中央高山脊岡謂山長脊未及上翠微近上旁陂山頂冢山巔崒者厜㕒謂山峯頭巉巖山如堂者密形似堂室者尸子曰松柏之鼠不知堂密之有美樅如防者盛防隄巒山嶞謂山形長狹者荆州謂之巒詩曰嶞山喬嶽重甗隒謂山形如累兩甗甗甑山狀似之因以名云左右有岸厒夾山有岸大山宮小山霍宮謂圍繞之禮記曰君爲廬宮之是也小山別大山鮮不相連山絕陘連山中斷絕多小石磝多礓礫多大石礐多盤石多草木岵無草木峐皆見詩山上有水埒有停泉夏有水冬無水澩有停潦山豄無所通谿所謂窮瀆者雖無所通與水注川同名石戴土謂之崔嵬石山上有土者土戴石爲砠土山上有石者山夾水澗陵夾水澞別山陵間水者之名山

有穴爲岫 謂巖穴 山西曰夕陽 暮乃見日 山東曰朝陽 旦即見日 泰山爲東嶽華山爲西嶽霍山爲南嶽 即天柱山潛水所出 恒山爲北嶽 常山 嵩高爲中嶽 大室山也 梁山晉望也 晉國所望祭者今在馮翊夏陽縣西北臨河上

釋水第十二

泉一見一否爲瀸 瀸纔有貌 井一有水一無水爲瀱汋 山海經曰天井夏有水冬無水即此類也 濫泉正出正出涌出也 公羊傳曰直出直猶正也 沃泉縣出縣出下出也 從上溜下 氿泉穴出穴出仄出也 從旁出也 湀闢流川 通流 過辨回川 旋流 灉反入 即河水決出復還入者河之有灉猶江之有沱 潬沙出 今江東呼水中沙堆爲潬音但 汧出不流 水泉潛出便自停成汙池 歸異出同流肥 毛詩傳曰所出同所歸異爲肥 瀵大出尾下 今河東汾陰縣有水口如車輪許濆沸涌出其深無限名之爲瀵馮翊郃陽縣復有瀵亦如之相去數里而夾河河中陼上又有一瀵瀵源皆潛相通在汾陰者人壅其流以爲陂種稻呼其

（本所出處爲瀵魁此是也尾猶底也）水醮曰厬（謂水醮盡）水自河出爲灉（書曰灉沮會同）濟爲濋汶爲瀾洛爲波漢爲潛（書曰沱潛既道）淮爲滸江爲沱（書曰岷山導江東別爲沱）過爲洵潁爲沙汝爲濆（詩曰遵彼汝濆皆大水溢出別爲小水之名）水決之澤爲汧（水決入澤中者亦名爲汧）決復入爲汜（水出去復還）河水清且瀾漪大波爲瀾（言渙瀾）小波爲淪（言蘊淪）直波爲徑（言徑涏）江有沱河有灉汝有濆（此故上水別出耳所作者重見）滸水厓（水邊地）水草交爲湄（詩曰居河之湄）濟有深涉（謂濟渡之處）深則厲淺則揭揭者揭衣也（謂褰裳也）以衣涉水爲厲（衣謂褌）繇膝以下爲揭繇膝以上爲涉繇帶以上爲厲（繇自也）潛行爲泳（水底行也晏子春秋曰潛行逆流百步順流七里）汎汎楊舟紼縭維之紼繂也（繂索）縭緌也（緌繫）天子造舟（比船爲橋）諸侯維舟（維連四船）大夫方舟（併兩船）士特

舟單舩庶人乘泭併木以渡水注川曰谿注谿曰谷注谷曰溝注溝曰澮注澮曰瀆此皆道水轉相灌注所入之處名逆流而上曰泝洄順流而下曰泝游皆見詩正絶流曰亂直横渡也書曰亂于河江河淮濟爲四瀆四瀆者發原注海者也

水泉

水中可居者曰洲小洲曰陼小陼曰沚小沚曰坻人所爲爲潏人力所作

水中

河出崐崘虚色白山海經曰河出崐崘西北隅虚山下基也所渠并千七百一川色黄潛流地中汩漱沙壤所受渠多衆水溷淆宜其濁黄百里一小曲千里一曲一直公羊傳曰河曲流河千里

一曲一直

河曲

徒駭今在成平縣義所未聞太史今所在未詳馬頰河勢上廣下狹狀如馬頰覆鬴水中可居往往而有狀如覆釜胡蘇東莞縣今有胡蘇亭其義未詳簡水道簡易絜水多約絜鉤盤水曲如鉤流盤桓也鬲津水多阨狹可隔以為津而橫渡

九河

從釋地已下至九河皆禹所名也

爾雅卷中

經三千五百六十四字
注四千三百二十二字

爾雅釋音卷中

釋宮第五

扆倚 宧夷 窔要 柣于結 閾域 楔古黠 樞昌朱 椳於回 扂士 坫店 杇烏 椹砧

榩虔 黝於糾 堊於故 樴徒得 杙亦 楎暉 臬魚列 闍都 榤竭 垣袁 塒時 宲云

廇力又 棁拙 閞卞 槉疾 楶節 桴浮 榱衰 檐簷 樀滴 簃丈知 筄曜 鄉向

屏卑井 宁佇 閍補耕 觀貫 衖巷 塾熟 橛其月 闑魚列 瓴靈 甋的 甓蒲覓 壼苦本

劇極 隄低 杠江 徛寄 陜狹

釋器第六

籩邊 盎烏浪 缶方九 瓿蒲口 瓵移 瓠胡 甈契 斪衢 斸丁録 定多佞 鐯張略 斛鍬

疀插 緵子弄 罭域 嫠離 笱狗 罺嘲 汕所諫 篧士角 槮桑感 罝嗟 罞茆 彘滯

羉鸞罛孤䍥壁罿衝罬拙罦浮絇其俱分粉卣由旒流䙉倪襮博
緣餘絹純之閏㮔穴褮營眥才細衱劫袸賤褑院衽稔袺結扱插襜昌占
褘暉縭离緌汝誰纀卜捎因絹鑣表驕钀魚列轙儀餀呼蓋餯許穢饐意餲隘
糷輦糪柏餒奴罪斮莊略鮨祁醢海鬻泥垽魚靳鼐耐圜袁鼒咨釴亦
款苦管鬲力鬵尋鉹侈璲遂甌羌于翮户華縳篆緷衮虡巨藣卑蔌速
蓋合盪蕩鏐留鐐遼鉼餅鈑扳鈏引鵠斛觷嶽剒錯剫鐸璆求
銑蘇典鏃作木緣椽弭尾蜃腎珧姚琡俶好耗瑗院縓綵戀赬敕呈纁勳
黝於糾邸氐蓐辱箷移笫側士辨片韏眷鎪蘇婁卣酉

釋樂第七

徵知矢灑所蟹鼖墳應膺毊虛嬌篪池沂銀塤喧嘂叫剽瓢棧盞筊爻

簥嬌 篞乃結 篎妙 籥藥 箹渥 吹昌睡 和胡臥 咢五各 謇紀偃 柷昌孰 敔語 籈眞

鼗桃 料聊

釋天第八

長丁丈 贏盈 荐賤 閼烏割 著直略 重直龍 黓亦 牂臧 洽峽 涒湯昆 噩五各 閹掩

敦頓 窒知乙 塞先北 陬側留 寎孚柄 且子余 相息亮 涂徒 凱口改 頹徒回 猋必遙 庉徒衮

飄瓢 雨芋 曀於計 應譍 雺蒙 螮帝 蝀丁孔 雩于句 挈苦結 弇掩 霆廷 霓倪

霓酥練 涷東 霡麥 霂木 霖林 濟祖細 霽徂計 亢剛 氐低 析借 枵許嬌 顓專

頊旭 虛墟 定多佞 娵子瑜 觜咨 降胡江 咮諸究 何胡可 启啓 欃初銜 槍初庚 彴蒲握

礿藥 燔煩 庪居委 縣玄 磔責 禷類 禡罵 禘大計 肜容 胙昨 蒐搜 獮息淺

狩手又 獠遼 闐田 綢叨 杠江 纁勳 縿衫 廣士曠 長直亮 旐兆 旆佩 旄毛 旟餘

釋地第九

雝於用濟子礼陓於于藪叟阠信隃戍湨古壁珣荀玗于會古外稽古兮崘路昆

虛虛厈尺鰈牒鶼兼邛巨凶岠巨齧五結難乃旦蟨厥迭徒結枳居是坰古螢

隰濕陂披阪反菑緇畬餘邠彬濮卜觚孤

釋丘第十

敦都昆銳惠椉繩正陼諸潦老而還旋渻所景沮辭與覆敦堆邐呂紙

迆余紙定丁佞厓牙洒先典漘脣隩奥隈烏回重直龍滸虎涘士汜似澂眉

釋山第十一

坯備悲崧嵩嶠喬巋丘鬼岌魚泣峘桓屬燭嶧亦崒子恤厜姊規㕒危盛成

嶞湯果重直龍甗言隒儼㕓口閤別彼列鮮息淺陘形磝苦交礐殼岵戶峐起

礐學角 磧讀 崔徂回 嵬五回 砠七余 滹虞

釋水第十二

見現 否鄙美 瀸纖 瀰計 汋仕捉 縣玄 氿軌 仄側 湀揆 過古禾 辨片 灉於用

潬但 汧牽 瀵糞 厬軌 濋楚 汶問 瀾闌 沱陀 渦過烏禾 頻頫餘 濆墳 瀾欄

漪衣 湄眉 濟子細 揭上二字音憩下丘竭 繇由 上時掌 紼弗 縭离 繂律 緌如誰 造七到

泭桴 澮古外 泝素 陼渚 坻池 潏述 虛墟 駭諧楷 頰劫 覆扶服 鬴父 鬲革

爾雅卷中

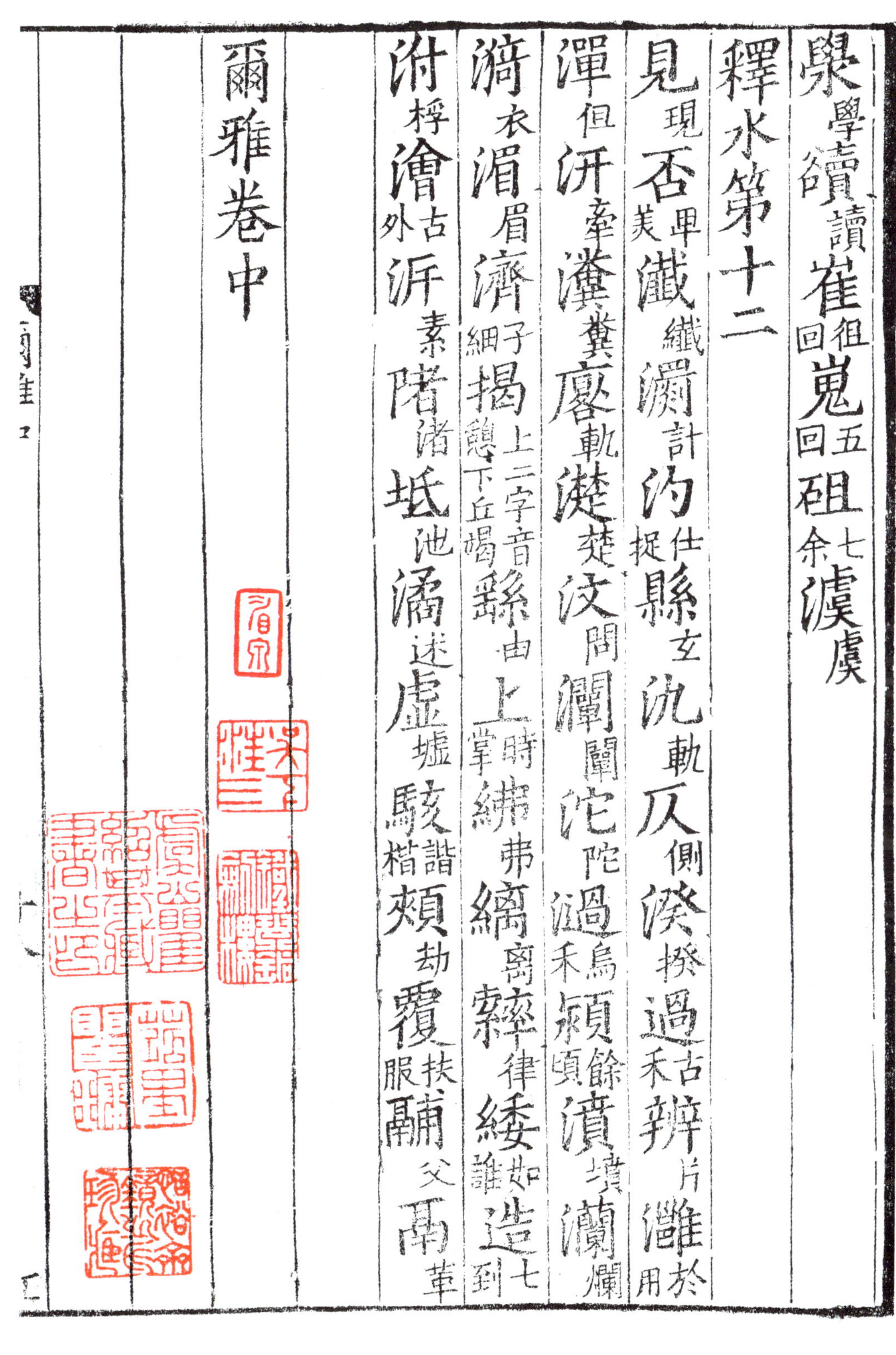

爾雅卷下

郭璞注

釋草第十三

藿，山韭。茖，山葱。葝，山䪥。蒚，山蒜。今山中多有此菜，皆如人家所種者。茖葱細莖大葉。

薜，山蘄。廣雅云：山蘄，當歸。當歸今似蘄而麤大。

椵，木槿。櫬，木槿。別二名也。似李樹，華朝生夕隕，可食。或呼日及，亦曰王蒸。

朮，山薊。本草云：朮一名山薊。今朮似薊而生山中。

楊，枹薊。似薊而肥大，今呼之馬薊。

葥，王蔧。

王帚也似藜其樹可以爲埽蔧江東呼之曰落帚 菉王芻 菉蓐也今呼鴟脚莎 拜蔏藋 蔏藋亦似藜 蘩皤
蒿 白蒿 蒿菣 今人呼青蒿香中炙啖者爲菣 蔚牡菣 無子者 齧彫蓬 薦黍蓬 別蓬種類
蘪鼠莞 亦莞屬也纖細似龍須可以爲席蜀中出好者 蘮鼠尾 可以染皂 菥蓂大薺 似薺葉細俗呼
之曰老薺 蒤虎杖 似紅草而麤大有細刺可以染赤 孟狼尾 似茅今人亦以覆屋 瓠棲瓣 瓠中瓣也詩云
齒如瓠棲 茹藘茅蒐 今之蒨也可以染絳 果臝之實栝樓 今齊人呼之爲天瓜 荼苦菜
詩曰誰謂荼苦苦菜可食 萑蓷 今茺蔚也葉似荏方莖白華華生節間又名益母廣雅云 虉綬 小草有雜色似綬 粢稷 今江
東人呼粟爲粢 衆秫 謂黏粟也 戎叔謂之荏菽 即胡豆也 卉草 百草總名 蔖雀弁 未詳
蘥雀麥 即燕麥也 蘾烏蕵 萰菟荄 蘩菟蒵 皆未詳 黃菟瓜
菟瓜似土瓜 茢薽豕首 本草曰彘盧一名蟾蠩蘭今江東呼豨首可以燭蠶蛹 荓馬帚 似蓍可以爲埽彗 藱
懷羊 未詳 茭牛蘄 今馬蘄葉細銳似芹亦可食 葖蘆萉 萉宜爲菔蘆菔蕪菁屬紫華大根俗呼雹葖 涫

灌未詳茵芝芝一歲三華瑞草筍竹萌初生者簜竹竹別名儀禮曰簜在建鼓之間謂簫管之屬

莪蘿今莪蒿也亦曰藁蒿苨菧苨薺苨經履未詳莕接余其葉苻叢生水中葉圓在莖端長短隨水深淺江東食之亦呼為莕音杏白華野菅菅茅屬詩曰白華菅兮薜白蘄即上山蘄菲芴即土瓜也葍营大葉白華根如指正白可啖熒委萎藥草也葉似竹大者如箭竿有節葉狹而長表白裏青根大如指長一二尺可啖

葋艼熒未詳竹萹蓄似小藜赤莖節好生道旁可食又殺蟲葴寒漿今酸漿草江東呼曰苦葴音針薢茩芵茪芵明也葉黃銳赤華實如山茱萸或曰蔆也關西謂之薢茩音皆莁荑蔱薔一名白蕢

瓞瓝其紹瓞俗呼瓝瓜為瓞紹者瓜蔓緒亦著子但小如瓝芍鳧茈生下田苗似龍須而細根如指頭黑色可食蘱薡董似蒲而細蕛苵蕛似稗布地生穢草鉤芺大如拇指中空莖頭有臺似薊初生可食䪥鴻薈即䪥菜也蘇桂荏蘇荏類故名桂荏薔虞蓼虞蓼澤蓼蓧蓨未詳虋赤苗今之赤粱粟芑白苗今之白粱粟皆好穀秬黑黍詩曰維秬維秠秠一稃二米此亦黑黍但中米異

耳漢和帝時任城生黑黍或三四實實二米得黍三斛八斗是稌稻今沛國呼稌葍藑茅葍華有赤者爲藑藑葍一種耳

亦猶菱苕華黃白異名臺夫須鄭箋詩云臺可以爲禦雨笠藆藅未詳莔貝母根如小貝員而白華葉似

韭荍蚍衃今荊葵也似葵紫色謝氏云小草多華少葉葉又翹起艾冰臺今艾蒿蕇亭歷實葉

皆似芥一名狗薺廣雅云音典苻鬼目今江東有鬼目草莖似葛葉員而毛子如耳璫也赤色叢生薜庚草未詳

蔜蕿蔞今蘩蔞也或曰鷄腸草離南活莌草生江南高丈許大葉莖中有瓤正白零陵人祖曰貫之爲樹蘢

天蘥須葑蓯未詳蒡隱荵似蘇有毛今江東呼爲隱荵藏以爲葅亦可淪食茜蔓于

草生水中一名軒于江東呼茜音猶蓾蔖作履苴草柱夫搖車蔓生細葉紫華可食今俗呼曰翹搖車出隧

蘧蔬蘧蔬似土菌生菰草中今江東啖之甜滑音邅氍氀蘄茝蘪蕪香草葉小如菱狀淮南子云似蛇牀山海經云臭如

蘪蕪茨蒺蔾布地蔓生細葉子有三角刺人見詩蘮蒘竊衣似芹可食子大如麥兩兩相合有毛著人衣髦

顛蕀細葉有刺蔓生一名商蕀廣雅云女木也雚芄蘭雚芄蔓生斷之有白汁可啖蕁莐藩生山上葉如韭

一曰提母蕍蕮今澤蕮蔨鹿藿其實莥今鹿豆也葉似大豆根黃而香蔓延生蔏侯
莎其實媞夏小正曰蔏也者莎隋媞者其實芐苻蘺其上蒚今西方人呼蒲為芐蒲蒚謂其頭臺
首也今江東謂之苻蘺西方亦名蒲中莖為蒚用之為席音羽翮荷芙渠別名芙蓉江東呼荷其莖茄其葉
蕸其本蔤莖下白蒻在泥中者其華菡萏見詩其實蓮蓮謂房也其根
藕其中的蓮中子也的中薏中心苦紅蘢古其大者蘬俗呼紅草為蘢鼓語轉耳
差薺實薺子名蕡枲實禮記曰苴麻之有蕡枲麻別二名須薞蕪薞蕪似羊
蹄葉細味酢可食菲芴菜菲草生下溼地似蕪菁華紫赤色可食蕢赤莧今之莧赤莖者蘠蘼虋
冬門冬一名滿冬本草云萹苻止未詳濼貫衆葉員銳莖毛黑布地冬不死一名貫渠廣雅云貫節莙牛
藻似藻葉大江東呼為馬藻薚馬尾廣雅曰馬尾蔏陸本草云別名薚今關西亦呼為薚江東呼為當陸萍蓱
水中浮蓱江東謂之薸音瓢其大者蘋詩曰于以采蘋莃菟葵頗似葵而小葉狀如藜有毛汋啖之滑芹

楚葵（今水中芹菜）藚牛蘈（今江東呼草爲牛蘈者高尺餘許方莖葉長而銳有穗穗閒有華華紫縹色可淋以爲飲）藚牛脣（毛詩傳曰水蕮也如藚斷寸寸有節拔之可復）莖蘈蕭（今蘈蒿也初生亦可食）連異翹（一名連苕又名連草本草云）澤烏薞（即上蘾也）傅橫目（一名結縷俗謂之鼓箏草）釐蔓華（一名蒙華）蔆蕨攗（蔆今水中芰）大菊蘧麥（一名麥句薑即瞿麥）薜牡𧆓（未詳）葥山莓（今之木莓也實似藨莓而大亦可食）齧苦菫（今菫葵也葉似柳子如米汋食之滑）藫石衣（水苔也一名石髮江東食之或曰藫葉似𩏩而大生水底亦可食）蘜治蘠（今之秋華菊）唐蒙女蘿女蘿菟絲（別四名詩云爰采唐矣）苗蓨（未詳）茥蒛葐（覆葐也實似莓而小亦可食）芨堇草（即烏頭也江東呼爲堇音靳）蘵百足（未詳）菺戎葵（今蜀葵也似葵華如木槿華）蘻狗毒（樊光云俗語苦如蘻）垂比葉（未詳）蕧盜庚（旋蕧似菊）荢麻母（苴麻盛子者）瓝九葉（今江東有草五葉共叢生一莖俗因名爲五葉即此類也）藐茈草（可以染紫一名茈英廣雅云）倚商活脫（即離南也）蘵黃蒢（蘵草葉似酸漿草小而白中心黃江東以作菹食）蒚

車苪輿藒車香草見離騷權黃華今謂牛芸草爲黃華華黃葉似荍蓿蕍春草一名芒草本草云

蒤葵蘩露承露也大莖小葉華紫黃色菋荎藸五味也蔓生子叢在莖頭蒤委葉詩云以茠荼蓼

皇守田似燕麥子如彫胡米可食生廢田中一名守氣鉤藈姑鉤瓤也一名王瓜實如瓝瓜正赤味苦望

乘車可以爲索長丈餘困衱袶未詳欔烏階即烏杷也子連相著狀如杷齒可以染皂杜土鹵

杜衡也似葵而香盰虺牀蛇牀也一名馬牀廣雅云蕛薟未聞赤枹薊即上枹薊菟奚顆

凍款凍也紫赤華生水中中馗菌地蕈也似蓋今江東名爲土菌亦曰馗厨可啖之小者菌大小異名菆

小葉未聞苕陵苕一名陵時本草云黃華蔈白華茇苕華色異名亦不同音沛蘱

從水生生於水中薇垂水生於水邊薜山麻似人家麻生山中莽數節竹類也節間促桃

枝四寸有節今桃枝節間相去多四寸粼堅中竹類也其中實簢箈中言其中空竹類仲無

笐亦竹類未詳䈽箭萌萌筍屬也周禮曰䈽菹鴈醢篠箭別二名枹霍首素華

軌鬷 皆未詳 茥夫王 茥草生海邊似莞蘭今南方越人采以爲席 綦月爾 即紫綦也似蕨可食 葴馬藍 今大葉冬藍也 姚莖涂薺 未詳 苄地黃 一名地髓江東呼苄音怙 蒙王女 蒙即唐也女蘿別名 拔蘢葛 似葛蔓生有節江東呼爲龍尾亦謂之虎葛細葉赤莖 藗牡茅 白茅屬 菤耳苓耳 廣雅云枲耳也亦云胡枲江東呼爲常枲或曰苓耳形似鼠耳叢生如盤 蕨虌 廣雅云紫綦非也初生無葉可食江西謂之虌 蕎邛鉅 今藥草大戟也本草云 繁由胡 未詳 蒫杜榮 今莣草似茅皮可以爲繩索履屩也 稂童粱 稂莠類也 藨麃 麃即莓也今江東呼爲藨莓子似覆盆而大赤酢甜可啖 的薂 即蓮實也 購蔏蔞 蔏蔞蔞蒿也生下田初出可啖江東用羹魚 茢勃茢 一名石芸本草云 葽繞蕀蒬 今遠志也似麻黃赤華葉銳而黃其上謂之小草廣雅云 莦刺 草刺針也關西謂之刺燕北朝鮮之間曰莦見方言 蕭萩 即蒿 薚海藻 藥草也一名海蘿如亂髮生海中本草云 長楚銚芅 今羊桃也或曰鬼桃葉似桃華白子如小麥亦似桃 蘦大苦 今甘草也蔓延生葉似荷青黃莖赤有節節有枝相當或云蘦似地黃 芣苢馬舄 馬舄車前 今車前草大葉長穗好生道邊江東呼爲

蝦蟆衣

綸似綸組似組東海有之 綸今有秩嗇夫所帶糾青絲綸組綬也海中草生彩理有象之者因以名云

帛似帛布似布華山有之 草葉有象布帛者因以名云生華山中

荒東蠡 未詳

緜馬羊齒 草細葉葉羅生而毛有似羊齒今江東呼爲鴈齒繅者以取繭緒

萿麋舌 今麋舌草春生葉有似於舌

搴柜朐 未詳

蘩之醜秋爲蒿 醜類也春時各有種名至秋老成皆通呼爲蒿

芺薊其實莠 芺與薊莖頭皆有蓊臺名莠莠即其實音俘

蔈荂荼 即芀

猋藨芀 皆芀荼之別名方俗異語所未聞

葦醜芀 其類皆有芀秀

葭華 即今蘆也

蒹薕 似萑而細高數尺江東呼爲蒹藡音廉

葭蘆 葦也

菼薍 似葦而小實中江東呼爲烏蓲音丘

其萌虇 今江東呼蘆筍爲虇然則萑葦之類其初生者皆名虇音繾綣

蕍芛葟華榮 釋言云華皇也今俗呼草木華初生者爲芛音豬豬蕍猶敷蕍亦華之貌所未聞

卷施草拔心不死 宿莽也離騷云

蒟荄 今江東呼藕紹緒如指空中可啖者爲荄荄即此類

荄根 別二名俗呼韭根爲荄

攫橐含 未詳

華荂也 今江東呼華爲荂音敷

華荂榮也 轉相解

木謂之華草

謂之榮不榮而實者謂之秀榮而不實者謂之英

釋木第十四

槄山榎今之山楸栲山樗栲似樗色小白生山中因名云亦類漆樹柏椈禮記曰鬯臼以椈髡梱未
詳椵柂白椵也樹似白楊梅柟似杏實酢柀煔煔似松生江南可以為船及棺材作柱埋之不腐櫠椵柚屬
也子大如盂皮厚二三寸中似枳食之少味杻檍似棣細葉葉新生可飼牛材中車輞關西呼杻子一名土橿楙木瓜實如小瓜
酢可食椋即來今椋材中車輞栵栭樹似檞樕而庳小子如細栗可食今江東亦呼為栭栗檴落可以為杯
器素柚條似橙實酢生江南時英梅雀梅楥柜桏未詳或曰桏當為柳柜柳似柳皮可以煑作飲栩杼
柞樹味荎著釋草已有此名疑誤重出櫙荎今之刺榆杜甘棠今之杜梨狄臧槔貢綦
皆未詳杬繫梅杬樹狀似梅子如指頭赤色似小㮈可食朻者聊未詳魄榽橀魄大木細葉似檀今江東
多有之齊人諺曰上山斫檀榽橀先殫梫木桂今南人呼桂厚皮者為木桂桂樹葉似枇杷而大白華華而不著子叢生巖嶺枝葉冬夏常青

（間無雜木）棆無疵（棆梗屬似豫章）椐樻（腫節可以爲杖）檉河柳（今河旁赤莖小楊）旄澤柳（生澤中者）楊蒲柳（可以爲箭左傳所謂董澤之蒲）權黃英　輔小木（權輔皆未詳）杜赤棠白者棠（棠色異異其名）諸慮山櫐（今江東呼櫐爲藤似葛而麤大）欇虎櫐（今虎豆纏蔓林樹而生莢有毛刺今江東呼爲欇欇音涉）杞枸檵（今枸杞也）杬魚毒（杬大木子似栗生南方皮厚汁赤中藏卵果）檓大椒（今椒樹叢生實大者名爲檓）梗鼠梓（楸屬也今江東有虎梓）楓欇欇（楓樹似白楊葉員而岐有脂而香今之楓香是）寓木宛童（寄生樹一名蔦）无姑其實夷（无姑姑榆也生山中葉員而厚剝取皮合漬之其味辛香所謂无夷）櫟其實梂（有梂彙自裹）檖羅（今楊檖也實似梨而小酢可食）楔荆桃（今櫻桃）旄冬桃（子冬熟）榹桃山桃（實如桃而小不解核）休无實李（一名趙李）痤椄慮李（今之麥李）駁赤李（子赤）棗壺棗（今江東呼棗大而銳上者爲壺壺猶瓠也）邊要棗（子細腰今謂之鹿盧棗）櫅白棗（即今棗子白熟）樲酸棗（樹小實酢孟子曰養其樲棗）楊徹齊棗（未詳）遵羊棗（實小而員紫黑色今俗呼之爲羊矢棗孟子曰曾晳嗜羊棗）洗大棗

今河東猗氏縣出大棗子如雞卵煑塡棗未詳蹶洩苦棗子味苦晳無實棗不著子者
還味棯棗還味短苦櫬梧今梧桐樸抱者樸屬叢生者為枹詩所謂棫樸枹櫟謂櫬采薪
采薪即薪指解今樵薪棪樕其棪實似柰赤可食劉劉杙劉子生山中實如梨酢甜核堅出交趾
櫰槐大葉而黑槐樹葉大色黑者名為櫰守宮槐葉晝聶宵炕槐葉晝日聶合而夜炕布
者名為守宮槐槐小葉曰榎槐當為楸楸細葉者為榎大而皵楸老乃皮麤皵者為楸小而皵
榎小而皮麤皵者為榎左傳曰使擇美榎椅梓即楸桋赤楝白者楝赤楝樹葉細而岐銳皮理錯戾好叢
生山中中為車輞白楝葉員而岐為大木終牛棘即馬棘也其刺麤而長灌木叢木詩曰集於灌木瘣
木苻婁謂木病尫傴癭腫無枝條蕡藹樹實繁茂菴藹枹遒木魁瘣謂樹木叢生根枝節目盤
結磈磊棫白桵桵小木叢生有刺實如耳璫紫赤可啖梨山樆即今梨樹桑辨有葚梔
辨半也女桑桋桑今俗呼桑樹小而條長者為女桑樹榆白枌枌榆先生葉却著莢皮色白唐棣

栘似白楊江東呼夫栘常棣棣今山中有棣樹子如櫻桃可食檟苦荼樹小似梔子冬生葉可煑作羹飲今呼早
采者爲荼晩取者爲茗一名荈蜀人名之苦荼樕樸心槲樕別名榮桐木即梧桐棧木干木橿木
也江東呼木觡檿桑山桑似桑材中作弓及車轅木自獘柛獘踣立死椔不獘頓蔽
者翳樹蔭翳覆地者詩云其椔其翳木相磨槸樹枝相切磨棤皵謂木皮甲錯梢梢櫂
謂木无枝柯梢櫂長而殺者樅松葉柏身今大廟梁材用此木尸子所謂松柏之鼠不知堂密之有美樅檜柏葉
松身詩曰檜楫松舟句如羽喬樹枝曲卷似鳥毛羽下句曰朻上句曰喬如木楸
曰喬楸樹性其上竦如竹箭曰苞篠竹性叢生如松柏曰茂枝葉婆娑如槐曰茂
言亦扶竦茂盛祝州木髦柔英皆未詳槐棘醜喬枝皆翹竦桑柳醜條阿那
垂條椒樧醜莍莍萸子聚生成房貌今江東亦呼莍椒似茱萸而小赤色桃李醜核子中有核人瓜曰
華之桃曰膽之棗李曰疐之樝棃曰鑽之皆啖食治擇之名樝似棃而酢澀見

禮記小枝上繚爲喬謂細枝皆翹繚上句者名爲喬木無枝爲檄檄擢直上木族生爲灌族叢

釋蟲第十五

螜天螻螻蛄也夏小正曰螜則鳴蜚蠦蜰蜰即負盤臭蟲螾衘入耳蚰蜒蜩蜋蜩夏小正傳曰蜋蜩者五彩具螗蜩夏小正傳曰螗蜩者蝘俗呼爲胡蟬江南謂之螗蛦音荑蚻蜻蜻如蟬而小方言云有文者謂之螓夏小正曰鳴蚻虎懸蠽茅蜩江東呼爲茅截似蟬而小青色蝒馬蜩蜩中最大者爲馬蟬蜺寒蜩寒螿也似蟬而小青赤月令曰寒蟬鳴蜓蚞螇螰即蝭蟧也一名蟪蛄齊人呼螇螰蛣蜣蜣蜋黑甲蟲噉糞土蝎蛣蜛木中蠹虫蠰齧桑似天牛長角體有白點喜齧桑樹作孔入其中江東呼爲齧髮諸慮奚相未詳蜉蝣渠略似蛣蜣身狹而長有角黃黑色叢生糞土中朝生暮死猪好啖之蛂蟥蛢甲蟲也大如虎豆綠色今江東呼黃蛢音瓶蠸輿父守瓜今瓜中黃甲小蟲喜食瓜葉故曰守瓜蝚蛖螻蛖螻螻蛄類不蜩王

蛂未詳 蛄䗐強蛘今米穀中蠹小黑蟲是也建平人呼爲蛘子音羋姓 不過蟷蠰蟷蠰螗蜋別名 其子蜱蛸一名蟳蟭蟷蠰卵也 蒺藜蝍蛆似蝗而大腹長角能食蛇腦 蝝蝮蜪蝗子未有翅者外傳曰蟲舍蚔蝝 蟋蟀蛬今促織也亦名青蛚 蟼蟆蛙類 蛝馬蠲馬蠲蚐俗呼馬蠸 蛗螽蠜詩曰趯趯阜螽 草螽負蠜詩云喓喓草蟲謂常羊也 蟴螽蜙蝑蜙蝑也俗呼蝽蝑 蟿螽螇蚸今俗呼似蜙蝑而細長飛翅作聲者爲螇蚸 土螽蠰谿似蝗而小今謂之土蠜 螼蚓蜸蚕即蛩蟺也江東呼寒蚓 莫貈螳蜋蛑螗蜋有斧蟲江東呼石蜋孫叔然以方言說此義亦不了 虰蛵負勞或曰即蜻蛉也江東呼狐黎所未聞 蛅毛蠹即蛓 螺蛅蟴蛓屬也今青州人呼蛓爲蛅蟴孫叔然云八角螫蟲失之 蟠鼠負瓮器底蟲 蟫白魚衣書中蟲一名蛃魚 蛾羅蠶蛾 螒天雞小蟲黑身赤頭一名莎雞又曰樗雞 傅負版未詳 強蚚即強醜捋 蛶螪何未詳 螝蛹蟔蠶蛹 蜆縊女小黑蟲赤頭喜自經死故曰縊女 蚍蜉大螘俗呼爲馬蚍蜉 小者螘齊人呼蟻蟻蛘 蠪朾螘赤駮蚍蜉 螱飛螘有翅 其

爾雅下 二三

子蚳蚳蟻卵周禮曰蜃蚳醢　次蟗鼅鼄鼅鼄鼄蝥今江東呼蝃蝥音掇　土鼅鼄在地中布網者　草鼅鼄絡幕草上者　土蠭今江東呼大蠭在地中作房者爲土蠭啖其子即馬蠭今荆巴閒呼爲蟺音惲　木蠭似土蠭而小在樹上作房江東亦呼爲木蠭又食其子　蟦蠐螬在糞中　蝤蠐蝎在木中今雖通名爲蝎所在異　蛜威委黍舊說鼠婦別名然所未詳　蟰蛸長踦小鼅鼄長脚者俗呼爲喜子　蛭蝚至掌未詳　國貉蟲蠁今呼蛹蟲爲蠁廣雅云土蛹蠁蟲　蠖蚇蠖今蝍蝛　果臝蒲盧即細腰蠭也俗呼爲蠮螉　螟蛉桑蟲俗謂之桑蟃亦曰戎女　蝎桑蠹即蛣蝠　熒火即炤夜飛腹下有火　密肌繼英未詳　蚅烏蠋大蟲如指似蠶見韓子　蠓蠛蠓小蟲似蚋喜亂飛　王蛈蝪即螲蟷似鼅鼄在穴中有蓋今河北人呼蛈蝪　蝝桑繭食桑葉作繭者即今蠶　雔由樗繭食樗葉　棘繭食棘葉　欒繭食欒葉　蚢蕭繭食蕭葉皆蠶類　翥醜罅剖母背而生　螽醜奮好奮迅作聲　強醜捋以腳自摩捋　蠭醜螸垂其腴　蠅醜扇好搖翅　食苗心

蟦食葉蟦食節賊食根蟊分別蟲啖食禾所在之名耳皆見詩有足謂之蟲
無足謂之豸

釋魚第十六

鯉今赤鯉魚鱣鱣大魚似鱏而短鼻口在頷下體有邪行甲無鱗肉黃大者長二三丈今江東呼爲黃魚鰋今鰋額白魚鮎別名鯷江東通呼鮎爲鯷鱧鮦也鯇今鯶魚似鱒而大鯊鮀今吹沙小魚體圓而有點文鮂黑鰦即白鯈江東呼爲鮂鰼鰌今泥鰌鰹大鮦小者鮵今青州呼小鱺爲鮵魾大鱯小者鮡鱯似鮎而大白色鰝大鰕鰕大者出海中長二三丈鬚長數尺今青州呼鰕魚爲鰝音酆鄗鯤魚子凡魚之子總名鯤鱀是鱁鱀䱜屬也體似鱏尾如鯯魚大腹喙小銳而長齒羅生上下相銜鼻在額上能作聲少肉多膏胎生健啖細魚大者長丈餘江中多有之鱦小魚家語曰其小者鱦魚也今江東亦呼魚子未成者爲鱦音繩鮥鮛鮪鮪鱣屬也大者名王鮪小者名鮛鮪今宜都郡自京門以上江中通出鱏鱣之魚有一魚狀似鱣而小建平人呼鮥子即此魚也音洛鯦當魱海魚也似鯿而大鱗肥美多鯁今江東呼其最大長三尺者爲當魱

音胡鮤鱴刀今之鮆魚也亦呼為魛魚鱊鮬鱖鯞小魚也似鮒子而黑俗呼為魚婢江東呼為妾魚魚有力
者鰴強大多力魵鰕出穢邪頭國見呂氏字林鮅鱒似鯶子赤眼魴魾江東呼魴魚為鯿一名魾音毗鯬
鯠未詳蜎蠉井中小蛣蟩赤蟲一名孑孓廣雅云蛭蝚今江東呼水中蛭蟲入人肉者為蟣科斗活東蝦蟆
子魁陸本草云魁狀如海蛤員而厚外有理縱橫即今之蚶也蜪蚅未詳鼁鼀蟾諸似蝦蟆居陸地淮南
謂之去蚥在水者黽耿黽也似青蛙大腹一名土鴨蜌螷今江東呼蚌長而狹者為螷蚌含漿蚌即蜃也
鼈三足能龜三足賁山海經曰從山多三足鼈大若山多三足龜今吳興郡陽羨縣君山上有池池中出三足鼈又
有六眼龜蚹蠃螔蝓即蝸牛也蠃小者蜬螺大者如斗出日南漲海中可以為酒杯螖蠌小者
蟧螺屬見埤蒼或曰即彭螖也似蟹而小音滑蜃小者珧珧玉珧即小蚌龜俯者靈行頭低仰
者謝行頭仰前弇諸果甲前長後弇諸獵甲後長左倪不類行頭左庳今江
東所謂左食者以甲卜審右倪不若行頭右庳為右食甲形皆爾貝居陸贆在水者蜬水陸

異名也貝中肉如科斗但有頭尾耳大者魧書大傳曰大貝如車渠車渠謂車輞即魧屬小者鰿今細貝亦有紫色者出日南

玄貝貽貝黑色貝也餘貾黃白文以黃爲質白爲文點餘泉白黃文以白爲質黃爲文點今之紫貝以紫爲質黑爲文點

蚆博而頯頯者中央廣兩頭銳蜠大而險險者謂汙薄蟦小而橢即上小貝橢謂狹而長此皆說貝之形容

蠑螈蜥蜴蜥蜴蝘蜓蝘蜓守宮也轉相解博異語別四名也

蛈蝁蝮屬大眼最有毒今淮南人呼蝁子音惡螣螣蛇龍類也能興雲霧而遊其中淮南云蟒蛇蟒

王蛇蟒蛇最大者故曰王蛇蝮虺博三寸首大如擘身廣三寸頭大如人擘指此自一種蛇名爲蝮虺

鯢大者謂之鰕今鯢魚似鮎四脚前似獮猴後似狗聲如小兒啼大者長八九尺魚枕謂之丁枕在魚頭骨中形似篆書丁字可作印

魚腸謂之乙魚尾謂之丙此皆似篆書字因以名焉禮記曰魚去乙然則魚之骨體盡似丙丁之屬因形名之

一曰神龜龜之最神明二曰靈龜涪陵郡出大龜甲可以卜緣中文似瑇瑁俗呼爲靈龜即今觜蠵龜一名靈蠵能鳴

三曰攝龜小龜也腹甲曲折解能自張閉好食蛇江東呼爲陵龜四曰

寶龜書曰遺我大寶龜五曰文龜甲有文彩者河圖曰靈龜負書丹甲青文六曰筮龜常在蓍叢下潛伏見龜策傳七曰山龜八曰澤龜九曰水龜十曰火龜此皆說龜生之處所火龜猶火鼠耳物有含異氣者不可以常理推然亦無所怪

釋鳥第十七

隹其鳺鴀今鵓鳩鶌鳩鶻鵃似山鵲而小短尾青黑色多聲今江東亦呼爲鶻鵃鳲鳩鴶鵴今之布穀也江東呼爲穫穀鷑鳩鵧鷑小黑鳥鳴自呼江東名爲烏鵖鴡鳩王鴡鵰類今江東呼之爲鶚好在江渚山邊食魚毛詩傳曰鳥摯而有別鵅鵋鵙今江東呼鵂鶹爲鵋鵙亦謂之鴝鵒鵅音格鶅鵵軌未詳鴗天狗小鳥也青似翠食魚江東呼爲水狗鷚天鸙大如鷃雀色似鶉好高飛作聲今江東名之天鷚音綢繆鵱鷜鵝今之野鵝鶬麋鴰今呼鶬鴰鵅烏鸔水鳥也似鶂而短頸腹翅紫白背上綠色江東呼烏鸔音駁舒鴈鵝禮記曰出如舒鴈今江東呼鴚音加舒鳧鶩鴨也鳽鵁鶄似鳧脚高毛冠江東人家養之以厭火災輿鵛鷋

未詳鵜鴮鸅今之鵜鶘也好羣飛沈水食魚故名洿澤俗呼之爲淘河鶾天雞鶾雞赤羽逸周書曰文鶾若彩雞成王時蜀人獻之鷽山鵲似鵲而有文彩長尾觜脚赤鸇負雀鸇鷂也江南呼之爲鷣善捉雀因名云音淫齧齒艾未詳鶨鵙老鳻鶞也俗呼爲癡鳥鳸鴳今鴳雀桑鳸竊脂俗謂之青雀觜曲食肉好盜脂膏因名云鳭鷯剖葦好剖葦皮食其中蟲因名云江東呼蘆虎似雀青班長尾桃蟲鷦其雌鴱鷦䳟桃雀也俗呼爲巧婦鶠鳳其雌皇瑞應鳥雞頭蛇頸燕頷龜背魚尾五彩色其高六尺許䳭鴒雝渠雀屬也飛則鳴行則搖鸒斯鵯鶋雅烏也小而多羣腹下白江東亦呼爲鵯烏音匹燕白脰烏脰頸鴽鴾母鵪也青州呼鴾母密肌繫英釋蟲以有此名疑誤重巂周子巂鳥出蜀中燕燕鳦詩云燕燕于飛一名玄鳥齊人呼鳦鴟鴞鸋鴂鴟類狂茅鴟今鵂鶹也似鷹而白怪鴟即鴟鵂也見廣雅今江東通呼此屬爲怪鳥梟鴟土梟鶅劉疾未詳生哺鷇鳥子須母食之生噣雛能自食爰居雜縣國語曰海鳥爰居漢元帝時琅邪有大鳥如馬駒時人謂之爰居春鳸鳻鶞夏鳸竊玄秋鳸竊

藍冬鳸竊黃桑鳸竊脂棘鳸竊丹行鳸唶唶宵鳸

嘖嘖諸鳸皆因其毛色音聲以爲名竊藍青色鵖鴔戴鵀鵀即頭上勝今亦呼爲戴勝鵖鴔猶鶝鶔語聲轉耳鶭澤

虞今婟澤鳥似水鴞蒼黑色常在澤中見人輒鳴喚不去有象主守之官因名云俗呼爲護田鳥鷀鷧即鸕鷀也觜頭曲如鉤食魚

鷯鶉其雄鶛牝痺鶉䳺屬鸍沈鳧似鴨而小長尾背上有文今江東亦呼爲鸍音施鴢頭

鵁似鳧脚近尾略不能行江東謂之魚鵁音髐箭鵽鳩寇雉鵽大如鴿似雌雉鼠脚無後指岐尾爲鳥憨急羣飛出北方沙漠地

萑老鵵木兔也似鴟鵂而小兔頭有角毛脚夜飛好食雞鶟鶦鳥似雉青身白頭狂夢鳥狂鳥五色

有冠見山海經皇黃鳥俗呼黃離留亦名摶黍翠鷸似燕紺色生鬱林鸀山烏似烏而小赤觜穴乳出西

方蝙蝠服翼齊人呼爲蟙𧍢或謂之仙鼠晨風鸇鷂屬詩曰鴥彼晨風鸉白鷢似鷹尾上白

寇雉泆泆即鷂鳩也鷏蟁母似烏鸔而大黃白雜文鳴如鴿聲今江東呼爲蚊母俗說此鳥常吐蚊故以名云鷉

須贏鷉鷿鷉似鳧而小膏中瑩刀鼯鼠夷由狀如小狐似蝙蝠肉翅翅尾項脅毛紫赤色背上蒼艾色腹下黃喙頷雜白脚

（短爪長尾三尺許飛且乳亦謂之飛生聲如人呼食火煙能從高赴下不能從下上高）倉庚商庚（即鵹黃也）鴩餔敊（未詳）鷹鶆鳩（鶆當爲鷞字之誤耳左傳作鷞鳩是也）鶼鶼比翼（說已在上）鵹黃楚雀（即倉庚也）鴷斲木（口如錐長數寸常斲樹食蟲因名云）鸄鶶鷉（似烏蒼白色）鸕諸雉（未詳或云即今雉）鷺舂鉏（白鷺也頭翅背上皆有長翰毛今江東人取以爲睫攡名之曰白鷺縗）鷂雉（青質五彩）鷮雉（即鷮雞也長尾走且鳴）鳪雉（黃色鳴自呼）鷩雉（似山雞而小冠背毛黃腹下赤項綠色鮮明）秩秩海雉（如雉而黑在海中山上）鸐山雉（長尾者）雗雉鵫雉（今白鵫也江東呼白雗亦名白雉）雉絕有力奮（最健鬬）伊洛而南素質五采皆備成章曰翬（翬亦雉屬言其毛色光鮮）江淮而南青質五采皆備成章曰鷂（即鷂雉也）南方曰𪂴東方曰鶅北方曰鵗西方曰鷷（說四方雉之名）鳥鼠同穴其鳥爲鵌其鼠爲鼵（鼵如人家鼠而短尾鵌似鵽而小黃黑色入地三四尺鼠在內鳥在外今在隴西首陽縣鳥鼠同穴山中孔氏尚書傳云共爲雄雌張氏地理記云不爲牝牡）

鸛鶇鶝鶔如鵲短尾射之銜矢射人或說曰鸛鶇鶝鶔一名瓊羿鵲鵙醜其飛也翪竦翅上下鳶烏醜其飛也翔布翅翱翔鷹隼醜其飛也翬鼓翅翬翬然疾鳧鴈醜其足蹼腳指間有幕蹼屬相著其踵企飛卻伸其腳跟企直烏鵲醜其掌縮飛縮腳腹下亢鳥嚨嚨謂喉嚨亢即咽其粻嗉嗉者受食之處別名嗉今江東呼粻鶉子鳼鴽子鶲別鶲鶉雛之名雉之暮子為鷚晚生者今呼少雞為鷚鳥之雌雄不可別者以翼右掩左雄左掩右雌鳥少美長醜為鶹鷅鶹鷅猶留離詩所謂留離之子二足而羽謂之禽四足而毛謂之獸鵙伯勞也似鶷鶡而大左傳曰伯趙是倉庚黧黃也其色黧黑而黃因以名云

釋獸第十八

麋牡麔牝麎其子麇國語曰獸長麛麇其跡躔腳所踐處絕有力狄鹿

牡麚牝麀其子麛其跡速絕有力麉麕牡麌詩曰麀鹿麌麌鄭康成解即謂此也但重言耳牝麜其子麆其跡解絕有力豣狼牡貛牝狼其子獥絕有力迅兔子嬎俗呼曰䴸其跡迒絕有力欣豕子豬今亦曰彘江東呼豨皆通名䝏豶俗呼小豶豬爲䝏子幺幼最後生者俗呼爲幺豚奏者豱今豱豬短頭皮理腠蹙豕生三豵二師一特豬生子常多故別其少者之名所寢橧橧其所臥蓐四豴皆白豥詩云有豕白蹢蹢蹄也其跡刻絕有力䝐即豕高五尺者牝豝詩云一發五豝虎竊毛謂之虥貓竊淺也詩曰有貓有虎貘白豹似熊小頭庳腳黑白駮能舐食銅鐵及竹骨節強直中實少髓皮辟濕或曰豹白色者別名貘甝白虎漢宣帝時南郡獲白虎獻其皮骨爪牙虪黑虎晉永嘉四年建平秭歸縣檻得之狀如小虎而黑毛深者爲斑山海經云幽都山多玄虎玄豹貀無前足晉太康七年召陵扶夷縣檻得一獸似狗豹文有角兩腳即此種類也或說貀似虎而黑無前兩足鼳鼠身長須而賊秦人謂之小驢鼳似鼠而馬蹄一歲千斤爲物殘賊熊虎醜

其子狗絕有力麙（律曰捕虎一購錢三千其狗半之）貍子隸（今或呼豾貍）貈子貆（其雌者名㺜今江東呼貉為狹貗）貒子貗（貒豚也一名貛）貔白狐其子豰（一名執夷虎豹之屬）麝父麕足（腳似麕有香）豺狗足（腳似狗）貙獌似貍（今山民呼貙虎之大者為貙豻音岸）羆如熊黃白文（似熊而長頭高腳猛憨多力能拔樹木關西呼曰貑羆）麢大羊（麢羊似羊而大角員銳好在山崖閒）麠大麃牛尾一角（漢武帝郊雍得一角獸若麃然謂之麟者此是也麃即麞）麔大麕旄毛狗足（旄毛猥長）魋如小熊竊毛而黃（今建平山中有此獸狀如熊而小毛麤淺赤黃色俗呼為赤熊即魋也）貘貐類貙虎爪食人迅走（迅疾）狻麑如虥貓食虎豹（即師子也出西域漢順帝時疏勒王來獻犎牛及師子穆天子傳曰狻猊日走五百里）驨如馬一角不角者騏（元康八年九真郡獵得一獸大如馬一角角如鹿茸此即驨也今深山中人時或見之亦有無角者）羱如羊（羱羊似吳羊而大角角橢出西方）麐麕身牛尾一角（角頭有肉公羊傳曰有麕而角）猶如麂善登木（健上樹）貄脩毫（長毛）

長

貙似貍 今貙虎也大如狗文如貍 兕似牛 一角青色重千斤 犀似豕 形似水牛豬頭大腹庳脚脚有三蹄黑色三角一在頂上一在額上一在鼻上鼻上者即食角也小而不橢好食棘亦有一角者

彙毛刺 今蝟狀似鼠

狒狒如人被髮迅走食人 梟羊也山海經曰其狀如人面長脣黑身有毛反踵見人則笑交廣及南康郡山中亦有此物大者長丈許俗呼之曰山都

貍狐貒貈醜其足蹯 皆有掌蹯 其跡内 内指頭處

蒙頌猱狀 即蒙貴也狀如蜼而小紫黑色可畜健捕鼠勝於貓九真日南皆出之猱亦獼猴之類

猱蝯善援 便攀援

貜父善顧 貑貜也似獼猴而大色蒼黑能貜持人好顧眄

威夷長脊而泥 泥少才力

麔麚短脰 脰項

贙有力 出西海大秦國有養者似狗多力獷惡

豦迅頭 今建平山中有豦大如狗似獼猴黃黑色多髯鬣好奮迅其頭能舉石擿人貜類也

蜼卬鼻而長尾 蜼似獼猴而大黃黑色尾長數尺似獺尾末有岐鼻露向上雨即自縣於樹以尾塞鼻或以兩指江東人亦取養之爲物捷健

時善乘領 好登山峯

猩猩小而好啼 山海經曰人面豕身能言語今交阯封谿縣出猩猩狀如貛㹠聲似小兒啼

闕洩多狃 說者云脚饒指未詳

寓屬

鼢鼠地中行者鼸鼠以頰裏藏食鼷鼠有螫毒者鼶鼠夏小正曰鼶鼬則穴鼬鼠今鼬似貂赤黃

色大尾啖鼠江東呼為鼪音牲鼩鼠小鼱鼩也亦名䶈鼩鼭鼠未詳鼣鼠山海經說獸云狀如鼣鼠然形則未詳鼫

鼠形大如鼠頭似兔尾有毛青黃色好在田中食粟豆關西呼為鼩鼠見廣雅音瞿鼤鼠鼨鼠皆未詳豹文

鼮鼠鼠文彩如豹者漢武帝時得此鼠孝廉郎終軍知之賜絹百匹鼳鼠今江東山中有鼳鼠狀如鼠而大蒼色在樹木上音巫覡

鼠屬

牛曰齝食之已久復出嚼之羊曰齥今江東呼齝為齥音漏泄麋鹿曰齸江東名咽為齸齸者䶩食之所在依

名云鳥曰嗉咽中裹食處寓鼠曰嗛頰裏貯食處寓謂獼猴之類寄寓木上

齸屬

獸曰釁自奮釁人曰撟頻伸夭撟魚曰須鼓鰓須息鳥曰狊張兩翅皆氣體所須

須屬

釋畜第十九

騊駼馬山海經云北海內有獸狀如馬名騊駼色青野馬如馬而小出塞外駮如馬倨牙食虎豹山海經云有獸名駮如白馬黑尾倨牙音如鼓食虎豹騉蹄趼善陞甗甗山形似甑上大下小騉蹄蹄如趼而健上山秦時有騉蹄苑騉駼枝蹄趼善陞甗騉駼亦似馬而牛蹄小領盜驪穆天子傳曰天子之駿盜驪綠耳又曰右服盜驪盜驪千里馬領頸絕有力駥即馬高八尺膝上皆白惟馵四骹皆白驓骹膝下也四蹢皆白首俗呼爲踏雪馬前足皆白騱後足皆白翑前右足白啓左傳曰啓服左白踦前左腳白後右足白驤左白馵後左腳白易曰震爲馵足駵馬白腹騵駵赤色黑鬣驪馬白跨驈驪黑色跨髀間白州驠州竅尾本白騴尾株白尾白駺俱尾毛白馰顙白顛戴星馬也白達素縣素鼻莖也俗所謂漫顱徹齒面

顙皆白惟駹馬顙額顙回毛在膺宜乘樊光云俗呼之官府馬伯樂相馬法旋毛在腹下如乳者千里馬在肘後減陽在幹茀方幹脅在背閡廣皆別旋毛所在之名逆毛居馻馬毛逆刺騋牝驪牡詩云騋牝三千馬七尺已上為騋見周禮玄駒褭驂玄駒小馬別名褭驂耳或曰此即騕褭古之良馬名牡曰騭今江東呼駁馬為騭音質牝曰騇草馬名駵白駁黃白騜詩曰騜駁其馬駵馬黃脊騝驪馬黃脊騽皆背脊毛黃青驪駽今之鐵驄青驪驎驒色有深淺班駁隱鄰今之連錢驄青驪繁鬣騥禮記曰周人黃馬繁鬣繁鬣兩被毛或云美髦鬣驪白雜毛駂今之烏驄黃白雜毛駓今之桃華馬陰白雜毛駰陰淺黑今之泥驄蒼白雜毛騅詩曰有騅有駓彤白雜毛騢即今之赭白馬彤赤白馬黑鬣駱禮記曰夏后氏駱馬黑鬣白馬黑脣駩黑喙騧今之淺黃色者為騧馬一目白瞯二目白魚似魚目也詩曰有驔有魚

既差我馬差擇也宗廟齊毫尚純戎事齊力尚強田獵齊

足 尚疾

馬屬

犘牛 出巴中重千斤 犦牛 即犎牛也領上肉犦胅起高二尺許狀如橐駝肉鞍一邊健行者日三百餘里今交州合浦徐聞縣出此牛 犤牛 犤牛庳小今之㹇牛也又呼果下牛出廣州高涼郡 犩牛 即犪牛也如牛而大肉數千斤出蜀中山海經曰岷山多犪牛 犣牛 旄牛也髀膝尾皆有長毛 犝牛 今無角牛 犑牛 未詳 角一俯一仰觭 牛角低仰 皆踊觢 今豎角牛 黑脣犉 毛詩傳曰黃牛黑脣此宜通謂黑脣牛 黑眥牰 眼眥黑 黑耳犚 黑腹牧 黑腳犈 皆別牛黑所在之名 其子犢 今青州呼犢為㸷 體長牬 長身者 絕有力欣犌

牛屬

羊牡羒 謂吳羊白羝 牝牂 詩曰牂羊墳首 夏羊 黑羖䍽 牡羭 黑羝也歸藏曰兩壺兩羭 牝羖 今人

便以牂羖爲白黑羊名角不齊觤一短一長角三觠羷觠角三匝羳羊黃腹腹下黃未

成羊羜俗呼五月羔爲羜絕有力奮

羊屬

犬生三猣二師一玂此與豬生子義同名亦相出入未成毫狗狗子未生乾毛者長喙獫

短喙猲獢詩曰載獫猲獢絕有力狣尨狗也詩曰無使尨也吠

狗屬

雞大者蜀今蜀雞蜀子雓雞子名未成雞僆今江東呼雞少者曰僆音練也絕有

力奮諸物有氣力多者無不健自奮迅故皆以名云

雞屬

馬八尺爲駥周禮云馬八尺已上爲駥牛七尺爲犉詩曰九十其犉亦見尸子羊六尺爲羬

尸子曰大羊為羬六尺彘五尺為豟尸子曰大豕為豟五尺今漁陽呼猪大者為豟狗四尺為獒公羊傳曰靈公有害狗謂之獒也尚書孔氏傳曰犬高四尺曰獒即此義雞三尺為鶤陽溝巨鶤古之名雞

六畜

爾雅卷下

經三千一百一十三字

注七千八百九十字

爾雅音釋卷下

釋草第十三

藿育韭九茖革葱怱葝巨盈䪥薤蒚力薜百蘄芹椴段槿謹櫬襯

葪計枹孚葥箭蔧遂菉綠蔏商藋徒的蘩煩皤婆菣去刃蔚尉萆方寐

莞官菥惜蓂覓蒤途瓠戶故瓣方莧茹如藘力居臝力果萑隹蓷他回虉逆

粢咨衆終秫述菽叔莌悅轉龠藥壞戶怪蕵孫柬練莬兔荄核蒵兮

蔩演茢列蘣眞豕傷氏荓瓶藱胡罪葖他忽蘆羅萉蒲北蓫勑茵因薚蕩

苨禰菧底絰待節菅姦菲匪芴物葍福藑富萎威蒟劬艼他丁熒迥

萹匹善葴針薢皆茩狗芵決茪光莁巫荑夷蔱殺蘠牆瓞大結瓝步角

芍戶了蘱類薡鼎蓳董蕛啼苵大結蕢會蓼了蓧他凋蓨惕虋門芑起

秠孚鄙稃敷稌杜蕒瓊芺扶蓁蹇蘄伐茵萌菽翹蚍毗衃浮蕇典

蔜五高蕿嫂蔞縷茿奪蘢聾葑方孔蓯總蒡旁蒠忍莤由蓾魯蔖才古

柱主夫扶隧遂蘧巨俱蔬山俱蓲昌攺蘮計蒘如髦毛蕀棘藋貫蕁徒南

蔙沉蕍俞蔦昔菌巨隕藿霍莥女九蒿浩蝭提莞官蒚力茄加蕸遐

蔤密華戶瓜菡戶感萏徒感薏憶蘬丘軌蒫才何蕡扶刃臬皁以菲匪蒠息蕢巨貴

蘼美萹偏濼爍衆終莙其隕藻早蓫他六薚他羊苹平蓱瓶莃希蘈吐回

蘈頹藚續藾賴蔆凌攗眉薜百䕢贊葥箭莓每藫潭蘜菊蓨他凋

茥奎蒛缺葐盆芨急蘵纖菺肩蘻計蕧服荢字藐亡角茈子爾脫奪

蘵職蒢除蘮摯芞乞葞尾蔠終菋未荎直其藸除蒤徒藈圭蕂繩

衱劫袶絳攫钁盱吁眯米敖五刀涷東馗逵菌巨隕菆輙苕調蔈標

茇沛虋眉藪朔蔾吝莔閔荼徒笐杭箈待枹包芏杜綦其葴針

芐戶藗速菤捲虌鱉䓜工蔍蒲苗藨平表蔜亦購古豆蔞力朱茢列葽烏了

莬冤茦冊刺次萩秋銚姚芅亦芣浮苢以綸古頑芒亡岡蠡禮葀古活

搴居展拒巨朐劬芺襖荂吁蔈方腰猋必遙藨方驕芀調蒹兼薕廉菼他敢

薍五患蘿丘阮蕍俞芛羊捶葟皇葋于閔茭胡巧

釋木第十四

梢叨榎賈樗丑於椈菊髡坤梱五門椵段桋夷柟而占柀彼煔杉櫠廢

檟賈杻女九檍億楙茂椋良栵例栭而檴鑊楥袁枊卬栩香羽杼常汝

桎直之櫡儲櫙歐荎大結橰皐綦其朹求繫計朻糾榽兮計橀許兮梫寢

棆倫椐祛樻起愧櫐壘欇涉檵計梗庚檝輒寓魚具梂求檖遂櫌憂

㯱斯要腰樲二洗屑典槇田泄屑還旋棯稔樸卜棪琰樕速櫰苦回

槐懷聶輒炕呼郎椅於寄棶山厄瘣胡罪遒祖由棫域桵人隹檹离辨片枌墳

移移檿烏點柛仲椔側吏棤錯皵鳥梢朔櫂濁樅七容椴殺華胡化疐帝

鑽子管繚了撽亦

釋蟲第十五

螜斛蜚費蠦盧蜰肥螾引衘演蜩調蚻札蠽節蝒緜蜓挺蚞木

蛣起吉蜣羌蝎曷蝠屈蠰襄餉蜉浮蝣遊蛂步結蟥黃蛢并瓶蠸權父甫

蝚柔蛖武江蠪施蛘亡姆蟷丁郎蠰箱蜱毗蛸消蝍即蛆子余蝝緣蝮孚福

蜪陶蛬拱蟼驚蛝閑䗃棧蛗阜螽終蠜煩蟴斯蜙嵩蝑胥蟿契

蚸歷蠰壤螼羌引蜸苦顯蚕他典貈鶴蛑謀虰丁蛵馨蜭戶感蟔墨蛅而

蟴斯蟠煩蟫淫蛾娥螒汗蚚祈蛶劣螪商螝龜蜆演螘魚綺蠪聾

朾直耕螱尉蚳池蠤秋鼅知鼄誅蝥謀蠭蜂蟦費蝤囚蛜伊蟰蕭

蛸所交踦巨綺蛭猪秩蠖於郭蚇尺螟冥蛉零炤照蚅厄蠋蜀蠓莫孔蠛亡結

蛈大結蝪湯蟓象雔讎蚢杭翥之庶罅呼暇螸俞蟘特蟊謀豸丈爾

釋魚第十六

鱣張連鰋偃鯇華板鮀陀鮂囚鰦兹鰼習鰌秋鰹堅鮦同鮵奪鮍皮

鱯畫鮡兆鰝浩鰕霞鱀忌鱦承鮥洛鮛叔鮪偉鯦俱救魱胡鮤列

鱴滅鱊聿鮬步鱖厥鯞章酉鰴暉魵墳鮅必鱒才損魴房魾毗鯬黎

鯠來蜎狂兖蠉香兖蟣祈鼁去䵹秋蟾占黽猛蜌陛蠯蒲猛能奴來蟦奔

蚹附蠃羅螔移蝓俞蜬含螖滑蠌澤蟧勞珧遥倪五計贆摽魧杭

鰿積 貾池 蚆巴 頯巨軌 蜠求隕 蟦責 橢他果 蠑榮 螈原 蜥昔 蜴亦 蝘偃

蜓徒典 蛈迭 蝁烏洛 螣朕 螣騰 蟒莽 擘柏 攝輒 筮誓

釋鳥第十七

鳺方扶 鴀方浮 鶌居物 鶻骨 鵃嘲 鳲尸 鴶古八 鵴菊 鷑及 鵧符悲 鴡七徐 鵅格

鵋忌 鶀欺 鵵兔 鴭丘 鷚亡侯 鸙藥 鵱六 鷜力于 鴰古活 鵅洛 鸔剥 鶩木

鳽額 鵁交 鶄精 鵛經 鵌徒 鵜啼 鴮烏 鸅澤 鶾汗 鷽握 鷣淫 鶨丑絹

鳹巨炎 鳸戶 鴳晏 鷯力彫 鴱艾 鸒預 鵯匹 脰豆 鴽如 鴾謀 巂攜 鳦乙

鴟尺之 鴞遙 鸋寧 鴂決 梟嬌 鶛皆 鷇古候 噣啄 鶵仕俱 縣玄 鳻汾 鶞勑倫

唶即 嘖責 鵖彼及 鴔皮及 鵀女金 鶭孚往 鶿慈 鷧於計 庳脾 鷉施 鴢拗 鵁許交

鵽丁刮 萑丸 鶟突 鶦胡 鷸聿 鸀濁 鸇之然 鷢巨月 鷏田 蟁文 鷈梯 蠃螺

鼯吾鳺大結餔步枝鼓鶆來鸝離鴷列鷔激鶶唐鷵徒鉏鋤鷂遙

鷮驕鳪卜鸐狄雗汗鵫丁罩翬暉𠷎儔鶅緇鵗希鷷遵鵌徒鼵突

鸛歡鷒團鶝福鶔柔射食亦鶪工役摠宗鳶玄蹼卜亢戶郎嗉素鳼文

鷚力救鷩彼列長丁丈鶹留鷅栗鵹力知

釋獸第十八

麔咎麎辰麇於兆麚加麀於牛麛迷麉堅麕君麌魚矩麆助麜栗豣五見

獥亦嬎芳萬迒剛𧱰偉豶墳幺腰奏湊豱温豵宗橧繒豴滴豥垓

豟厄豝巴䖘棧貓苗貘陌甝含虪式六貀尼滑鼳古役麙巖貄曳貈乎各

貆丸貒湍貗其禹貔毗㲇火卜父甫貙樞獌萬麢零麠京麃炮麡几

旄帽魋頹猰烏八貐羊主驨胡圭羱元麐鄰麂几貄四彙謂刺次狒費

被備蹯煩𧈢鈕猱奴刀蝯袁貜钁父甫泥奴細贙鉉豦據蜼誄椉承

鼳其越狃鈕鼢憤鼸胡忝鼷奚鼶斯鼬佑鼩劬鼭時鼣吠鼫石鼤問

鼨終鼮廷鼰古覓齝丑之齥泄齸益釁許靳撟紀小狊古圓

釋畜第十九

騊陶駼徒倨鋸騉昆趼五見甗言駥戎馵注骹敲驓繒騱奚翑劬

踦欺驤箱駵留騵五官驈聿驠宴騴晏駺郎馰的縣玄駹尨減古湛

闋缺廣光馻兖褭奴了驂參騇舍騝虔騽習駽呼縣驎良忍驒陀鬣獵

騥柔鴇保駓皮駰乙巾騢遐駩詮喙許穢騧瓜瞯閑差叉犘麻犦雹

犤悲犩危犣獵犝童犑古覓觭欺觢誓犉閏旬眥才細牰袖犚尉犈權

牬貝犌加羒墳牂臧羭俞羖古觤鬼觠權羷險羳煩羜直呂猣宗

獑祈 獫力驗 猲歇 狣兆 獢虛嬌 雓餘 㺦練 駥戎 犉閏 羬五咸 貄滯 豟厄

獒五刀 鶤昆

爾雅音釋卷下

道光甲申春仲從
藝芸書舍借來細勘一過知其佳處
洵非以後諸刻所能及也
思適居士顧千里記

異日當并單
本邢踈再勘
三月朔又記

金陵全書

丁編·文獻類

方言注

(晋)郭璞注

南京出版傳媒集團
南京出版社

方言序

郭璞

蓋聞方言之作出乎輶軒之使所以巡遊萬國采覽異言車軌之所交人迹之所蹈靡不畢載以爲奏籍周秦之季其業隤廢莫有存者暨乎揚生沉淡其志歷載構綴乃就斯文是以三五之篇著而獨鑒之功顯故可不出戶庭而坐照四表不勞疇咨而物來能名考

三百卑五

九服之逸言摽六代之絶語類離詞之指韻明乖途而同致辨章風謠而區分曲通萬殊而不雜眞洽見之奇書不刊之碩記也余少玩雅訓旁味方言復爲之解觸事廣之演其未及摘其謬漏庶以燕石之瑜補琬琰之瑕俾後之瞻涉者可以廣寤多聞爾

西漢氏古書之全者如鹽鐵論揚子雲方言其存蓋無幾鹽鐵論前輩每恨其文章不稱漢氏唯方言之書最奇古孟傳頃聞之曾文清公嘗以三詩答呂治先有云傷心昨夜杯中物不對王郎對影斟紫微呂居仁次韻云書來肯附銅魚使記我今年病不斟自注云出子雲方言今所在鏤板輒誤作病不禁此書世所有而無與是正

知好之者少也山谷詩古追隨富貴勞牽尾乃用太元經語紹興初胡少汲洪玉父李文若諸人校黃詩刊本乃誤作縈牽尾自此他本遂承誤藹蒼蒼三字文人多愛之亦或鮮記其出於太元大抵子雲精於小學且多見先秦古書故方言多識奇字太元多有奇語然其用之亦各有宜子雲諸賦多古字至法言劇秦所用則無幾古

野竹齋裝

人文章蓋莫不然西漢一書唯相如子雲
等諸賦韓退之文唯曹成王碑柳子厚自
騷詞晉問等他皆不用古字
本朝歐文忠王荆公蘇長公曾南豐諸宗
工文章照映今古亦不多用古字得非以
謂古文竒字聲形之學雖在所當講而文
律之妙則不專在是若有意用之或返累
正氣也耶學者要知所以用之當其可則

盡善耳今方言自閩本外不多覯每惜其未廣予來官尋陽有以大字本見示者因刋置郡齋而附以所聞一二蓋惜前輩之言久或不傳也慶元庚申仲春甲子會稽李孟傳書

漢儒訓詁之學惟謹而楊子雲尤爲洽聞蓋一物不知君子所恥博學詳説將以反約允其辨名物析度數研精覃思

毫釐必計下而五方之音殊俗之語莫不推尋其故而旁通其義非徒猥瑣拘泥而爲是弗憚煩也世之學者忽近而慕遠捨實而徇名高談性命過自賢聖視訓詁諸書往往束之高閣盍亦思夫周官太平之典其道甚大百物不廢雖醫卜方技纖悉畢載聖門學詩不獨取其可興可觀可群可怨而鳥獸草木之名亦貴多識本末精

粗並行而不相悖故漢儒尊經重古純愨
有守之風類非後人所能企及子雲博極
群書於小學奇字無不通且遠採諸國以
爲方言誠足備爾雅之遺闕平時所以用
力於此深矣世知好之者盖鮮
前太守尚書郎李公一日語餘苦無善
本貿偶得諸相識字畫落落可觀因以
告而鋟之木輒併附管見云慶元庚申重午

日東陽朱 質 書

輶軒使者絶代語釋別國方言第一

黨曉哲知也楚謂之黨黨朗也解寤皃或曰曉齊宋之間謂之哲

虔儇慧也謂慧了音翾秦謂之謾言謾詑音詑大和反謾莫錢又亡山反晉謂之𢤱音悝或莫佳反宋楚之間謂之倢言便倢也楚或謂之𧬈他和反亦今通語自關而東趙魏之間謂之黠或謂之鬼言鬼眎也

娥㜲音盈好也秦曰娥言娥娥也宋魏之間謂之

大一百六十五

言孅孅也秦晉之間凡好而輕者謂之娥自關東河濟之間謂之媌今關西人亦呼好爲媌莫交反或謂之姣言姣潔也音狡趙魏燕代之間曰姝昌朱反音株亦四方通語或曰妦言妦容也音蜂自關而西秦晉之故都曰妍秦舊都今扶風雍丘也晉舊都今太原晉陽縣也其俗通呼好爲妍五千反妍一作忓好其通語也

烈枿餘也謂烈餘也五割反陳鄭之間曰枿晉衛之間曰烈秦晉之間曰肄音謚傳曰夏肄是屏或曰烈

台胎陶鞠養也台猶頤也音怡晉衛燕魏曰台陳楚韓鄭之間曰鞠秦或曰陶汝潁梁宋之間曰胎或曰艾爾雅云艾養也

憮亡輔反㤿音淹憐牟愛也韓鄭曰憮晉衛曰㤿㤿憸多意氣也汝潁之間曰憐宋魯之間曰牟或曰憐憐通語也

㥄憮矜悼憐哀也㥄亦憐耳音陵齊魯之間曰矜陳楚之間曰悼趙魏燕代之間曰㥄自楚之北

郊曰憮秦晉之間或曰矜或曰悼

咺香遠反唏虛几反㣿音的一音灼怛痛也凡哀泣而不止曰咺哀而不泣曰唏於方則楚言哀曰唏燕之外鄙鄙邊邑名朝鮮洌水之間朝鮮今樂浪郡是也洌水在遼東音烈少兒泣而不止曰咺少兒猶言小兒自關而西秦晉之間凡大人少兒泣而不止謂之嘵丘尚反哭極音絕亦謂之嘵平原謂啼極無聲謂之嘵哴哴音亮今關西語亦然楚謂之噭咷叫逃兩音

字或作叴音求齊宋之間謂之喑音蔭或謂之惄奴歷反

悼惄悴慭傷也詩曰不慭遺一老亦恨傷之言也慭魚巹反自關而東汝潁陳楚之間通語也汝謂之惄秦謂之悼宋謂之悴楚潁之間謂之慭

慎濟䁟惄溼桓憂也䁟者憂而不動也作念反宋衛或謂之慎或曰䁟陳楚或曰溼或曰濟自關而西秦晉之間或曰惄或曰溼自關而西秦晉之間凡志而不得欲而不獲高而有墜得而中

亡謂之溼溼者失意潛沮之名沮一作阻或謂之惄

鬱悠懷惄惟慮願念靖愼思也晉宋衛魯之間謂之鬱悠鬱悠猶鬱陶也惟凡思也慮謀思也願欲思也念常思也東齊海岱之間曰靖岱太山秦晉或曰愼凡思之貌亦曰愼謂感思者之容或曰惄

敦豐厖鶝鴀夰音介憮海狐反般般桓嘏音賈奕戎京奘在朗反將大也凡物之大貌曰豐厖深之大也東齊海岱之間曰夰或曰憮宋魯陳衛之間

謂之嘏或曰戎秦晉之間凡物壯大謂之嘏或曰夏秦晉之間凡人之大謂之奘或謂之壯燕之北鄙齊楚之郊或曰京或曰將皆古今語也語聲轉耳初别國不相往來之言也今或同而舊書雅記故俗語不失其方皆本其言之所出也雅小雅也而後人不知故爲之作釋也釋詁釋言之屬

假音駕㫦古格字懷摧詹戾艐古屆字至也邠唐冀兖之間曰假或曰㫦邠今在始平漆縣唐今在太原晉陽縣齊

楚之會郊（兩境之間）或曰懷摧詹戾楚語也（詩曰先祖于摧六日不詹魯侯戾止之謂也此亦方國之語不專在楚也）艐宋語也皆古雅之別語也（雅謂風雅）今則或同

嫁逝徂適往也自家而出謂之嫁由女而出爲嫁也逝秦晉語也徂齊語也適宋魯語也往凡語也

謾台（蠻怡二音）脅閱（呼隔反）懼也燕代之間曰謾台齊楚之間曰脅閱宋衞之間凡怒而噎噫（噎謂

憂也噫央媚反謂之脅閱脅閱猶閱穀也南楚江湘之間謂之嘽咺湘水名今在零陵咺音香遠反

虔劉慘綝殺也今關西人呼打為綝音廩或洛感反秦晉宋衛之間謂殺曰劉晉之北鄙亦曰劉秦晉之北鄙燕之北郊翟縣之郊謂賊為虔今上黨潞縣即古翟國晉魏河內之北謂綝曰殘楚謂之貪南楚江湘之間謂之欺言欺綝難猒也

亟憐憮㤺愛也東齊海岱之間曰亟詐欺也自

關而西秦晉之間凡相敬愛謂之亟陳楚江淮之間曰憐宋衛邠陶之間曰憮或曰俺（陶唐晉都處）

眉梨耋鮐老也東齊曰眉（言秀眉也）燕代之北鄙曰梨（言面色似凍梨）宋衛兗豫之内曰耋（八十為耋音經）秦晉之郊陳兖之會曰耇鮐（言背皮如鮐魚耇音垢）

脩駿融繹尋延長也陳楚之間曰脩海岱大野之間曰尋（大野今高平鉅野）宋衛荆吳之間曰融

自關而西秦晉梁益之間凡物長謂之尋周官之法度廣爲尋度謂絹帛橫廣幅廣爲充爾雅曰繒廣充幅

延永長也凡施於年者謂之延施於衆長謂之永各隨事爲義

允訦音諶恂音荀展諒音亮穆信也齊魯之間曰允燕代東齊曰訦宋衛汝潁之間曰恂荊吳淮汭之間曰展汭水口也音芮西甌毒屋黃石野之間曰穆西甌駱越別種也音嘔其餘皆未詳所在衆信曰諒周南召

南衛之語也

碩沈巨濯訏敦夏于大也（訏亦作芋音義同耳香于反）齊宋之間曰巨曰碩凡物盛多謂之寇（今江東有小兒其多無數俗謂之寇也）齊宋之郊楚魏之際曰夥（音禍）自關而西秦晉之間凡人語而過謂之過（于果反）或曰僉東齊謂之劒或謂之弩弩猶怒也陳鄭之間曰敦荆吳揚甌之郊曰濯中齊西楚之間曰訏（西楚謂今汝南彭城）自關而西秦晉之間凡

物之壯大者而愛偉之謂之夏周鄭之間謂之暇（音賈）郴齊語也（洛含反）于通詞也

牴（觸牴也）𢿜（音致）會也雍梁之間曰牴秦晉亦曰牴凡會物謂之𢿜

華荂晠也（荂亦華別名音誇）齊楚之間或謂之華或謂之荂

墳地大也青幽之間凡土而高且大者謂之墳（即大陵也）張小使大謂之廓陳楚之間謂之摸（音莫）

嫙蟺（火全反）繝（音剡）撚（諾典反）未續也楚曰嬛嬗出也（別異義）楚曰蟺或曰未及也

踏（古蹋字他匣反）䠥（逍遥）𨁨（音拂）跳也楚曰跇（勑厲反亦中州語）陳鄭之間曰䠥楚曰蹠自關而西秦晉之間曰跳或曰踏

躡郅（音質）跂（音企）䟤（洛亦訓來）躋（濟渡）踚（踊躍）登也自關而西秦晉之間曰躡東齊海岱之間謂之躋魯衞曰郅梁益之間曰䟤或曰跂

逢逆迎也自關而東曰逆自關而西或曰迎或曰逢

撏〔常含反〕攓〔音騫〕摭〔盜蹠〕挻〔羊羶反〕取也南楚曰攓陳宋之間曰摭衛魯揚徐荆衡之郊曰撏〔衡衡山南岳名今在長沙〕自關而西秦晉之間凡取物而逆謂之篡〔音饌〕楚部或謂之挻

餥〔音非〕飵〔音昨〕食也陳楚之內相謁而食麥饘謂之餥〔饘糜也音旃〕楚曰飵凡陳楚之郊南楚之外

相謁而飧（畫飯爲飧 謁請也）或曰飵或曰䬯（音黏）秦晉之際河陰之間曰𩞔（惡恨反）𩚵（五根反 今馮翊郃陽河東龍門是其處也）此秦語也（今關西人呼食欲飽爲𩞔𩚵）

釗薄勉也（相勸勉也 居遼反）秦晉曰釗或曰薄故其鄙語曰薄努猶勉努也（如今人言努力也）南楚之外曰薄努自關而東周鄭之間曰勔釗（沉湎）齊魯曰勖兹（勖勔亦訓勉也）

輶軒使者絶代語釋別國方言第一

輶軒使者絶代語釋別國方言第二

釥（錯眇反）嫽（洛夭反）好也青徐海岱之間曰釥或謂之嫽（今通呼小姣潔喜好者爲嫽釥）好凡通語也

朦（忙紅反）厖（鴟䲦）豐也自關而西秦晉之間凡大貌謂之朦或謂之厖豐其通語也趙魏之郊燕之北鄙凡大人謂之豐人燕記曰豐人杼首杼首長首也楚謂之伃（音序）燕謂之杼燕趙之間言圍大謂之豐（謂度圍物也）

娃烏佳反嫷諾過反窕途了反豔美也吳楚衡淮之間曰娃南楚之外曰嫷言婑嫷也宋衛晉鄭之間曰豔陳楚周南之間曰窕自關而西秦晉之間凡美色或謂之好或謂之窕故吳有館娃之宮秦有榛娥之臺皆戰國時諸侯所立也榛音七秦晉之間美貌謂之娥言娥娥也美狀爲窕言閑都也美色爲豔言光豔也美心爲窈言幽靜也

奕偞容也自關而西凡美容謂之奕或謂之

偞（奕偞皆輕麗之皃偞音葉）宋衛曰偞陳楚汝潁之間謂之奕

䫉（音綿下作聯字同耳）鑠（舒灼反）盱（香于反）揚䁼（音滕）雙也南楚江淮之間曰䫉或曰䁼好目謂之順（言流澤也）黸（黸黑也）瞳之子謂之聯（言聯邈也）宋衛韓鄭之間曰鑠（言光明也）燕代朝鮮洌水之間曰盱（謂舉眼也）或謂之揚（詩曰美目揚兮是也此本論雙耦因廣其訓復言目耳）

䰰（羌箠反）笙揫（音遒）摻（素檻反）細也自關而西秦晉

之間凡細而有容謂之魏魏魏小成貌或曰徥言徥偕也度皆反凡細貌謂之笙斂物而細謂之揫或曰摻（亻褱）言瓌瑋也渾們渾肥滿也狐本反䐓䐓呬充壯也匹四反䑋音瓖僇恪膠反泡音庖盛也自關而西秦晉之間語也陳宋之間曰僇僇侔麤大貌江淮之間曰泡泡肥洪張貌秦晉或曰䑋梁益之間凡人言盛及其所愛曰偉其肥晠謂之䑋肥䑋多肉

私策纖葆(音銳)稺(古稚字)杪(莫召反)小也自關而西秦晉之郊梁益之間凡物小者謂之私小或曰纖繒帛之細者謂之纖東齊言布帛之細者曰綾(音凌)秦晉曰靡(靡細好也)凡草生而初達謂之葆(鋒萌始出)稺年小也木細枝謂之杪(言杪梢也)江淮陳楚之內謂之篾(篾小皃也)青齊兖冀之間謂之葼(馬騣)燕之北鄙朝鮮洌水之間謂之策故傳曰慈母之怒子也雖折葼笞之其惡存焉

言數〻在其中也

殗於怯反殜音葉微也宋衛之間曰殗自關而西秦晉之間凡病而不甚曰殗殜病半臥半起也

臺敵延一作莚也東齊海岱之間曰臺自關而西秦晉之間物力同者謂之臺敵

抱嬎追萬反一作嬔耦也耦亦匹互見其義耳音赴荆吳江湖之間曰抱嬎宋潁之間或曰嬎

倚丘寄反踦郄奇反奇也奇偶自關而西秦晉之間凡全物而體不

具謂之倚梁楚之間謂之踦雍梁之西郊凡嘼支體不具者謂之踦

逴（勑略反）獡（音鑠）透（式六反）驚也自關而西秦晉之間凡蹇者或謂之逴（行略逴也）體而偏長短亦謂之逴宋衛南楚凡相驚曰獡或曰透（皆驚皃也）

儀俗來也陳潁之間曰儀自關而東周鄭之郊齊魯之間或謂俗曰懷

䵒暱𪏰（音汝）黏也齊魯青徐自關而東或曰䵒

言黏䵒也或曰䵑餬音胡託庇庇蔭寓艐音孕寄也齊衛宋魯陳晉汝潁荊州江淮之間曰庇或曰寓寄食爲餬傳曰餬予口於四方是也凡寄爲託寄物爲艐

逞苦了快也自山而東或曰逞楚曰苦苦而爲快者猶以臭爲香治爲亂徂爲存此訓義之反覆用之是也秦曰了今江東人呼快爲愃相緣反

㥏㥾赧愧也晉曰㥏或曰㥾秦晉之間凡愧而見上謂之赧小雅曰面亦愧曰赧梁宋曰㥾勑㥾亦慙皃也音匿

叨託高反惏洛含反殘也陳楚曰惏

憑齘苛怒也楚曰憑憑恚盛皃楚詞曰康回憑怒小怒曰齘言噤齘也陳謂之苛相苛責也

憡剌痛也憡憡小痛也音策自關而西秦晉之間或曰憡

撟捎選也此妙擇積聚者也撟驕騷兩音自關而西秦晉之間凡取物之上謂之撟捎

撊呼旱反梗魚鯁爽猛也晉魏之間曰撊傳曰撊然登陴

小七十七

韓趙之間曰梗齊晉曰爽

瞯音閑睇音悌睎略音略眄也陳楚之間南楚之外曰睇東齊青徐之間曰睎吳揚江淮之間或曰瞯或曰路自關而西秦晉之間曰眄

餽消息喙口喙呬許四反息也周鄭宋沛之間曰餽自關而西秦晉之間或曰喙或曰餽東齊曰呬

鋠劈歷摫音規裁也梁益之間裁木爲器曰鋠裂帛爲衣曰摫鋠又斲也皆折破之名也晉趙之間謂

之鋠鋠

鐫琢也[謂鏨鐫也]晉趙謂之鐫[子旋反]

鍇[音揩]鐕[音砍]堅也自關而西秦晉之間曰鍇吳揚江淮之間曰鐕

揄鋪[音敷]艦[音藍]極帗[音拂]縷葉輸[音臾]毳也[音脆皆謂物之行蔽也]荊揚江湖之間曰揄鋪楚曰艦極陳宋鄭衞之間謂之帗縷燕之北郊朝鮮洌水之間曰葉輸[今名短度絹為葉輸也]

孑蓋餘也〔謂遺餘昨吝反〕周鄭之間曰蓋或曰孑青徐楚之間曰孑自關而西秦晉之間炊薪不盡曰蓋孑俊也遵俊也〔廣異語耳〕

翿〔言濤〕幢〔徒江反〕翳也〔儛者所以自蔽翳也〕楚曰翿關西關東皆曰幢

捘略求也秦晉之間曰捘就室曰捘於道曰略略強取也攈〔古捃字〕摭〔盜蹠〕取也此通語也

茫矜奄遽也〔謂遽矜也〕吳揚曰茫〔今北方通然也莫光反〕陳

頫之閒曰奄秦晉或曰矜或曰遽

速逞搖扇疾也東齊海岱之閒曰速燕之外鄙朝鮮洌水之閒曰搖扇楚曰逞

予賴讎也南楚之外曰賴賴亦惡名秦晉曰讎

恒慨蔘索含反綏羞繹音奕紛母言旣廣又大也荆揚之閒凡言廣大者謂之恒慨東甌之閒謂之蔘綏東甌亦越地今臨海永寧是也或謂之羞繹紛母

劋雀潦反又子了反蹶音厥獪也古狡獪字秦晉之閒曰獪

楚謂之剿或曰蹶言踣蹶也楚鄭曰蔿音指撝亦或聲之轉也或曰姡言黠姡也今建平郡人呼狡爲姡胡刮反

輶軒使者絶代語釋別國方言第二

輶軒使者絕代語釋別國方言第三

陳楚之間凡人嘼乳而雙產謂之釐孿（音兹）秦晉之間謂之僆子（音輦）自關而東趙魏之間謂之孿生（蘇官反）女謂之嫁子（言往適人）

東齊之間聓謂之倩（言可借倩也今俗呼女聓為卒便是也卒便一作平使）

燕齊之間養馬者謂之娠（今之溫厚也音振）官婢女廝謂之娠（女廝婦人給使者亦名娠）

楚東海之間亭父謂之亭公（亭民）卒謂之弩父

主擔幔幨因名云或謂之褚言衣赤也褚音赭

臧甬音勇侮獲奴婢賤稱也荆淮海岱雜齊之間俗不純為雜駡奴曰臧駡婢曰獲齊之北鄙燕之北郊凡民男而聟婢謂之臧女而婦奴謂之獲亡奴謂之臧亡婢謂之獲皆異方駡奴婢之醜稱也自關而東陳魏宋楚之間保庸謂之甬保言可保信也秦晉之間駡奴婢曰侮言為人所輕弄

蔿音花譌訛言譁五瓜反皆化聲之轉也涅化也燕朝鮮洌

水之間曰涅或曰譁雞伏卵而未孚音赴始化之時謂之涅

斟協汁也謂和協也或曰潘汁所未能詳北燕朝鮮洌水之間曰斟自關而東曰協關西曰汁

蘇芥草也漢書曰樵蘇而爨蘇猶蘆語轉也江淮南楚之間曰蘇自關而西或曰草或曰芥或言菜也南楚江湘之間謂之芥嫫毋蘇亦荏也荏屬也爾雅曰蘇桂荏也關之東西或謂之蘇或謂之荏周鄭之間謂之

公蕡音翡今江東人呼荏爲菩音魚沅湘之南或謂之䓗今長沙人呼野蘇爲䓗音車轄沅水名在武陵其小者謂之蘸葇菫葇也亦蘇之種類因名云

蘴舊音蜂今江東音嵩字作菘也蕘鈴鐃蕪菁也陳楚之郊謂之蘴魯齊之郊謂之蕘關之東西謂之蕪菁趙魏之郊謂之大芥其小者謂之辛芥或謂之幽芥其紫華者謂之蘆菔今江東名爲溫菘實如小豆羅匐二音東魯謂之菈遳洛荅大合兩反

蘞芡(音儉)雞頭也北燕謂之蘞(今江東亦呼蘞耳)青徐淮泗之間謂之芡南楚江湘之間謂之雞頭或謂之鴈頭或謂之烏頭(狀似烏頭故傳以名之)

凡草木刺人北燕朝鮮之間謂之茦(爾雅曰茦刺也)或謂之壯(今淮南人亦呼壯壯傷也山海經謂刺爲傷也)自關而東或謂之梗(今云梗榆)或謂之劌(劌者傷割人名音鱥魚也)自關而西謂之刺江湘之間謂之棘(楚詞曰曾枝剡棘亦通語耳音己力反)

凡飲藥傅藥而毒南楚之外謂之瘌乖瘌北燕
朝鮮之間謂之癆癆瘌皆辛螫也音聊東齊海岱之間
謂之眠或謂之眩眠眩亦今通語耳自關而西謂之
毒瘌痛也
逞曉恔苦快也快即狡狡戲亦快事也自關而東或曰
曉或曰逞江淮陳楚之間曰逞宋鄭周洛韓
魏之間曰苦東齊海岱之間曰恔自關而西
曰快

膠譎詐也涼州西南之間曰膠自關而東西或曰譎或曰膠汝南人呼欺爲讉訰回反亦曰詒音殆詐通語也

揠擢拂戎拔也今呼拔草心爲揠烏拔反自關而西或曰拔或曰擢自關而東江淮南楚之間或曰戎東齊海岱之間曰揠

慰廛度凥也周官云夫一廛宅也音纏約江淮青徐之間曰慰東齊海岱之間或曰度或曰廛或曰踐

萃雜集也東齊曰聖

迨遝及也東齊曰迨音殆關之東西曰遝或曰及

茇杜根也今俗名韭根為茇音陂東齊曰杜詩曰徹彼桑杜是也或曰茇音撥

班徹列也北燕曰班東齊曰徹

㾜音莫𤸰病也謂勞復也東齊海岱之間㾜或曰𤸰秦曰瘎音闇或湛

掩醜掍衮衣綷作憒反同也江淮南楚之間曰掩

宋衛之間曰綷或曰掍東齊曰醜

裕猷道也東齊曰裕或曰猷

虔散殺也東齊曰散青徐淮楚之間曰虔

汜音汎浼音漫潣湯潣洼烏蛙反洿也皆洿池也自關而東或曰洼或曰汜東齊海岱之間或曰浼或曰潣荊州呼潢也

庸恣比比次侹侹直更佚蹉跌代也齊曰佚江淮陳楚之間曰侹餘四方之通語也今俗亦名更代作為恣作也

小五十七

氓民也民之總名音萌

朹仇也謂怨仇也音舊

寓寄也

露敗也

别治也

張法也救傾之法

謫怒也相責怒也音賾

間非也

格，正也。

㰚，數也。偶物爲麗，故立數之。

軫，戾也。相了戾也。江東音善。

屑，潔也。謂潔清也。音薛。

諄，罪也。謂罪惡也。章順反。

俚，聊也。謂苟且也。音吏。

梱，就也。梱梱成就皃。恪本反。

苙，圂也。謂蘭圂也。音立。

廋，隱也。（謂隱匿也。音搜索也。）

銛，取也。（謂挑取物。音忝。）

棖，隨也。（棖柱令相隨也。）

儓（音臺）、䑋（音棣），農夫之醜稱也。南楚凡罵庸賤謂之田儓，（𠈁儓，駑鈍皃。或曰僕臣儓，亦至賤之號也。）或謂之䑋，（䑋，丁健皃也。廣雅以為奴，字作𨽹，音同。）或謂之辟。辟，商人醜稱也。（僻僻，便黠皃也。音擘。）

庸謂之倯，轉語也。（倯猶保倯也。今隴右人名孏為倯。相容反。）

褸裂須捷挾斯敗也南楚凡人貧衣被醜弊謂之須捷須捷狎婁也或謂之褸裂裂衣壞皃音縷或謂之襤褸故左傳曰蓽路襤褸以启山林華路柴車殆謂此也或謂之挾斯挾斯猶挾變也器物弊亦謂之挾斯

撲打撲鋌音鋌澌盡也南楚凡物盡生者曰撲生今種物皆生云撲地生也物空盡者曰鋌鋌賜也亦中國之通語也連此撲斯皆盡也鋌空也語之轉也

撲翕葉聚也撲屬藂相着皃楚謂之撲或謂之翕葉楚通語也

斟益也言斟酌益之南楚凡相益而又少謂之不斟凡病少愈而加劇亦謂之不斟或謂之何斟言雖小損無所益也

差間知愈也南楚病癒者謂之差或謂之間言有間隙或謂之知知通語也或謂之慧或謂之憭慧憭皆意精明或謂之瘳或謂之蠲蠲亦除也音涓一圭反

或謂之篨

輶軒使者絶代語釋别國方言第三

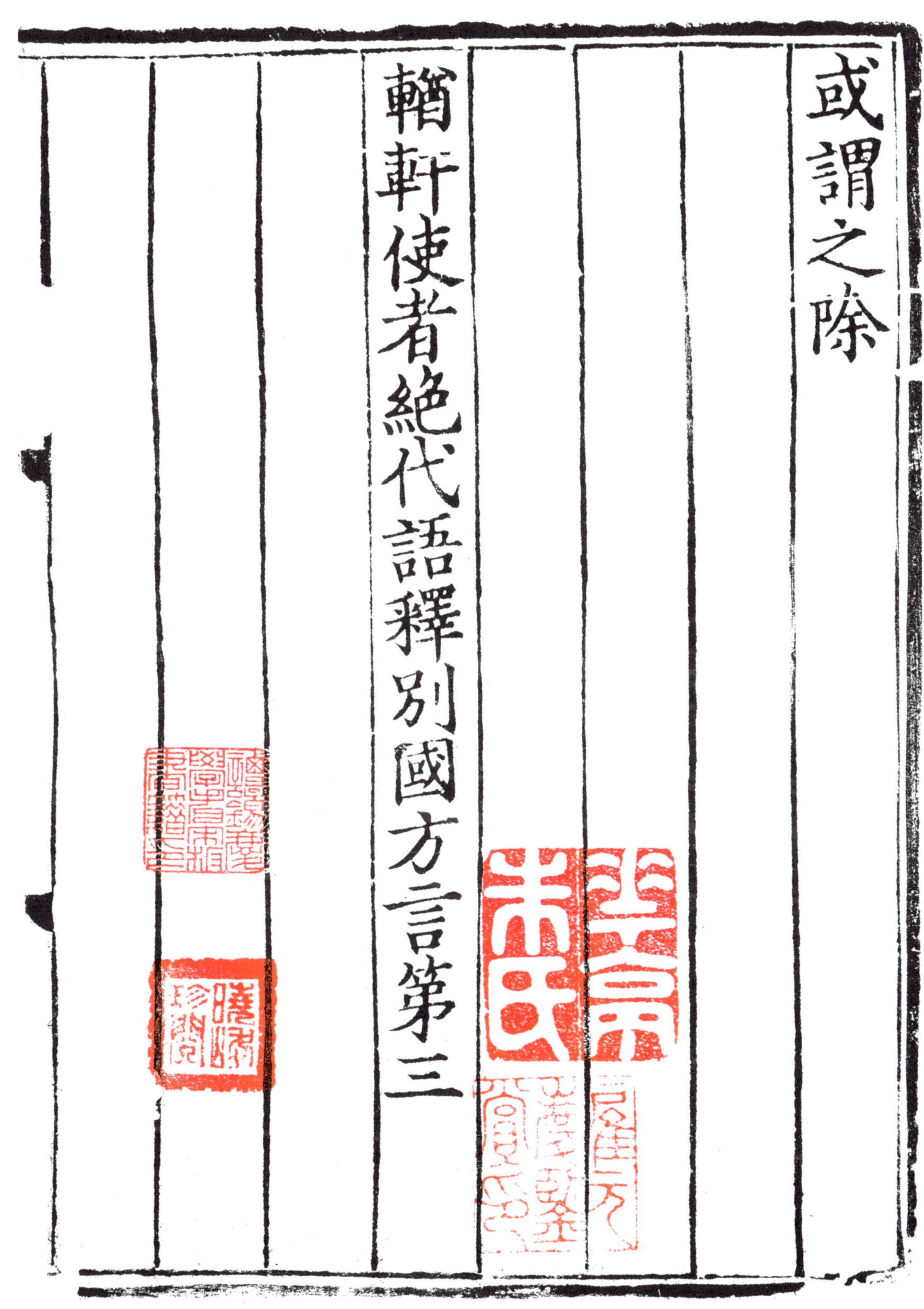

輶軒使者絶代語釋別國方言第四

襌衣江淮南楚之間謂之褋[illegible]遠余褋[illegible]灃涌音簡牒關之東西謂之襌衣有褒者前施褒囊也房報反趙魏之間謂之袏衣無褒者謂之裎衣音逞古謂之深衣制見禮記

襜褕江淮南楚謂之褈䙕裳凶反自關而西謂之襜褕其短者謂之裋褕音豎以布而無緣敝而紩之謂之襤褸自關而西謂之統裓俗名𥜒掖

音倔其敝者謂之緻緻縫納敝故名之也丁履反

汗襦廣雅作褕江淮南楚之間謂之𧜗音甑自關而西或謂之祗裯祇音止裯丁牢反亦呼爲掩汗也自關而東謂之甲襦陳魏宋楚之間謂之襜襦或謂之襌襦今或呼衫爲單襦

帬陳魏之間謂之帔音披自關而東或謂之襬音碑今關西語然也

蔽厀江淮之間謂之褘音韋或暉或謂之袚音沸魏

宋南楚之間謂之大巾自關東西謂之蔽厀齊魯之郊謂之袡昌詹反襦字亦作褕又襦無右也西南屬漢謂之曲領或謂之襦裨陳楚江淮之間謂之褣錯勇反

袴齊魯之間謂之䙛傳曰徵褰與襦音騫或謂之襱今俗呼袴踦為襱音鮦魚關西謂之袴

褕謂之袖襦襪有袖者因名云

衱謂之褗即衣領也劫偃兩音

袿謂之裾衣後裾也或作袪廣雅云衣袖

褸謂之衽衣襟也或曰裳際也

褸謂之緻襤褸綴結也

裯謂之襤祇裯弊衣亦謂襤褸

無緣之衣謂之襤

無袂衣謂之褙袂衣袖也音藝褙音慢惰

無裥之袴謂之襣袴無踦者即今犢鼻褌也裥亦襱字異耳

褙謂之袩干苕丁牒反反未詳其義

袷謂之交衣交領也

褗謂之襦尖劒反

襜謂之䘸衣掖下也

佩紟謂之裎所以係玉佩帶也音禁

褸謂之袩即衣衽也

覆䘹謂之襌衣作憒反

偏裨謂之襌襦即衫也

袀繵謂之褌今又呼為涼衣也灼纏兩音

袒飾謂之直衿婦人初嫁所著上衣直衿也音但

襃明謂之袍廣雅云襃明長襦也

繞衿謂之帬俗人呼接下江東通言下裳

懸裺謂之緣衣縫緣也音掩

絜襦謂之蔽膝廣異名也

裪𧝒謂之袖衣褾音縹江東呼椀音婉

帍裱謂之被巾婦人領巾也方廟反

繞緍謂之𧝝裺衣督脊也緍音循

厲謂之帶小爾雅曰帶之垂者為厲

襎裷謂之幭即帊幞也煩冤兩音幭亡別反繄袼謂之𧝓即小兒次衣也翳洛嘔三音

楚謂無緣之衣曰襤紩衣謂之褸秦謂之緻自關而西秦晉之間無緣之衣謂之裗䘿嫌上說有未了故復分明之

複襦江湘之間謂之裋音竪或謂之筩褹今筩袖之襦也褹即袂字耳

大袴謂之倒頓今雹袴也小袴謂之校衫[illegible]袴[illegible]

兩音楚通語也

幞巾也巾主覆者故名幞也大巾謂之帉音芬嵩嶽之南嵩高中岳山也今在河南陽城縣陳潁之間謂之帤奴豬反亦謂之幞江東通呼巾帉耳

絡頭帞頭也音貊紗繢鬢帶羌位反髤帶音菜帑音績亦千𢄼於怯反幧頭也自關以西秦晉之郊曰絡頭南楚江湘之間曰帞頭自河以北趙魏之間曰幧頭或謂之帑或謂之𢄼其遍者謂之

鬢帶今之偏疊幧頭也或謂之㡇帶㡇亦結也覆結謂之幘巾或謂承露或謂之覆㡇今結籠是也皆趙魏之間通語也

屝屨麤履也徐兗之郊謂之屝音翡自關而西謂之屨中有木者謂之複舄自關而東複履其庳者謂之鞔下音婉禪者謂之鞮今韋鞮也絲作之者謂之履麻作之者謂之不借粗者謂之屩東北朝鮮洌水之間謂之䩕音卬角　楚江

沔之間摠謂之麤（沔水今在襄陽）西南梁益之間或謂之㞜（他回反字或作屦音同）或謂之𡱈（下瓦反一音畫）履其通語也徐土邳圻之間（今下邳也圻音祁）大麤謂之𩋠角（今漆履有齒者）

緉（音兩）緛（音爽）絞也（謂履中絞也音校）關之東西或謂之緉或謂之緛絞通語也

𦅾謂之縝（謂𦅾縷也音振）

輶軒使者絕代語釋別國方言第四

輶軒使者絶代語釋別國方言第五

鍑（釜屬也　音富）北燕朝鮮洌水之間或謂之錪（音腆）或謂之鉼（音餅）江淮陳楚之間謂之錡（或曰三脚釜也　音技）或謂之鏤吳揚之間謂之鬲（音曆）

釜自關而西或謂之釜或謂之鍑（鍑亦釜之揔名）

甑自關而東謂之甗（音言）或謂之鬵（音岑　梁州呼鉹）或謂之酢餾（屋霤）

盂（音于）宋楚魏之間或謂之盌（烏管反）盌謂之盂

或謂之銚銳（謠語）盌謂之櫂盂謂之柯（[illegible]異語也）海岱東齊北燕之間或謂之盎（書卷）
𥁄（音雅）械（封緘）盞（酒醆）温（薄淹反）閜（呼雅反）𥂕（音章）盧（音麈）桮
也秦晉之郊謂之𥁄（所謂伯𥁄者也）自關而東趙魏
之間曰椷或曰盞（最小桮也）或曰温其大者謂之
閜吳越之間曰櫨齊右平原以東或謂之盧
桮其通語也
蠡（瓠勺也音麗）陳楚宋魏之間或謂之箄或謂之

㽇今江東通呼勺為㽇音羲或謂之瓢

案陳楚宋魏之間謂之檈自關東西謂之案

桮落盛桮器籠也陳楚宋衛之間謂之桮落又謂之豆筥自關東西謂之桮落

箸筩盛朼箸籫也陳楚宋魏之間謂之筲鞭鞘或謂之籯漢書曰遺子黃金滿籯籯音盈也自關而西謂之桶檧今俗亦通呼小籠為桶檧音籠冠檧蘇勇反或作筩

㼜音岡㽁都感反亦音沈甒音舞㼡音由甄音鄭甇胙反……也……度

反瓮瓿甀（瓿音部甀洛口反）𤮍（作志反）甖（於庚反）靈桂之郊謂之瓬（今江東通名大瓮爲瓬）其小者謂之瓭周魏之間謂之甈（今江東亦呼甖爲甈子）秦之舊都謂之甄淮汝之間謂之㼚江湘之間謂之甇自關而西晉之舊都河汾之間（汾水出大原經絳北西南入河）其大者謂之甀其中者謂之瓿甊自關而東趙魏之郊謂之瓮或謂之甖東齊海岱之間謂之㼨甖其通語也

罃陳魏宋楚之間曰甋（音由）或曰瓶（音殊）燕之東北朝鮮洌水之間謂之瓺（音暢亦腸）齊之東北海岱之間謂之儋（所謂家無儋石之餘也音擔字或作甔）周洛韓鄭之間謂之甀或謂之罃罃謂之甄（鼓鼙）甖謂之甓

缶謂之瓿㼖（即盆也音偶）其小者謂之瓶

罃甈謂之盎（案爾雅甈康壺而方言以爲盆未詳也甈郄罽反盎烏浪反）自關而西或謂之盆或謂之盎其小者謂

升甌惡牟反亦音憂

甂音邊陳魏宋楚之間謂之題今河北人呼小盆爲題子杜啓反

自關而西謂之甂其大者謂之甌

所以注斛盛米穀寫斛中者也陳魏宋楚之間謂之篙今江東亦呼爲篙音巫覡

自關而西謂之注箕陳魏宋楚之間謂之籮篙亦籮屬也形小而高無耳

炊䉛謂之縮漉米䉛也或謂之𥰭音藪或謂之匼音旋江東呼淅籤

篝今薰籠也陳楚宋魏之間謂之牆居

扇自關而東謂之箑今江東亦通名扇爲箑音篓自關而西謂之扇

碓機碓捎也陳魏宋楚自關而東謂之梴音延磑或謂之䃺即磨也錯碓反

繘汲水索也音橘自關而東周洛韓魏之間謂之綆或謂之絡音洛關西謂之繘綆

櫪養馬器也梁宋齊楚北燕之間或謂之樎音縮

謂之皁皁隷之名於此乎出

飲馬槖自關而西謂之裺囊音鶴或謂之裺篼或謂之𢅥篼音摟燕齊之間謂之帪廣雅作振字音同耳

鉤縣物者宋楚陳魏之間謂之鹿觡或呼鹿角或謂之鉤格自關而西謂之鉤或謂之䥩音微

臿燕之東北朝鮮洌水之間謂之斛湯料反此亦鍫聲轉也宋魏之間謂之鏵或謂之鍏音韋江淮南楚之間謂之臿沅湘之間謂之畚趙魏之間

謂之喿字亦作鍫也東齊謂之梩音駭江東又呼鍫刃爲鑿普蔑反

杷無齒爲朳宋魏之間謂之渠挐今江東名亦然諾猪反或謂之渠疏語轉也

僉今連枷所以打穀者宋魏之間謂之攝殳音殊亦杖名也或謂之度今江東呼打爲度音量度也自關而西謂之棓蒲項反或謂之拂音拂齊楚江淮之間謂之柍音悵快亦音爲車鞅此皆打之別名也或謂之桲音勃

刈鉤江淮陳楚之間謂之鉊音召或謂之鐹音

大丶七十三

自關而西或謂之鉤或謂之鎌或謂之鍥

薄宋魏陳楚江淮之閒謂之苖或謂之麴此直語楚聲轉也自關而西謂之薄南楚謂之蓬薄

橛燕之東北朝鮮洌水之閒謂之椵揭杙也江東呼都音段

槌絲蠶薄柱也度畏反宋魏陳楚江淮之閒謂之植音值自關而西謂之槌齊謂之㭊音陽其橫關西曰

㮳音朕亦名校音交宋魏陳楚江淮之閒謂之[木帶]音帶

齊部謂之持丁謹反胡以縣㡎關西謂之[illegible]力冉反東齊海岱之間謂之繏相主反宋魏陳楚江淮之間謂之繯擐甲或謂之環檈

簟宋魏之間謂之笙今江東通言笙或謂之籧苗自關而西謂之簟或謂之䉎今云䉎篾篷也其粗者謂之籧篨自關而東或謂之籧掞音剡江東呼籧篨為廢音廢

筕篖似籧篨直文而粗江東呼笪音靼自關而東周洛楚魏之間謂之倚佯音羊自關而西謂之筕篖南楚

之外謂之篖

牀齊魯之閒謂之簀牀版也音迮陳楚之閒或謂之笫音滓又音姊其杠北燕朝鮮之閒謂之樹自關而西秦晉之閒謂之杠南楚之閒謂之趙趙當作兆聲之轉也中國亦呼杠爲桃牀皆通也東齊海岱之閒謂之樺音先其上板衛之北郊趙魏之閒謂之牒簡牒或曰牖履屬

俎几也西南蜀漢之郊曰杫音賜

榻前几江沔之間曰桯今江東呼爲㭊桯音刑趙魏之間謂之椸音易几其高者謂之虡即筍虡也音巨篗榬也所以絡絲也音爰兗豫河濟之間謂之榬絡謂之格所以轉篗給車也繀車蘇對反趙魏之間謂之轣轆車東齊海岱之間謂之道軌户鑰自關之東陳楚之間謂之鍵巨蹇反自關之西謂之鑰

篿謂之蔽或謂之箘音囷秦晉之間謂之篿吳楚之間或謂之蔽或謂之箭裏簙著名箭廣雅云或謂之篿毒或謂之夗專夗於辯反專音轉或謂之匽璇或曰竹器所以整頓簙者銓旋兩音或謂之棊所以投簙謂之枰評論或謂之廣平所以行棊謂之局或謂之曲道

圍棊謂之弈自關而東齊魯之間皆謂之弈

輶軒使者絕代語釋別國方言第五

輶軒使者絶代語釋別國方言第六

聳𦣝欲也皆強欲也山頂也荆吳之間曰聳晉趙曰𦣝自關而西秦晉之間相勸曰聳或曰𦣝中心不欲而由旁人之勸語亦曰聳凡相被飾亦曰𦣝

聳聹聾也半聾梁益之間謂之聹言胎聹煩憒也音宰秦晉之間聽而不聰聞而不達謂之聹生而聾陳楚江淮之間謂之聳言無所聞常聳耳也荆揚之

閒及山之東西雙聾者謂之聳聾之甚者秦晉之閒謂之䏢（五刮反言聉無所聞知也外傳聾聵司火音蒯聵）吳楚之外郊凡無有耳者亦謂之䏢其言䏢者若秦晉中土謂墮耳者明也（五刮反）

陂（偏頗）傜（逍遙）衺也陳楚荊揚曰陂自山而西凡物細大不純者謂之傜（言傜傜也）

由迪正也東齊青徐之閒相正謂之由迪

㥐（音腆）恧（人力反又女六反）慙也荊揚青徐之閒曰㥐

若梁益秦晉之間言心内慙矣山之東西自愧曰恧小爾雅曰心愧爲恧趙魏之間謂之䀹音密亦祕

寋音蹇展難也齊晉曰寋山之東西凡難貌曰展荆吳之人相難謂之展若秦晉之言相憚矣齊魯曰燀難而雄也昌羡反

胥由輔也胥相也由正也皆謂輔持也吳越曰胥燕之北鄙曰由

蛩烘戰慄也鞏恭兩音荆吳曰蛩烘蛩烘又恐也

小八十三

錪吐本反錘直反重也東齊之間曰錪宋魯曰錘

錀音含龕受也今云龕囊依此名也齊楚曰錀揚越曰龕

受盛也猶秦晉言容盛也

矔慣習眮徒侗轉目也梁益之間瞋目曰矔轉目

顧視亦曰矔吳楚曰眮

逴勑略反騷先牢反儃蹇也跛者行跣踔也吳楚偏蹇曰

騷齊楚晉曰逴行略逴也

㾷音斯嗌惡介反噎也皆謂咽痛也音翳楚曰㾷秦晉或

曰盌又曰㿽

怠陁壞也謂壞落也音虫豸未曉

埕音涅墊丁念反下也凡柱而下曰埕屋而下曰墊

伆邈離也謂乖離也音刎楚謂之越或謂之遠吳越

曰伆

顛頂上也

誣𧦝与也乙劒反吳越曰誣荆齊曰𧦝与猶秦

晉言阿与相阿与者所以致誣𧦝也

掩索取也自關東曰掩自關而西曰索或曰

狚但伺也

瞜烏拔反略音畧視也東齊曰瞜吳揚曰略今中國亦云目略也凡以目相戲曰瞜

遥廣遠也梁楚曰遥

汩遥疾行也汩汩急皃也于筆反南楚之外曰汩或曰遥

蹇妯擾也謂躁擾也妯音迪人不靜曰妯秦晉曰蹇齊宋曰妯

絓音乖挈口八反儝古焭字介特也楚曰儝晉曰絓秦曰挈物無耦曰特獸無耦曰介傳曰逢澤有介麋

飛鳥曰雙鴈曰乘

台既失也宋魯之間曰台

既隱據定也

稟浚敬也秦晉之間曰稟齊曰浚吳楚之間自敬曰稟

悛音銓懌音奕改也自山而東或曰悛或曰懌論

曰悅而不懌

坻（水泜）坦（癱疸）場也（音傷）梁宋之間蚍蜉䵷鼠之場謂之坻（䵷鼠蚡鼠也）螾場謂之坦（螾蛐蟮也其糞名坦螾音引）

徥用行也（徥皆行皃度揩反）朝鮮洌水之間或曰徥

鋪頒索也東齊曰鋪頒猶秦晉言抖藪也（謂斗藪舉索物也鋪音敷）

參蠡分也（謂分割也音麗）齊曰參楚曰蠡秦晉曰離

廝披散也東齊聲散曰廝器破曰披秦晉聲

甈曰㽂器破而不殊其音亦謂之㽂器破而未離謂之璺音問南楚之間謂之𢽾妨美反一音把塞

緍緜施也秦曰緍趙曰緜吳越之間脫衣相被謂之緍緜相覆及之名也音旻

悀音踊偪妨逼反滿也凡以器盛而滿謂之悀言涌出也

腹滿曰偪言勑偪也

徯醯醯酢冊鎌冊音䮴危也東齊㩻物而危謂之徯醯㩻居枝反爲物謂之冊鎌

紕音毗繹音亦督雉理也秦晉之間曰紕凡物曰督之言正理也絲曰繹之言解繹也

矤呂長也矤古矧字東齊曰矤宋魯曰呂

踊膂力也東齊曰踊律踊多力皃宋魯曰膂膂田力也謂耕墾也

瘱理也又翳諦爪蔕審也齊楚曰瘱秦晉曰諦

譩音翳諦亦音蔕諟也亦審諟互見其義耳音帝吳越曰譩諦

揞烏感反揜錯音酢摩滅也荊楚曰揞吳揚曰揜

周秦曰錯陳之東鄙曰摩
抾摸去也齊趙之總語也抾摸猶言持去也
舒勃展也東齊之間凡展物謂之舒勃
摳揄旋也秦晉凡物樹稼早成熟謂之旋燕
齊之間謂之摳揄
緪（罔鄧反）筳（湯丁反）竟也秦晉或曰緪或曰竟楚
曰筳
擱（音劉）剺（音妾）續也秦晉續折謂之擱繩索謂

之劋

擘（音檗）楚謂之紉（今亦以綫貫針爲紉音刃）

閻笘開也東齊開戶謂之閻笘楚謂之闓（亦闓字也）

杼柚作也東齊土作謂之杼木作謂之柚

厲卬爲也（爾雅曰俶厲作作亦爲也）甌越曰卬吳曰厲

戲憚怒也齊曰戲楚曰憚

爰喛恚也（謂悲恚也）楚曰爰秦晉曰喛皆不欲譍而強畣之意也

傻艾長老也東齊魯衛之間凡尊老謂之傻或謂之艾禮記曰五十爲艾周晉秦隴謂之公或謂之翁南楚謂之父或謂之父老南楚瀑洭之間暴匡兩音洭水在桂陽母謂之媓謂婦妣曰母姼音多稱婦考曰父姼古者通以考妣爲生存之稱

巍嶢崝嶮高也嶕嶢崝嵤[illegible]高峻之皃也

猒塞安也物足則定

㥄音凌憮亡主反憐也

掩翳薆也謂蔽薆也詩曰薆而不見音愛

佚惕緩也跌唐兩音

輶軒使者絕代語釋別國方言第六

輶軒使者絕代語釋別國方言第七

諄憎，所疾也。（之潤反）宋魯凡相惡謂之諄憎，若秦晉言可惡矣。

杜，蹻，歰也。趙曰杜，（今俗語通言歰如杜。杜梨子歰，因名之。）山之東西或曰蹻。（郄蹻，燥歰皃。音笑謔。）

佻，抗，縣也。趙魏之間曰佻，自山之東西曰抗，燕趙之郊縣物於臺之上謂之佻。（了佻，縣物皃。丁小反。）

發，稅，舍車也。（舍，宜音寫。）東齊海岱之間謂之發，（今言發寫也）宋趙陳魏之間謂之稅（稅猶脫也）肖類法也齊曰類西楚梁益之間曰肖秦晉之西鄙自冀隴而西（冀縣今在天水）使犬曰哨（音騷）西南梁益之間凡言相類者亦謂之肖（肖者似也）

憎懹憚也（相畏憚也）陳曰懹

譙（字或作誚）讙（火袁反）讓也齊楚宋衛荆陳之間曰譙自關而西秦晉之間凡言相責讓曰譙讓北燕曰讙

僉胥皆也自山而東五國之郊曰僉（六國唯秦在山西）東齊曰胥

侔莫強也北燕之外郊凡勞而相勉若言努力者謂之侔莫

傑倯罵也（羸小可憎之名也傑音卭竹）燕之北郊曰傑倯

展惇信也東齊海岱之間曰展燕曰惇（惇亦誠信皃）

斯掬離也齊陳曰斯燕之外郊朝鮮洌水之間曰掬

蝎音曷噬卜筮逮也東齊曰蝎北燕曰噬逮通語也

皮傳彈憸強也謂強語也音僉秦晉言非其事謂之皮傳東齊陳宋江淮之間曰彈憸

膊普博反曬霜智反晞暴也東齊及秦之西鄙言相暴僇為膊暴僇謂相暴磔惡事、音膊脯燕之外郊朝鮮洌水之間凡暴肉發人之私披牛羊之五藏謂之膊暴五穀之類秦晉之間謂之曬東齊

北燕海岱之郊謂之晞

熬聚（即鬻字也創眇反）煎㷶（皮力反）鞏火乾也凡以火而乾五穀之類自山而東齊楚以往謂之熬關西隴冀以往謂之㷶秦晉之間或謂之聚凡有汁而乾謂之煎東齊謂之鞏（拱手）

胹（而）飪（荏）亨爛糦（熾）酋（囚）酷熟也自關而西秦晉之郊曰胹徐揚之間曰飪嵩嶽以南陳潁之間曰亨自河以北趙魏之間火熟曰爛

氣熟曰糦久熟曰酋穀熟曰酷熟其通語也

魏盈怒也（魏上巳音）燕之外郊朝鮮洌水之間凡言呵叱者謂之魏盈

䟫蹬（音務）隑企（欺豉反）立也東齊海岱北燕之郊跪謂之䟫蹬（今東郡人亦呼長跽爲張蹬）委痿謂之隑企（脚躄不能行也）

瀧涿謂之霑漬（瀧涿猶瀨滯也音籠）

希鑠摩也燕齊摩鋁謂之希（音慮）

平均賦也燕之北鄙東齊北郊凡相賦斂謂之平均

羅謂之離離謂之羅皆行列物也

釗超遠也釗上巳音燕之北郊曰釗東齊曰超

漢漫賑眩懣也賑音瞋恚朝鮮洌水之間煩懣謂之漢漫顛眴謂之賑眩眩音懸

憐職愛也言相愛憐者吳越之間謂之憐職

茹食也吳越之間凡貪飲食者謂之茹今俗乎

粗食者爲茹音勝如

竘貌治也謂治作也竘恪垢反吳越飾貌爲竘或謂之巧語楚聲轉耳

煦州呼煆呼夏反熱也乾也熱則乾熮吳越曰煦煆

攍音盈膂賀𦢊儋也今江東呼擔兩頭有物爲𦢊音鄧齊楚陳宋之間曰攍莊子曰攍粮而赴之燕之外郊越之垂甌吳之外鄙謂之膂擔者用膂力因名云南楚或謂之攍自關而西隴冀以往謂之賀今江東語亦然凡以驢

馬馲駝載物者謂之負他（音大）亦謂之賀

樹植立也燕之外郊朝鮮洌水之間凡言置立者謂之樹植

過度謂之涉濟（猶今云濟度）

福祿謂之祓戩（廢箭兩音）

傺（音際）眙（勑吏反）逗也（逗即今住字也）南楚謂之傺西秦謂之眙（眙謂住視也西秦酒泉燉煌張掖是也）逗其通語也

輶軒使者絶代語釋别國方言第七

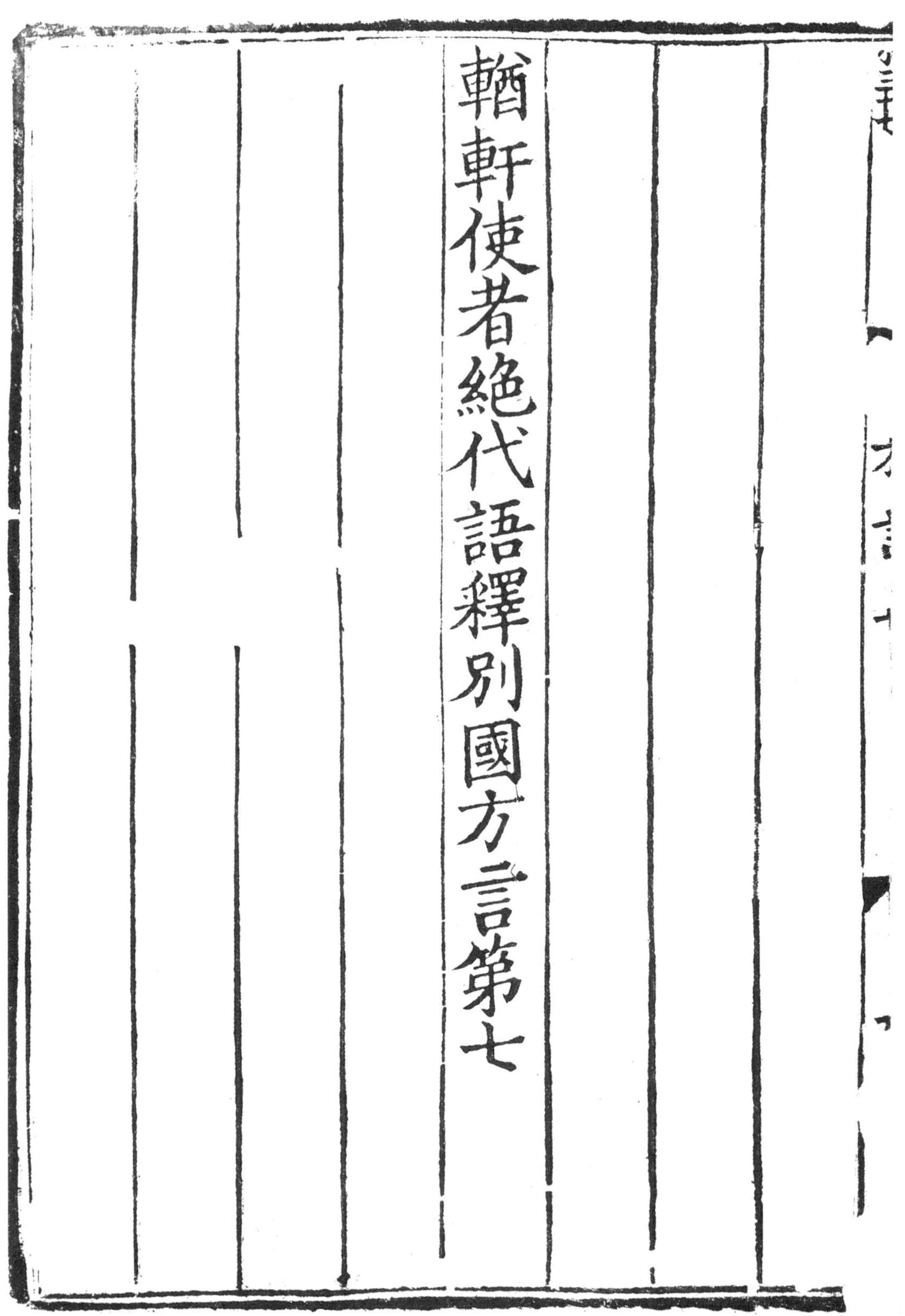

輶軒使者絕代語釋別國方言第八

虎陳魏宋楚之間或謂之李父江淮南楚之間謂之李耳虎食物值耳即止以觸其諱故或謂之於䖘於音烏今江南山夷呼虎爲䖘音狗竇自關東西或謂之伯都俗曰伯都事抑虎說

貔狸別名也音毗陳楚江淮之間謂之𧳏音來北燕朝鮮之間謂之豾今江南呼爲豾狸音丕關西謂之狸此通名耳貔未聞語所出

貛（豚也音歡）關西謂之貒（波湍）

雞陳楚宋魏之間謂之鸊鷈（避祇兩音）桂林之中謂之割雞或曰𪇰（音從）北燕朝鮮洌水之間謂伏雞曰抱（房奥反江東呼蓲央富反）爵子及雞雛皆謂之鷇（恪遘反關西曰鷇音顧）其卵伏而未孚始化謂之涅

豬北燕朝鮮之間謂之豭（猶云豭小也）關東西或謂之彘或謂之豕南楚謂之豨其子或謂之豚或謂之貕（音奚）吳揚之間謂之豬子其檻及

蕁曰橧爾雅曰所寢橧音繒

布穀自關東西梁楚之間謂之結誥周魏之間謂之擊穀自關而西或謂之布穀今江東呼為穫穀

鶡鴠鳥似雞五色冬無毛亦倮晝夜鳴侃旦兩音周魏齊宋楚之間謂之定甲或謂之獨春好自低仰自關而東謂之城旦言其辛苦有似於罪謫者或謂之倒懸好自懸於樹也或謂之鴠鴠自關而西秦隴之內謂之鶡鴠

鳩自關而東周鄭之郊韓魏之都謂之鵖音

鷎音皋其鵖鳩謂之鸊鷎自關而西秦漢之間謂之鵴鳩菊花其大者謂之鳻鳩音班其小者謂之鴓鳩今荆鳩也或謂之𪁪鳩音葵或謂之鵓鳩音浮或謂之鶻鳩梁宋之間謂之鷦鳫

尸鳩按爾雅即布穀非戴勝也或云鸜皆失之也燕之東北朝鮮洌水之間謂之鶝鴀福不兩音自關而東謂之戴鵀東齊海岱之間謂之戴南南猶鵀也此亦語楚聲轉也或謂之鶭鸅案爾雅說戴鵀下鶭鸅自別一鳥名方言似依此義

又失也或謂之戴鳻或謂之戴勝勝所以纏紝東齊吳揚之間謂之鵀自關而西謂之服鶝或謂之鵖鶝燕之東北朝鮮洌水之間謂之䳤音或

蝙蝠邊福兩音自關而東謂之服翼或謂之飛鼠或謂之老鼠或謂之僊鼠自關而西秦隴之間謂之蝙蝠北燕謂之蟙䘃職墨兩音

鴈自關而東謂之鴚鵝音加南楚之外謂之鵝或謂之鶬鴚今江東通呼爲鴚

桑飛（即鷦鷯也又名鷦鸎）自關而東謂之工爵或謂之過鸁（音螺）或謂之女鴎（今亦名爲巧婦江東呼布母）自關而東謂之鸋鴂（案爾雅云鸋鴂鴟鴞屬非此小雀明矣鸋玦兩音）自關而西謂之桑飛或謂之懱爵（言懱截也）

鸝黃自關而東謂之創鶊（又名商庚）自關而西謂之鸝黃（其色黧黑而黃因名之）或謂之黃鳥或謂之楚雀

野鳧其小而好沒水中者南楚之外謂之鷿鷉（鷿音指辟鷉音他奚反）大者謂之鶻蹏（滑蹄兩音）

守宮秦晉西夏謂之守宮或謂之蠦蟺（盧纏兩音）或謂之蜤易（南陽人又呼蝘蜓）其在澤中者謂之易蜴（音析）南楚謂之蛇醫或謂之蠑螈（榮元兩音）東齊海岱謂之螔蜈（似蜥易大而有鱗今所在通言蛇醫耳斯侯兩音）北燕謂之祝蜓（音延）桂林之中守宮大者而能鳴謂之蛤解（似蛇醫而短身有鱗采江東人呼爲蛤蚧音頭頷汝潁人直名爲蛤鸓音解誤聲也）

宛野謂鼠爲鼶（宛新野今皆在南陽音錐）

雞雛徐魯之間謂之秋侯子子幽反徐今下邳僮縣東南大徐城是也

輶軒使者絕代語釋別國方言第八

輶軒使者絕代語釋別國方言第九

戟楚謂之釨取名於鉤釨也凡戟而無刃秦晉之間謂之釨或謂之鏔音寅吳揚之間謂之戈東齊秦晉之間謂其大者曰鏝胡泥鏝其曲者謂之鉤釨鏝胡即今雞鳴句孑戟也三刃枝今戟中有小孑刺者所謂雄戟也南楚宛郢謂之匽戟音偃郢今江陵也余正反其柄自關而西謂之柲音祕或謂之殳音殊

矛吳揚江淮南楚五湖之間謂之鍦嘗蛇反五湖今吳興太湖也先儒處之多亦不了所未能詳者或謂之鋋音蟬或謂之鏦漢書曰鏦殺吳王錯江反其柄謂之矜今字作槿巨巾反

箭自關而東謂之矢江淮之間謂之鍭音侯關西曰箭箭者竹名因以為號

鑽謂之鍴音端

矜謂之杖矛戟槿即杖也

剱削自河而北燕趙之間謂之室自關而東

或謂之廓或謂之削自關而西謂之韠方婢切
盾自關而東或謂之瞂音伐或謂之干干者扞也關
西謂之盾
車下鐵陳宋淮楚之間謂之畢未詳
大車謂之綦鹿車也音忌
車轊車軸頭也于厲反齊謂之𨏥又名轄
車枸簍即車弓也音縷宋魏陳楚之間謂之筱今呼車子
弓為筱音巾幗或謂之簟籠穹隆兩音其上約謂之筠即牟

帶也音爪瓝或謂之䈄音脉秦晉之間自關而西謂之枸簍西隴謂之㯿即春字薄晚反南楚之外謂之篷今亦通呼篷或謂之隆屈尾屈

輪車輚也韓楚之間謂之軑音大或謂之軝詩曰約軝

錯衡音祇關西謂之䡅音總

輑謂之軸牛忿反

轅楚衛之間謂之輈張由反

箱謂之輫音俳

軫謂之枕（車後橫木）

車紂自關而東周洛韓鄭汝潁而東謂之緧（音秋）或謂之曲綯（綯亦繩名詩曰宵尔索綯）或謂之曲綸（今江東通呼索綸音倫）自關而西謂之紂

輨（音管）軑（音大）鍊鐼（鍊音柬鐼音度果反）關之東西曰輨南楚曰軑趙魏之間曰鍊鐼

車釭齊燕海岱之間謂之鍋（音戈）或謂之錕（衮衣）自關而西謂之釭盛膏者乃謂之鍋

凡箭鏃胡合嬴者胡鏑在於喉下嬴邊也四鐮广稜也或曰拘腸三鐮者謂之羊頭其廣長而薄鐮謂之錍普蹄反或謂之鈀音葩

箭其小而長中穿二孔者謂之鉀鑪今箭錍鑿空兩邊者也嗑嚧兩音其三鐮長尺六者謂之飛虻此謂今射箭也內者謂之平題今戲射箭頭題猶羊頭也所以藏箭弩謂之箙盛弩箭器也外傳曰檿弧箕箙弓謂之鞬鞬生或謂之皾牛犢

凡矛骹細如鴈脛者謂之鶴厀今江東呼為鈴釘

有小枝刃者謂之鉤釨
矛或謂之釨
鋋謂之鈹今江東呼大矛爲鈹鈹音彼鋋音蟬
骹謂之銎即矛刃下口音凶
鐏謂之釬音扞或名爲鐓音錞
舟自關而西謂之船自關而東或謂之舟或
謂之航行伍南楚江湘凡船大者謂之舸姑可反
小舸謂之艖今江東呼艖小底者也音叉艖謂之艒縮目宿

二音小艒䑿謂之艇艇也艇長而薄者謂之艜衣帶短而深者謂之艄今江東呼艖艄者音步小而深者謂之樑即長舼也音邛竹東南丹陽會稽之間謂艖為欚音禮泭謂之䉢音敷䉢謂之筏音伐筏秦晉之通語也江淮家居䉢中謂之薦音符方舟謂之潢揚州人呼渡津航為杭荆州人呼𣃁音橫船舟謂之浮梁即今浮橋楫謂之橈如寮反或謂之櫂今云櫂歌依此名也所以隱櫂謂之䙂搖樐小橛也江東又名為胡人音獎所以縣櫂謂之緝

繫櫂頭索也所以刺船謂之欈音高維之謂之鼎係船爲維首謂之閤閭今江東呼船頭屋爲之飛閭是也或謂之艗艏鷁鳥名也今江東貴人船前作青雀是其像也音六後曰舳今江東呼柂爲舳舳音軸舳制水也僞謂之仡吾勃反僞音訛船動搖之皃也仡不安也

輶軒使者絶代語釋别國方言第九

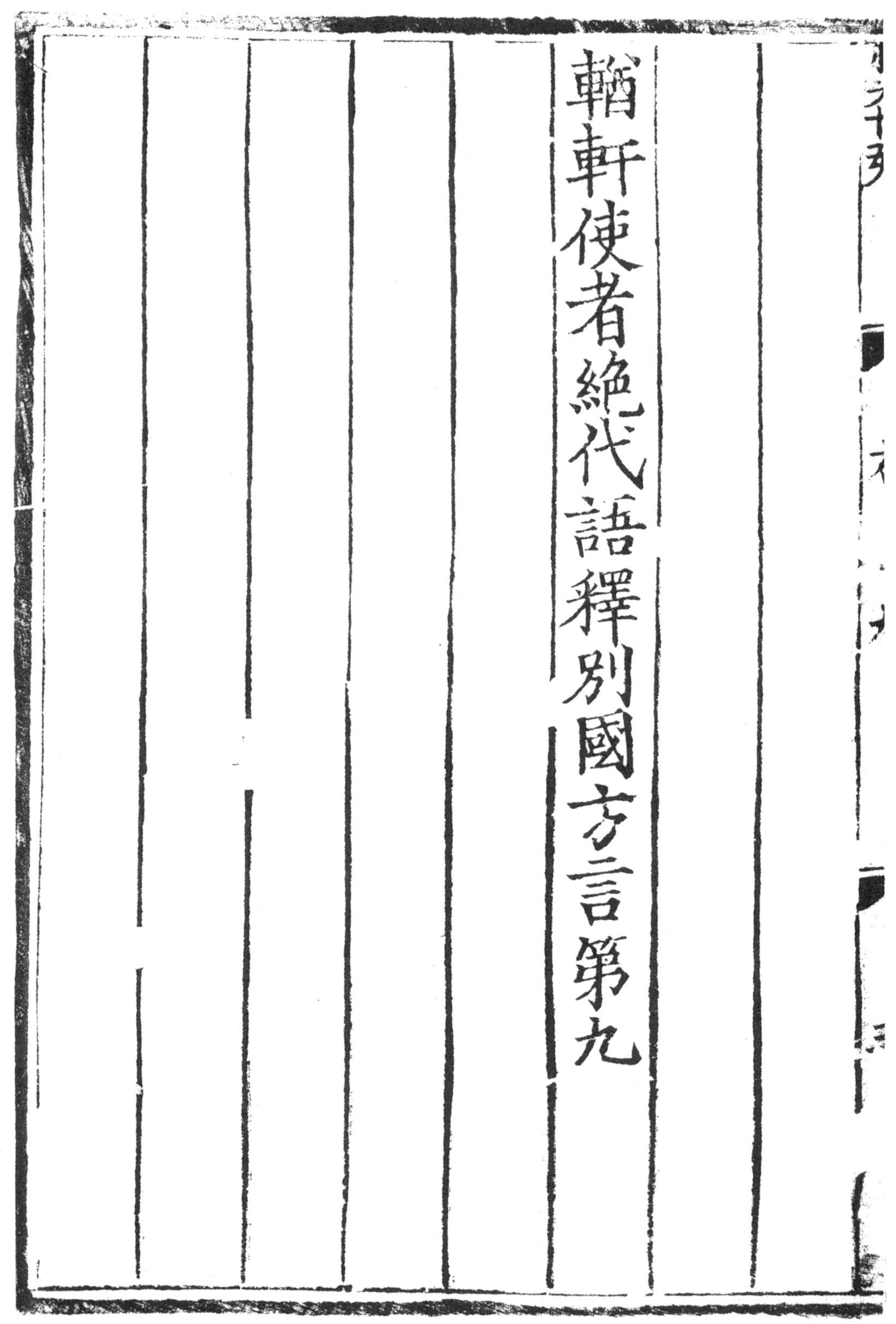

輶軒使者絶代語釋別國方言第十

媱惕遊也江沅之間謂戲為媱或謂之惕音羊或謂之嬉香其反

曾訾何也湘潭之原潭水名出武陵音潭一曰淫荆之南鄙謂何為曾或謂之訾今江東人語亦云訾為聲如斯若中夏言何為也

央亡嚜屎嚜音目屎丑夷反姡胡刮反獪也江湘之間或謂之無賴或謂之㺜恐恫多智也恪交反凡小兒多

詐而獪謂之央亡或謂之嚜杘嚜杘潛狡也或謂之姡言黠姡也姡娗也言恫娗也或謂之猾音滑皆通語也

崽者子也崽音枲聲之轉也湘沅之會兩水合處也音會凡言是子者謂之崽若東齊言子矣聲如宰

誺不知也音癡眩江東曰咨此亦如聲之轉也沅澧之間澧水今在長沙音禮凡相問而不知荅曰誺使之而不肯荅曰吂音茫今中國語亦然𣅒不知也今淮楚間語呼聲如非也

煤火也呼隗反楚轉語也猶齊言㶣火也音毀

嘳無寫憐也皆[illegible]之代語也音蒯沅澧之原凡言相憐哀謂之嘳或謂之無寫江濱謂之思濱水邊也皆相見驩喜有得亡之意也九嶷湘潭之間謂之人兮九嶷山名今在零陵營道縣

婩魚踐反嫧音筞鮮好也南楚之外通語也

嘳哰闌牢二音謰謱上音連下力口反拏也言譇拏也奴加反東齊周晉之鄙曰嘳哰嘳哰亦通語也平原人好嘳哰也南楚曰謰謱或謂之支註支之豉反註音注或謂

之詁謕上託兼反下音啼轉語也挈揚州會稽之語也或謂之惹言情惹也汝邪反一音若或謂之誝言誙誝也

亄嗇貪也謂慳貪也音懿荆汝江湘之郊凡貪而不施謂之亄亦中國之通語或謂之嗇或謂之悋悋恨也慳者多情恨也

遥窕淫也九嶷荆郊之鄙謂淫曰遥言心遥蕩也沅湘之間謂之窕窈窕冶容

潛涵沉也楚郢以南曰涵音含或古南反或曰潛潛

又遊也滑行水中亦爲遊也

家安靜也江湘九嶷之郊謂之家

拌棄也音伴又普槃反楚凡揮棄物謂之拌或謂之

敲恪校反今汝潁間語亦然或云撅也淮汝之間謂之役江東又呼

撅音黶又音犳音豹

詠愬也詠譖亦通語也楚以南謂之詠

戲泄歇也楚謂之戲音義泄奄息也楚揚謂之泄

攓取也音騫一曰蹇楚謂之攓

昲矖乾物也揚楚通語也昲音非亦皆北方常語耳或云瞟

棐猝也謂倉卒也音斐江湘之間凡卒相見謂之棐相見或曰突他骨反

迹迹屑屑不安也皆往來之皃也江沅之間謂之迹迹秦晉謂之屑屑或謂之塞塞或謂之省省不安之語也

潣沐音閔佂伀遑遽也江湘之間凡窘猝怖遽謂之潣沐喘喈皃也或謂之佂伀

翿，舉也（謂軒翿也）。楚謂之翿。

忸怩，慙歰也（歰猶苦者）。楚郢江湘之間謂之忸怩，或謂之慼咨（子六莊伊二反）。

垤、封，塲也。楚郢以南蟻土謂之垤。垤，中齊語也。

讁，過也（謂罪過也，音蹟，亦音適，罪罰也）。南楚以南凡相非議人謂之讁，或謂之衇（血脉）。衇，又慧也（今名黠鬼衇）。

膊，兄也（此音義所未詳）。荆揚之鄙謂之膊，桂林之中謂之䵊。

讙極吃也楚語也（亦北方通語也）或謂之軋（鞅軋氣不利也）烏八反或謂之⿱羽疋（語⿱羽疋難也今江南又名吃爲喋若葉反）呰（昨啓反）矲（蒲揩反）短也江湘之會謂之呰凡物生而不長大亦謂之鮆又曰瘠（今俗呼小爲瘠音薺菜）桂林之中謂短矲（言矲偕也）矲通語也東陽之間謂之府（言俯視之因名云）

鉗（鉗害又惡也）疲（疲恎惡腹也妨反反）憋（憋怤急性也妨滅反）惡也南楚凡人殘罵謂之鉗（殘猶惡也）又謂之疲癡騃也

吾駭反揚越之郊凡人相侮以爲無知謂之眲諾革反眲耳目不相信也因字名也或謂之斫斫郄斫頊直之皃今關西語亦皆然

惃衮衣憨音教頓愍惛也謂迷昏也楚揚謂之惃或謂之憨江湘之間謂之頓愍頓愍猶頓悶也或謂之氐惆丁弟丁牢二反南楚飲毒藥懣謂之氐惆亦謂之頓愍猶中齊言眠眩也愁恚憒憒毒而不發謂之氐惆氐惆猶懊憹也

悅舒蘇也[謂蘇息也]楚通語也

眠娗[莫典塗殄二反]脉蜴[音析]賜施[輕易]茭媞[恪挍得懈二反]譠

謾[託蘭莫蘭二反]㦖忚[麗醯二音]皆欺謾之語也楚郢以

南東揚之郊通語也[六者亦中國相輕易蚩弄之言也]

瀕頟顏頼也湘江之間謂之瀕[今建平人呼頟爲瀕音旃]

[裘]中夏之謂頟東齊謂之頼汝潁淮泗之間

謂之顏

頜頤頜也[謂頜車也]南楚謂之頜[亦今通語爾]秦晉謂

之領頤其通語也

紛怡喜也湘潭之間曰紛怡或曰巸已嬉怡二音

㴐或也酒酣沅澧之間凡言或如此者曰㴐如是亦此憨聲之轉耳

愮療治也江湘郊會謂醫治之曰愮俗云厭愮病音曜愮又憂也博異義也或曰療

𦬸凶位反莽嫫母反草也東越揚州之間曰𦬸南楚曰莽

悈鰓悈音良慬鰓音魚鰓乾都音干耇音姤革老也皆老者皮色枯瘁之形也皆南楚江湘之間代語也凡以異語相易謂之代也

㧘揰䄂抌都感反亦音甚推也南楚凡相推搏曰㧘或曰揔苦骨反沅湧澆幽之語澆水今在桂陽音扶涌水今在南郡華容縣也或曰攩今江東人亦名推爲攩攩音晃

食閻音鹽慫慂上子竦反下音涌勸也南楚凡已不欲喜而旁人說之不欲怒而旁人怒之謂之食閻或謂之慫涌

欸音醫或音塵埃䜪皃驚然也南楚凡言然者曰欸或曰䜪

緤末紀緒也南楚皆曰緤音薛或曰端或曰紀或曰末皆楚轉語也

䁓音揔䫜音麗闚貼勑纖反占伺視也凡相竊視南楚謂之闚或謂之䁓或謂之貼或謂之占或謂之䫜䫜中夏語也亦言睬也闚其通語也自江而北謂之貼或謂之䁓凡相候謂之占占猶

瞻也

䆵（惡孔反）䵜（奴動反）晠多也南楚凡大而多謂之䆵或謂之䵜凡人語言過度及妄施行亦謂之䵜

柤（柤黎反）摣（以加反）取也南楚之間凡取物溝泥中謂之柤或謂之摣

佩（音汎）僄（飄零）輕也楚凡相輕薄謂之相佩或謂之僄也

卷終

輶軒使者絕代語釋別國方言第十一

蛥蚗（蛥音折蚗丂列反一音玦）齊謂之螇螰（螇鹿二音）楚謂之蟪蛄（莊子曰蟪蛄不知春秋也）或謂之蛉蛄（音零）秦謂之蛥蚗自關而東謂之虭蟧（貂料二音）或謂之蝭蟧（音帝）或謂之蜓蚞（廷木二音）西楚與秦通名也（江東人呼蟂蟧）

蟬楚謂之蜩（音調）宋衞之間謂之螗蜩（今胡蟬也似蟬而小鳴聲清亮江南呼螗蛦）陳鄭之間謂之蜋蜩（音良）秦晉之間謂之蟬海岱之間謂之蟜（齊人呼為巨蟜音技）其

大者謂之蟧或謂之蝒馬按爾雅云蝒馬者蜩非別名蝒馬也此方言誤耳其小者謂之麥蚻如蟬而小青色今關西呼麥䘉音癰癥之癥有文者謂之蜻蜻即蚻也爾雅云耳其鴜蜻謂之疋祖一反大而黑者謂之𧊈音棧黑而赤者謂之蜺雲霓蜩蟧謂之蓋蜩江東呼爲蓋蠽也⿰虫應謂之寒蜩寒蜩瘖蜩也按爾雅以蜺爲寒蜩月令亦曰寒蜩鳴知寒蜩非瘖者也此諸蟬名通出爾雅而多駁雜未可詳據也寒蜩螿也似小蟬而色青⿰虫應音應

蛄詣謂之杜蛒音格螻螲謂之螻蛄音室塞或謂

之蟓蛉象鈴二音南楚謂之杜狗或謂之蛞螻

蜻蛚即趨織也精列二音楚謂之蟋蟀或謂之蛬梁園呼蛬音鞏南楚之間謂之蚟孫孫一作絲

螳蜋謂之髦有斧蟲也江東呼為石蜋又名齕肬或謂之虰按爾雅云螳蜋蛑虰義自應下屬方言依此說失其指也或謂之蛘蛘蛘

姑蠪謂之強蛘米中小黑甲虫也江東名之蛪音加建平人呼芊子音芊芊即姓也

蟒即蝗也莫鯁反宋魏之間謂之蚮音貸南楚之外謂

之蟅蟒蟅音近詐亦呼吒蛨或謂之蟒或謂之螣音滕

蜻蛉謂之蝍蛉六足四翼虫也音靈江東名爲狐黎淮南人呼𧏡蛜𧏡音康蛜音伊

春黍謂之䗐蝑䗐音蘘蝑音壞沮反又名蚣䗐江東呼虴蛨

蠀蝛謂之蚇蠖即踧二音蠖烏郭反又呼步屈

蠭燕趙之間謂之蠓螉蒙翁二音其小者謂之蠮螉小細腰蠭也音鯁噎或謂之蚴蛻幽悦二音其大而蜜謂之壺蠭今黑蠭穿竹木作孔亦有蜜者或呼笛師

蠅東齊謂之羊此亦語轉耳今江東人呼羊聲如蠅凡此之類皆不宜別立名也陳楚之間謂之蠅自關而西秦晉之間謂之蠅

蚍蜉毗浮二音亦呼蟞蜉齊魯之間謂之蚼蟓駒養二音西南梁益之間謂之玄蚼法言曰玄駒之步是燕謂之蛾蛘蟻養二音建平人呼蚳音侈其場謂之坻直尸反或謂之蛭亦言冢也

蠀螬謂之蟦翡翠反自關而東謂之蝤蠀猶餈兩音

或謂之𧒒蠾書卷或謂之蝖毂亦呼當齊或呼虵蠶或呼蟦蝖

喧斛兩音梁益之間謂之蛒音格或謂之蝎或謂之蛭蛒音質秦晉之間謂之蠹或謂之天螻按爾雅云螜天螻謂螻蛄耳而方言以爲蝎未詳其義也四方異語而通者也

蚰蜒由延二音自關而東謂之螾蜑音引或謂之入耳或謂之𧋆蠡音麗趙魏之間或謂之蚨虷扶于二音北燕謂之𧊅蚭𧊅奴六反蚭音尼江東又呼蛩音鞏

鼅鼄知株二音鼄蝥也音無自關而西秦晉之間謂

之鼄蝥今江東呼蝃蝥音掇自關而東趙魏之郊謂之鼅鼄或謂之蠾蝓燭臾二音蠾蝓者侏儒語之轉也北燕朝鮮洌水之間謂之蝳蜍齊人又呼社公亦言周公音毒餘

蜉蝣浮由二音秦晉之間謂之蟝䗉似天牛而小有甲角出糞土中朝生夕死

馬蚿音弦北燕謂之蛆蟝蝍蛆其大者謂之馬蚰音逐今關西云

輶軒使者絶代語釋别國方言第十一

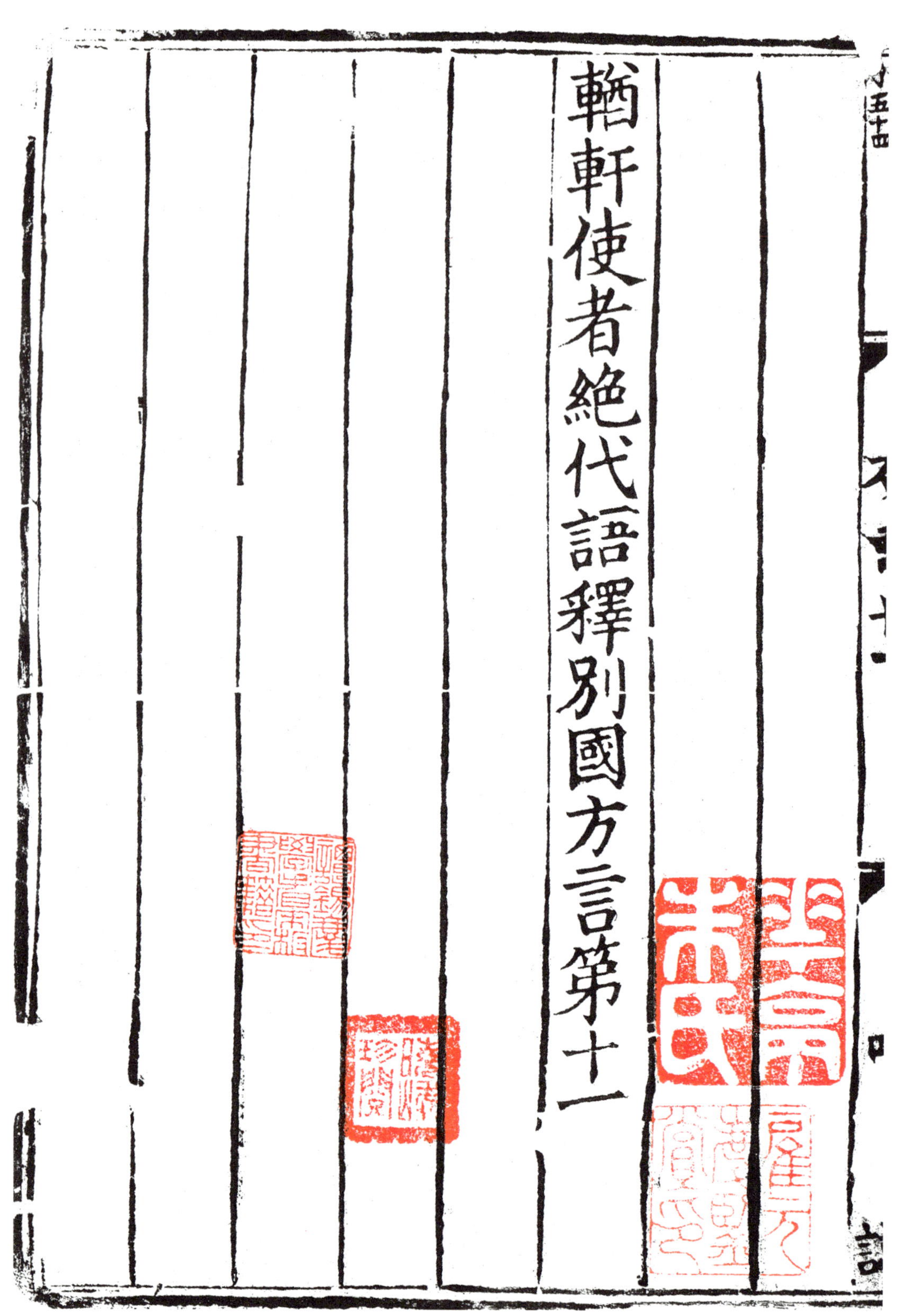

輶軒使者絶代語釋別國方言第十二

爰喛哀也喛哀而恚也音段

儒輸愚也儒輸猶儒撰也

㥾諒知也

拊撫疾也謂急疾也音府

菲惄悵也謂惋惆也音翡

鬱熙長也謂壯大也音怡

娋孟姊也外傳曰孟啖我是也今江東山越間呼姊聲如市此因字誤遂俗也

娋音義未詳

築娌匹也今關西兄弟婦相呼爲築里度六反廣雅作妯

娌耦也

𥗽裔習也謂玩習也音盈

躔度展反逡逡巡循也

躔歷行也躔猶踐也日運爲躔月運爲逡運猶行也

逭音換亦管反遁陽六反轉也逭遁步也轉相訓耳

熢虞望也今云烽火是也

揄楕脫也

解輸棁也棁猶脫耳

賦與操也謂操持也

盪音鹿歇洪乞涸也謂渴也音鶴

潎妨計反澂音澄清也

逯音鹿亦錄遡音素行也

墾牧司也墾力也耕墾用力

牧飤也謂放飤牛馬也

監牧察也

雈始也雈化也别異訓也音歡

鋪脾止也義有不同故異訓之鋪妨孤反

攘掩止也

幕覆也

侗他動反胴挺挏狀也謂形狀也

疋杪小也樹細枝爲杪也

屑往勞也屑屑往來皆劬勞也

屑㤟（相王）獪也（市儈）

效（音皎）烓（口類反）明也

㳘將威也

嬀（居僞反）娗（音挺）僈也（爛僈，健狡也。博丹反）

儇虔謾也（謂惠黠也。莫錢反）

佻疾也（謂輕疾也。音糶）

鞅侼強也（謂強戾也。音教）

鞅侼懟也（亦爲怨懟。鞅猶怏也）

追末隨也

僉怚劇也謂勤劇音驕怚也

僉夥也僉者同故爲多音禍

夸烝婬也上婬爲蒸

毗顩懣也謂憤滿也音頻

焭潎清也

紓逞緩也謂寬緩也音舒

清躡急也

杼抒井𢤱胡計反解也

蕆逞解也蕆訓勑復言解錯用其義音展

抵柲刺也皆矛戟之䂎所以刺物者也音觸抵

倩荼借也荼猶徒也

憵朴猝也謂急速也劈歷打撲二音

麋棃老也麋猶眉也

萃離時也

漢卉怒也

并發也

謣呵瓜反吁然也音于皆應聲也

猜忦恨也

艮磑堅也艮磑皆石名物也五碓反

苂䀶明也苂光也音滛

怤愉悦也怤愉猶呴愉也音敷

即圍就即半也即一作助

惙怞中也中宣爲忡忡惱怖意也

薵蒙覆也

籌戴也此義之反覆兩通若字或作壽音俱波濤也

堪輂載也輂𨏥亦載物者也音釘鋦

搖祖上也

祖搖也

祖轉也互相釋也動搖即轉矣

括關閉也易曰括囊無咎音活

衝俶動也

羞厲熟也熟食爲羞

厲今也

備該咸也咸猶皆也

噬食也

噬憂也

㥏悖也謂悚悖也

虜鈔强也皆强取物也

鹵奪也

鑈正也謂堅正也奴俠反

蒔殖立也

蒔更也爲更種也音侍

鬐尾稍盡也鬐毛物漸落去之名除爲反

尾梢也

豫𠑂倦也今江東呼極爲豫音劇外傳曰余病豫矣

鼃律始也音蛙

蓐臧厚也

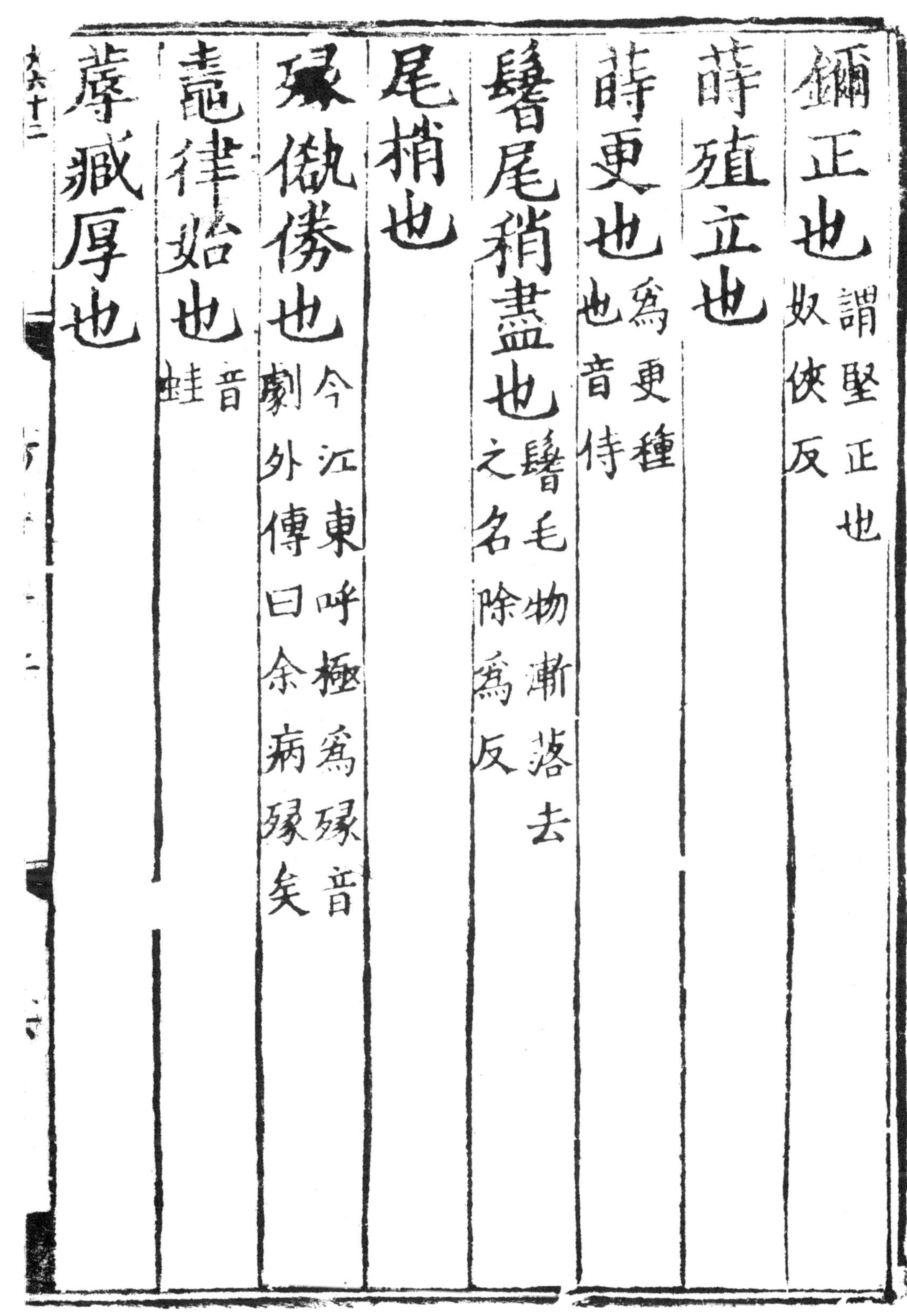

遵遽行也遽遽行皃也魚晚反

鑴音携餟祭醊餽也音愧

餼香既反⿰食景音映飽也

媟度協反耇音垢嬴也音盈

趙肖小也

蚩愮悖也謂悖惑也音遥

吹扇助也吹嘘扇佛相佐助也

焜曅晠也韡曅焜燿晠皃也

苦翕熾也

蘊崇也

蘊䔩積也（䔩者貪故爲積）

䔩殄合也

翬翻飛也（翬翬飛皃也音揮）

憤目盈也

譟（喚譟）諻（從横）音也

攎（音攎）遫（音勑）張也

岑䝹大也

岑高也岑崟峻皃也

效昈文也昈昈文采皃也音户

鈵董錮也謂堅固也音柄

扞揁揚也謂播揚也音貞

水中可居爲洲三輔謂之淤音血瘀上林賦曰行乎州淤之浦也

蜀漢謂之嬖手臂

殹幕也謂蒙幕也音醫

刳音枯狄也宜音剔

度高為揣裳絹反

半步為跬差箠反

尘盲為睺呼鉤反一音猴

未陞天龍謂之蟠龍

裔夷狄之揔名邊地為裔亦四夷通以為号也

考引也

弼高也

上重也

箇枚也爲枚數也古鹹反

一蜀也南楚謂之獨蜀猶獨耳

輶軒使者絕代語釋別國方言第十二

輶軒使者絶代語釋別國方言第十三

裔歷相也

裔旅末也

毗緣廢也

純毣好也毣毣小好皃也音沐

藐素廣也藐藐曠遠皃音邈

藐漸也

𨇤踊躍拼掾拔拔也出休爲拼出火爲𨇤也拼一作掓

蹻作蹻

炖許孫反焃音閲煓波湍赤貌也皆火盛熾之貌

憒竅孔竅阨也謂迫阨烏革反

杪眇小也

讟咎謗也謗言噂讟也音沓

蕆敕戒備也蕆亦訓敕

摵音蹜撽音致到也

聲腆忘也

黮度感反䵨莫江反私也皆冥闇故爲陰私也

龕音堪喊音減㖪荒麥反亦音郁唏虛几反聲也

筡音涂箄方婢反析也析竹謂之筡今江東呼篾竹裏爲筡亦名爲筡之也

傜音遙宵音蕭使也

蠢作也謂動作也

忽達芒也謂草杪芒䠶出

芒濟滅也外傳曰二帝用師以相濟也

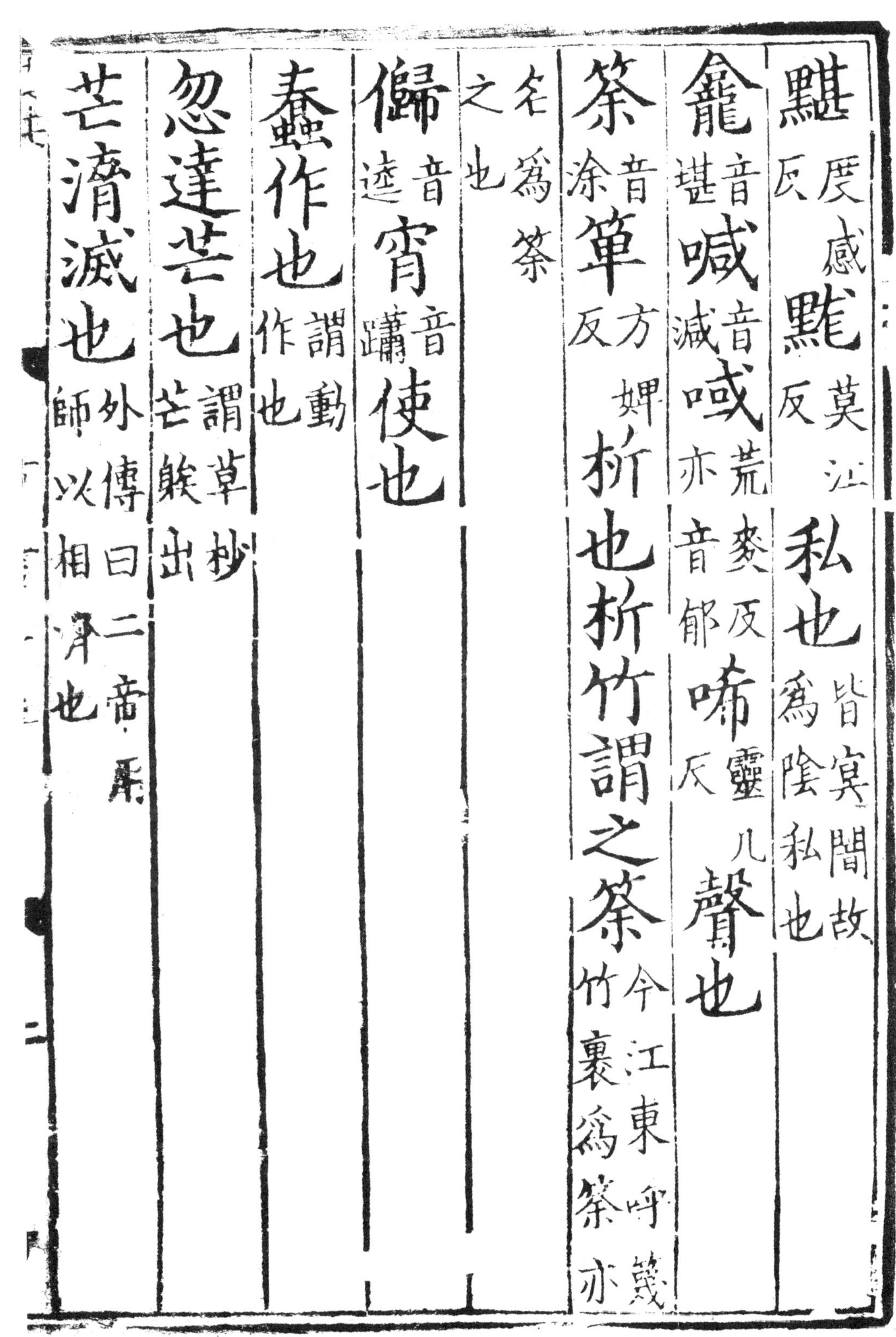

劆音廓蠡音儷解也魏能也齗衰也

聳悚也謂警聳也山頂反

跌蹷也偃地反江東言跢丁賀反

蘪蕪也謂草穢蕪也音務

滂淹敗也溼敝爲滂水敝爲淹皆謂水潦滂澇壞物也

釐音狸挴亡改反貪也

攋恪頼反𢹂音延竟也

譴喘轉也譴喘猶宛轉也

囷胎偅逃也皆謂逃叛也偅音鞭撻

隋毻易也謂解毻也他臥反

朓說好也謂姅悅也音遙

憚怛惡也心怛懷亦惡難也

吴大也

灼驚也猶云恐𤏲也

賦動也賦斂所以擾動民也

㾷極也巨畏反江東呼極爲㾷倦聲之轉也

煎盡也

㚘過也謂過差也

蟬毒也

慘悴也音酒

悴惡也慘悴惡事也

還積也

宛蓄也謂宛樂也言婉

類法也

翭本也今以鳥羽本為翭音侯

懼病也驚也

葯薄也謂薄裹物也葯猶纏也音決的

⿰月旋短也便旋庳小皃也

掊深也掊尅深能

湟休也

撈取也謂鉤撈也音料

膜撫也謂撫順也音莫

由式也

猷詐也猶者言故爲詐

荏隨也

揣試也揣度試之

顭怒也顭顭恚皃也巨廩反

埝下也謂陷下也音坫肆

讃解也讃訟所以解釋理物也

賴取也

扲業也謂基業也音鉗

帶行也隨人行也

濂空也濂䆲空皃康或作㰝虚字也

湛安也湛然安皃

嗖樂也嗖嗖歡皃音謏

倇歡也歡樂也音蜿

衎定也衎然安定皃也音看

䑙𦞤也謂𦞤肉也魚自反

讟痛也（謗誣怨痛也亦音讀）

𦤎始也嫴之初生謂之𦤎人之初生謂之首

梁益之間謂𦤎為初或謂之祖祖居也（𦤎祖皆始之別名也轉復訓以為居所謂代語者也）

充養也

翳掩也（謂掩覆也）

臺支也

純文也

詁亂也亂宜訓治

恌理也謂情理也音遙

蘊晠也蘊藹茂貌

搪張也謂彀張也音堂

惲謀也謂議也嘔憤反

陶養也

𢷾格也今之竹木格是也音禁惡

⿰日乚曉明也

扱擭也扱猶級也

扶護也扶挾將護

淬寒也淬猶淨也作憒反

瀴淨也皆冷皃也初兩禁耕二反

漉極也滲漉極盡也

牧凡也

易始也易代更始也

逭周也謂周轉也

黵色也〔黵然赤色皃也音奭〕

恬靜也〔恬惔安靜〕

禔福也〔謂福祚也音祇〕

禔喜也〔有福即喜〕

攋〔洛旱反〕隓〔許規反〕壞也

息歸也

抑安也

潛亾也

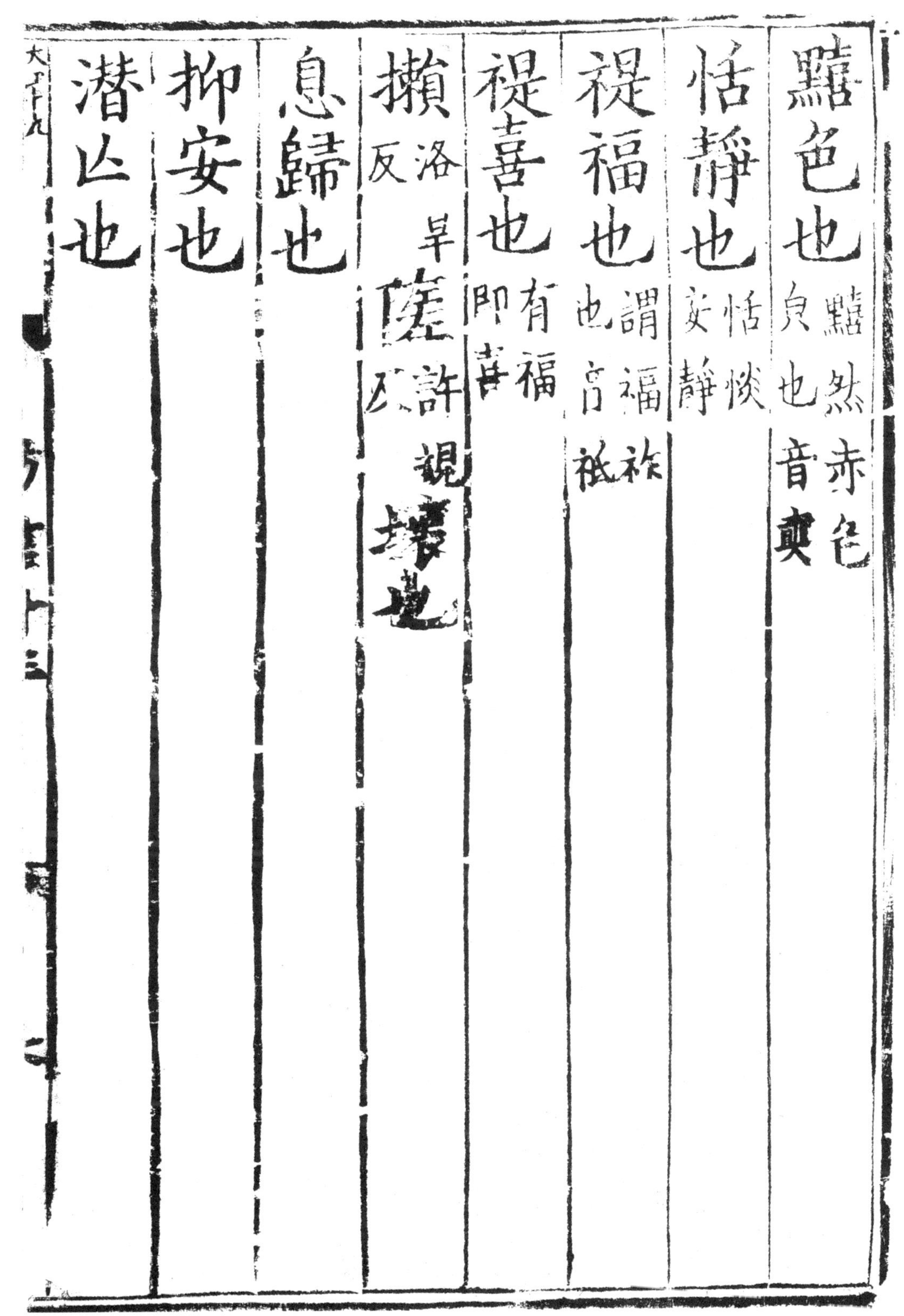

曉過也

曉嬴也

𪘏短也蹶𪘏短小貌音剟吉疏贅

隑剴切陭也江南人呼梯爲隑所以隑物而登者也音剴切也

迒長也謂長短也胡郎反

迒迹也爾雅以爲兔迹

賦臧也

蘊饒也音温

芬和也芬香和調

擣依也謂可依倚之也

依祿也祿位可依憑也

䑋腯也腯腯肥充也音腞亦突

鹽雜猝也皆倉卒也音古

蹯行也言跳蹯也音藥

鹽且也鹽猶黏也

抽讀也

媵託也

適悟也相觸迕也

押予也予猶與音甲

彌縫也

譯傳也

譯見也傳宣語即相見

梗略也梗概大略也

臆滿也愊臆氣滿之也

馮益也謂增益也音罵
空待也來則實也
珇好也
珇美也美好等互見義耳音祖
嫗色也嫗煦好色皃
闓開也謂開門也
靡滅也或作摩滅字音糜
菲薄也謂微薄也音翡

腆厚也

媟狎也相親狎也

芋大也芋猶訏耳香于反

煬翕炙也今江東呼火熾猛爲煬音恙

煬烈暴也

馺馬馳也馺馺疾皃也索荅反

選延徧也

澌索也盡也

晞燥也

梗覺也（謂直也）

萃集也

睨（俾倪）睪（音亦）明也

暟臨昭也

暟美也（暟暟美德也呼凱反）

箄（方氏反）簍（音縷）籅（音餘）𥶹（音弓弢）𥫱也（古筥字）江沔之間謂之籅趙代之間謂之𥶹淇衞之間謂之

筐淇水名也篼其通語也篼小者南楚謂之簍自關而西秦晉之間謂之箄今江南亦名籠為箄籠南楚江沔之間謂之篣今零陵人呼籠為篣音彭或謂之笯音都墓亦呼籃簇盛餅筥也南楚謂之筲今建平人呼筲為鞭鞘趙魏之郊謂之去簇今通語也錐謂之鍣廣雅作鉊字

無升謂之刁斗謂小鈴也音[illegible]見漢書

匕謂之匙[illegible]

盂謂之櫨子殄反河濟之間謂之盞𥁰

椀謂之盦

盂謂之銚鋭謠音木謂之涓抉椀亦盂屬江東名盂為凱亦曰

甌也鑈抉兩音

餌謂之餻或謂之粢或謂之䬴音鈴或謂之餣央怏反或謂之䬼音元

餅謂之飥（音乇）或謂之餦餛（長渾兩音）

餳謂之餦餭（即乾飴也）飴謂之餧（音該）餹謂之餳（以豆屑雜餳也 音髓）餳謂之餹（江東皆言餹 音唐）凡飴謂之餳自關而東陳楚宋衛之通語也

𪍿（音咲）𪍵（音才）𪎭（于八反）麰（音牟 大麥麴）𪌂（音脾 餅麴）䴵（音蒙 有衣麴）𪎲（䴸音小麥麴爲𪎲即𪍣也）麴也自關而西秦豳之間曰𪍿（豳即邠 音斌）晉之舊都曰𪍵（今江東人呼麴爲𪍵）齊右河濟曰𪎭或曰麰北鄙曰𪌂麴其通語也

屋梠謂之欞[雀梠即屋檐也亦呼爲連綿音鈴]

㼜謂之㽈[即屋穩也今字作甍音萌㽈音霤]

冢秦晉之間謂之墳[取名於大防也]或謂之培[音部]或謂之堬[音臾]或謂之采[古者卿大夫有采地死葬之因名也]或謂之埌[波浪]或謂之壠[有界埒似耕壟因名之]自關而東謂之丘小者謂之塿[培塿亦堆高之貌洛口反]大者謂之丘[又呼冢爲墳也]凡葬而無墳謂之墓[言不封也墓猶慕也]所以墓謂之埏[埏謂規度墓地也漢書曰初陵之埏是也]

輶軒使者絶代語釋別國方言第十三

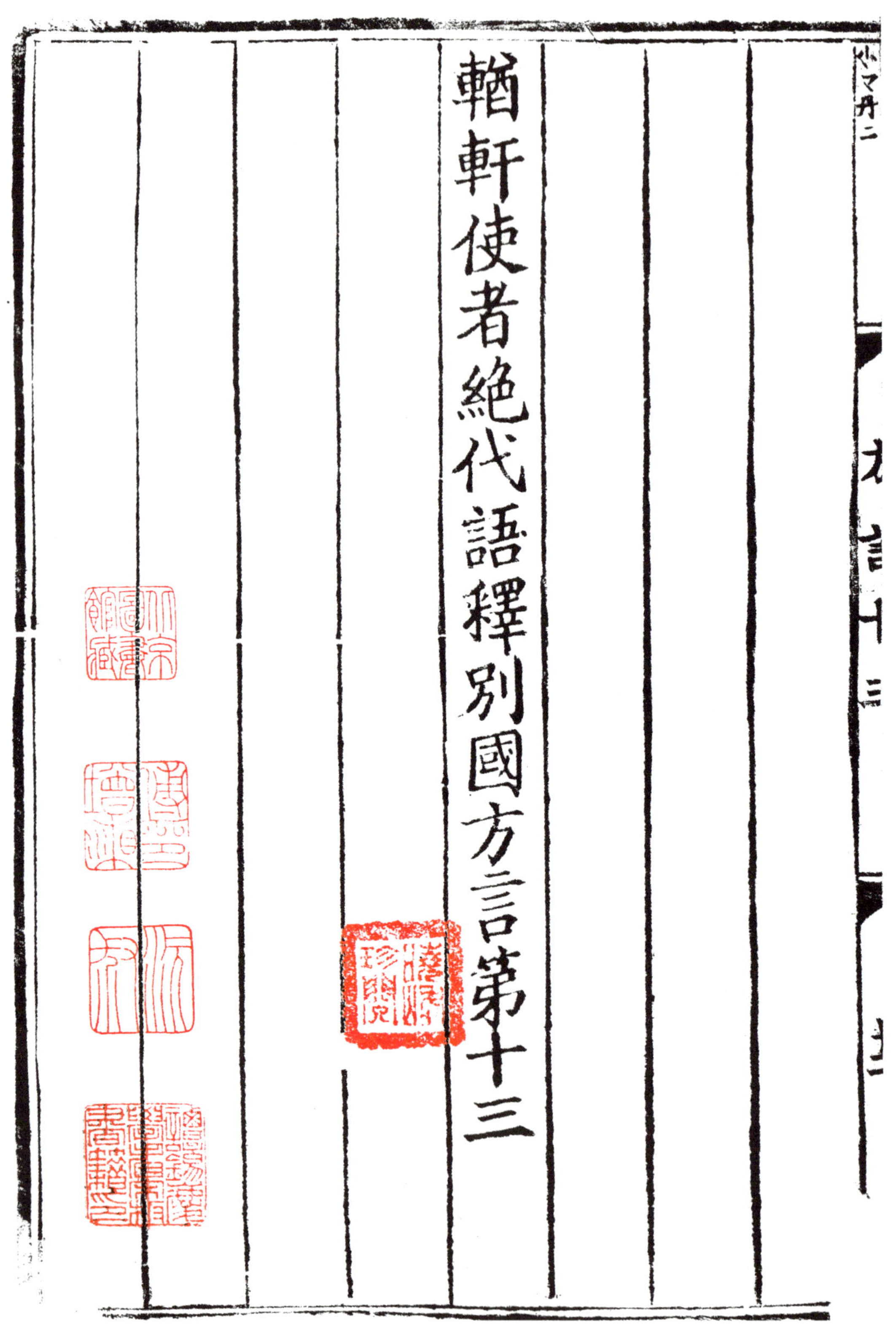

方言十三卷宋刊宋印本後有慶元庚申跋兩段書中遇避諱止惇字即甯宗時刊本季滄葦顧仁效顧元慶朱大韶處藏仁效元慶均長洲人居陽山下朱大韶華亭人撰經閣即其藏書處國初歸滄葦季氏書目云揚子方言六卷四本牧翁跋即此書錢跋疑在慶元跋之後書禁嚴時撤去一葉影寫六字補之書十三卷季目云六卷誤壬子十月繆荃孫識

意園得此書時曾爲余舉宋刻勝影景宋本數事許以借校從以鮮暇願未果也人天永隔復見此書老淚湧溢乃不禁如羲春趣之痛沅叔欲重刻傳之此固意園有志而未竟者也 壬子十月姚埭老民植書

壬子夏秋之交意園藏書始出沅叔同年得精槧名校本甚夥而以方言為甲觀絳雲一跋不可復讀而紙版古香騰溢真足為驚人祕笈意園宋元版不多而至精其中之最烜赫者禮記四十冊寬整如新予與沅叔皆議價而莫能舉然予廑得一孔叢子踵歸稱嘉祐刻本實不及此書遠矣信乎沅叔真有書福者甲寅立春群碧主人鄧邦述記

鬱華閣藏宋槧之精整完好者推黄
唐本禮記正義与此書為巨擘自壬子
散出多入景賢手此則為
莚趙主人所獲否則亦隨禮記諸書入
我篋矣蓋景氏見書後未幾即統舉
宋本售諸文中有黄善夫刊蘇詩汀州
本群經音辨亦盛氏書中之上駟然舍
禮記外無可与此書抗者雖同為宋本
當視其著作為次第之此書直甲之甲
者豈可作甲觀耶 丙辰八月棘人袁克文

江安傅氏藏宋本甲觀

夏正甲寅二月上丁

長洲章鈺記

余舊藏揚子方言正是此本而印墨尤精好紙是南宋樞府諸公交承啓劄翰墨燦然於今思之更有東京夢華之感跋見有學集四十八卷牧翁所藏想歸天上則此本由乙而推甲矣沅叔寶諸 蘋風拾記茗理迻寫

余所見宋本書紙墨必精此本蓋南宋非北宋也方今舊本益稀小山所云推甲蓋有慨也甲寅五月王闓運觀

此即錢遵王售于季滄葦宋本書之一其後雜經顧朱遞藏而不見於著錄家兵燹之餘鬼神呵護乃爲沈某所有特倩良工重刻驚人秘笈

行見流傳千萬本于天壤向
何幸如之壬子仲冬宜都楊
守敬記於上海時年七十有四

鬱華閣藏書流傳我邦者余亦獲數種皆我邦舊刻
如此宋本乃歸
沅叔先生物宜有歸其本主我不以爲憾也丁巳十二月
九日內藤虎

意園舊藏宋本不多而至精孝先之
言甚確 昌綬所收甲申雜記聞見近錄
巳贈藝風倚松老人詩亦歸寒雲皆
宋槧宋印孤帙此更爲漢代蜀賢遺
書宜 沅林奉爲鎮庫重寶也

丁巳閏二月仁和吳昌綬謹志

此本與盧抱經所校李文授本殊不盡合如卷九艗艏盧校李本艗首此本仍作首卷十三餵音映盧校李本音影此本仍作映盬歇盧校李本歇下作許謁二字此本作泄气文注中渴作謁此仍作渴皆不可解抱經所見殆景寫戴傳校之本非真本也沅叔見示此書因書數語冀他日重作校記以匡盧氏之誤耳

丁巳七月盛鐸

金陵全書

丁編·文獻類

山海經傳

（晋）郭璞 傳

南京出版社
南京出版傳媒集團

山海經序

世之覽山海經者皆以其閎誕迂誇多奇怪俶儻之言莫不疑焉嘗試論之曰莊生有云人之所知莫若其所不知吾於山海經見之矣夫以宇宙之寥廓羣生之紛紜陰陽之煦蒸萬殊之區分精氣渾淆自相濆薄遊魂靈怪觸像而構流形於山川麗狀於木石者惡可勝言乎然則總其所以乖鼓之於一響成其所以變混之於一象世之所謂異未知其所以異世之所謂不異未知其所以不異何者物不自異待我而後異異果在我非物異也故胡人見布而疑黂越人見罽而駭毳夫翫所

習見而奇所希聞此人情之常蔽也今略舉可以明之者陽火出於氷水陰鼠生於炎山而俗之論者莫之或怪及談山海經所載而咸怪之是不怪所可怪而怪所不可怪也不怪所可怪則幾於無怪矣怪所不可怪則未始有可怪也夫能然所不可不可所不可然則理不然矣案汲郡竹書及穆天子傳穆王西征見西王毋執璧帛之好獻錦組之屬穆王享王母于瑤池之上賦詩往來辭義可觀遂襲崑崙之丘遊軒轅之宮眺鍾山之嶺玩帝者之寶勒石王母之山紀跡玄圃之上乃取其嘉木豔草奇鳥怪獸玉石珍瑰之器金膏燭銀之

歸而殖養之於中國穆王駕八駿之乘右服盜驪左驂騄耳造父爲御犇戎爲右萬里長騖以周歷四荒名山大川靡不登濟東升大人之堂西燕王母之廬南轢黿鼉之梁北躡積羽之衢窮歡極娛然後旋歸案史記說穆王得盜驪騄耳驊騮之驥使造父御之以西巡狩見西王母樂而忘歸亦與竹書同左傳曰穆王欲肆其使天下皆有車轍馬跡焉竹書所載則是其事也而譙周之徒足爲通識瑰儒而雅不平此驗之史考以著其妄司馬遷叙大宛傳亦云自張騫使大夏之後窮河源惡覩所謂崑崙者乎至禹本紀山海經所有怪物余不

敢言也不亦悲乎若竹書不潛出於千載以作徵於今
日者則山海之言其幾乎廢矣若乃東方生曉畢方之
名劉子政辨盜械之尸王頎訪兩面之客海民獲長臂
之衣精驗潛效絕代懸符於戲群惑者其可以少寤乎
是故聖皇原化以極變象物以應怪鑒無滯賾曲盡
情神焉廋哉神焉廋哉蓋此書跨世七代歷載三千雖
暫顯於漢而尋亦寢廢其山川名號所在多有舛謬與
今不同師訓莫傳遂將湮泯道之所存俗之所喪悲夫
余有懼焉故爲之創傳疏其壅閡闢其茀蕪領其玄致
標其洞涉庶幾令逸文不墜于世奇言不絕於今夏后

之迹靡刊於將來八荒之事有聞於後裔不亦可乎夫翳薈之翔叵以論垂天之凌蹄涔之遊無以知絳虬之騰鈞天之庭豈伶人之所躡無航之津豈蒼兕之所涉非天下之至通難與言山海之義矣嗚呼達觀博物之客其鑒之哉

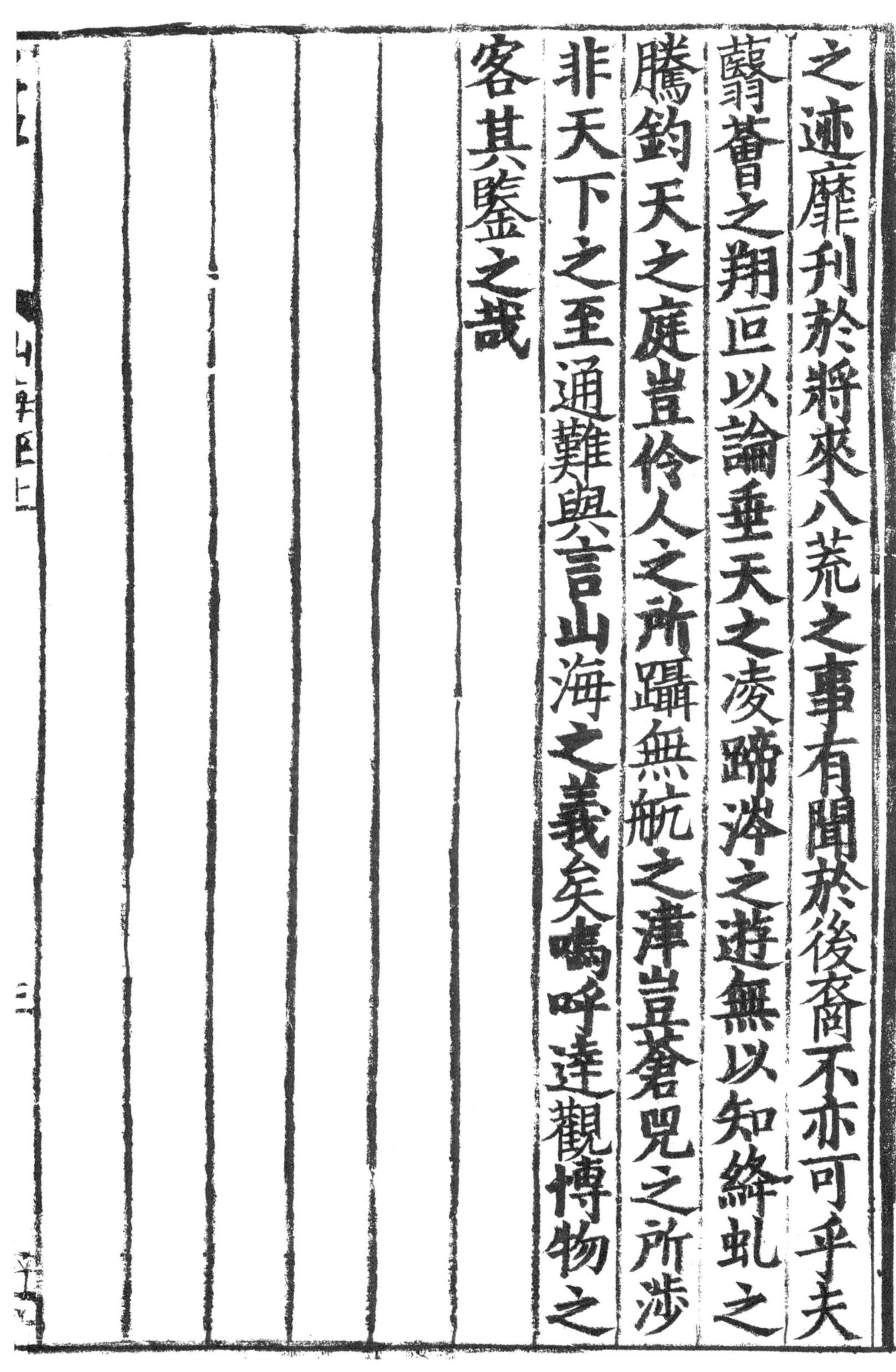

山海經目摠十八卷

本三萬九百十九字注二萬三百十字摠五萬一千二百六十九字

海内南經第十本三百六十四字注七百九字

海内西經第十一本四百三十九字注六百九十五字

海内北經第十二本五百九十四字注四百九十五字

海内東經第十三本六百二十四字注二千四百九十五字

大荒東經第十四本八百六十四字注八百一十三字

大荒南經第十五本九百七十二字注五百九十八字

大荒西經第十六本一千二百八十二字注一千二百三字

大荒北經第十七本一千五十六字注七百六十七字

海内經第十八本一千一百十一字注九百六十[illegible][illegible]字此海内經及大荒經本皆逸在外

侍中奉車都尉光祿大夫臣秀領校祕書言校祕書太

常屬臣望所校山海經凡三十二篇今定爲一十八篇
已定山海經者出於唐虞之際昔洪水洋溢漫衍中國
民人失據崎嶇於丘陵巢於樹木鯀既無功而帝堯使
禹繼之禹乘四載隨山刊木定高山大川蓋與伯翳主
驅禽獸命山川類草木別水土四嶽佐之以周四方逮
人跡之所希至及舟輿之所罕到內別五方之山外分
八方之海紀其珍寶奇物異方之所生水土草木禽獸
昆蟲麟鳳之所止禎祥之所隱及四海之外絕域之國
殊類之人禹別九州任土作貢而益等類物善惡著山
海經皆賢聖之遺事古文之著明者也其事質明有信

孝武皇帝時嘗有獻異鳥者食之百物所不肯食東方朔見之言其鳥名又言其所當食如朔言問朔何以知之即山海經所出也孝宣皇帝時擊磻石於上郡陷得石室其中有反縛盜械人時臣秀父向爲諫議大夫言此貳負之臣也詔問何以知之亦以山海經對其文曰貳負殺窫窳帝乃梏之疏屬之山桎其右足反縛兩手上大驚朝士由是多奇山海經者文學大儒皆讀學以爲奇可以考禎祥變怪之物見遠國異人之謡俗故易曰言天下之至賾而不可亂也博物之君子其可不惑焉臣秀昧死謹上

南山經第一　　郭氏傳

南山經之首曰䧿山其首曰招搖之山臨于西海之上在蜀伏山山南之西頭濱西海也多桂桂葉似枇杷長二尺餘廣數寸味辛白花叢生山峯冬夏常青間無雜木呂氏春秋曰招搖之桂多金玉有草焉其狀如韭璨曰韭音九爾雅云霍山亦多之而青花其名曰祝餘或作桂荼食之不飢有木焉其狀如穀而黑理穀楮也皮作紙璨曰穀亦名構名穀者以其實如穀也其華四照言有光焰也若木華赤其光照地亦此類也見離騷經其名曰迷穀佩之不迷有獸焉其狀如禺而白耳禺似獼猴而大赤目長尾今江南山中多有說者不了此物名禺作牛字圖亦作牛形或作猴皆失之也禺字音遇伏行人走其名曰狌狌食之善走生生禺獸狀如猿伏行交足亦此類也見京房易麗麔之水出焉麔音几而

西流注于海其中多育沛未詳佩之無瘕疾瘕蟲病也

又東三百里曰堂一作常庭之山多棪木棪別名連其子似柰而赤可食音剡多白猿今猿似獼猴而大臂脚長便捷色有黑有黄鳴其聲哀多水玉水玉今水精也相如上林賦曰水玉磊砢赤松子所服見列仙傳多黄金

又東三百八十里曰猨翼之山其中多怪獸水多怪魚凡言怪者皆謂皃狀倔奇不常也尸子曰徐偃王好怪沒深水而得怪魚入深山而得怪獸者多列於庭多白玉多蝮虫蝮虫色如綬文鼻上有鍼大者百餘斤一名反鼻虫古虺字多怪蛇多怪木不可以上

又東三百七十里曰杻陽之山音紐其陽多赤金銅也其陰多白金銀也見爾雅山南爲陽山北爲陰有獸焉其狀如馬而白首其文

如虎而赤尾其音如謡如人歌声其名曰鹿蜀佩之宜佩謂帶其皮尾怪水出焉而東流注于憲翼之水其中多玄龜其狀如龜而鳥首虺尾虺尾銳其名曰旋龜其音如判木如破木声佩之不聾可以爲底底躪也爲猶治也外傳曰疾不可爲一作底猶病愈也東三百里曰柢山音帶多水無草木有魚焉其狀如牛陵居蛇尾有翼其羽在魼下亦作脅其音如留牛莊子曰執犂之狗謂此牛也穆天子傳曰天子之狗執虎豹其名曰鯥音六冬死而夏生此亦蟄類也謂之死者言其蟄無所知如死耳食之無腫疾

又東四百里曰亶爰之山亶音蟬多水無草木不可以上言崇峭也有獸焉其狀如狸而有髦其名曰類類或作沛髦或作髮自爲

牝牡食者不妬莊子亦曰類自爲雌雄而化今貆猪亦自爲牝雄
又東三百里曰基山其陽多玉其陰多怪木有獸焉其狀
如羊九尾四耳其目在背其名曰猼訑傅施二音施一作陁佩之
不畏不知恐畏有鳥焉其狀如鷄而三首六目六足三翼其
名曰鵸鵌鵸鵌急性敞孚二音食之無卧使人少眠
又東三百里曰青丘之山亦有青丘國在海外水經云即上林賦云秋田於青丘其陽
多玉其陰多青雘雘黝屬音瓠有獸焉其狀如狐而九尾即九
尾狐其音如嬰兒能食人食者不蠱噉其肉令人不逢妖邪之氣或曰蠱蠱毒
有鳥焉其狀如鳩其音若呵如人相呵呼声名曰灌灌或作濩濩佩
之不惑英水出焉南流注于即翼之澤其中多赤鱬

其狀如魚而人面其音如鴛鴦食之不疥一作疾

又東三百五十里曰箕尾之山其尾踆于東海多沙石踆古蹲字言臨海上音存汸水出焉音芳而南流注于淯音育其中多白玉

凡䧿山之首自招搖之山以至箕尾之山凡十山二千九百五十里其神狀皆鳥身而龍首其祠之禮毛言擇牲取其毛色也周官曰陽祀用騂牲之毛用一璋玉瘞半圭爲璋瘞埋也糈用稌米糈祀神之米名先呂反今江東音所一音壻稌稌稻也他覩反糈或作疏非也一璧稻米白菅爲席菅茅屬也音間

南次二經之首曰柜山音矩西臨流黃北望諸毗東望長右音山名英水出焉西南流注于赤水其中多白玉尸子曰水

方折者有玉負折者有珠多丹粟細丹砂如粟也有獸焉其狀如豚有距其音如狗吠其名曰狸力見則其縣多土功有鳥焉其狀如鴟而人手其脚如人手鴟音處脂反其音如痺未詳其名曰鴸音株其鳴自號也見則其縣多放士放放逐或作效也

東南四百五十里曰長右之山無草木多水有獸焉其狀如禺而四耳其名長右以山出此獸因以名之其音如吟如人呻吟聲見則其郡縣大水

又東三百四十里曰堯光之山其陽多玉其陰多金有獸焉其狀如人而彘鬣穴居而冬蟄其名曰猾褢滑懷兩音其音如斲木如人斫木聲見則縣有大繇謂作役也或曰其縣亂

又東三百五十里曰羽山（今東海祝其縣西南有羽山即鯀所殛處計此道里不相應似非也）其下多水其上多雨無草木多蝮虫（蚖也）

又東三百七十里曰瞿父之山（音劬）無草木多金玉

又東四百里曰句餘之山無草木多金玉（今在會稽餘姚縣南句章縣北故此二縣因此爲名云見張氏地里志）

又東五百里曰浮玉之山北望具區（具區今吴縣西南太湖也尚書謂之震澤）東望諸毗（水名）有獸焉其狀如虎而牛尾其音如吠犬其名曰彘是食人苕水出于其陰北流注于具區其中多鮆魚（鮆魚狹薄而長頭大者尺餘太湖中今饒之一名刀魚音祚啓反）

又東五百里曰成山四方而三壇（形如人築壇相累也成亦重耳）其上多

金玉其下多青雘闟水出焉音涿而南流注于一作流注于西虖勺虖音乎勺或作多下同其中多黃金今永昌郡水出金如糠在沙中尸子曰清水出黃金玉英

又東五百里曰會稽之山四方今在會稽郡山陰縣南上有禹冢及井其上多金玉其下多砆石砆武夫石似玉今長沙臨湘出之赤地白文色龍葱不分明勺水出焉而南流注于湨音鶪

又東五百里曰夷山無草木多砂石湨一作湨水出焉而南流注于列塗

又東五百里曰僕勾之山一作夕其上多金玉其下多草木無鳥獸無水

又東五百里曰咸陰之山無草木無水

又東四百里曰洵山一作旬其陽多金其陰多玉有獸焉其狀如羊而無口不可殺也稟氣自然其名曰䍺音還或音患洵水出焉音詢而南流注于閼之澤音遏其中多芘蠃紫色螺也

又東四百里曰虖勺之山其上多梓枏梓山楸也枏大木葉似桑今作楠音南爾雅以為柟其下多荊杞杞苟杞也子赤滂水出焉音滂沱之滂而東流注于海

又東五百里曰區吴之山無草木多砂石鹿水出焉而南流注于滂水

又東五百里曰鹿吴之山上無草木多金石澤更之水出

焉而南流注于滂水水有獸焉名曰蠱雕音或作纂其狀如
雕而有角其音如嬰兒之音是食人
東五百里曰漆吳之山無草木多博石無玉可以爲博碁石處
于海東望丘山其光載出載入神光之所潛燿是惟日次是日景之
所次舍
凡南次二經之首自柜山至于漆吳之山凡十七山七
千二百里其神狀皆龍身而鳥首其祠毛用一璧瘞糈
用稌稌稻穬也
南次三經之首曰天虞之山其下多水不可以上
東五百里曰禱過之山其狀多金玉其下多犀兕犀似水牛

獢頭痺腳腳似象有三蹄大腹黑色三角一在頂在額上一在鼻上在鼻上者小而不墮食角也好噉棘口中常灑血沫亦似水牛青色一角重三千斤多象象獸之最大者長鼻大者牙長一丈性妬不畜婬子有鳥焉其狀如鵁鵁似鳧而小腳近尾音骹箾之骹而白首三足或作手人面其名曰瞿如音劬其鳴自號也泿水出焉音銀而南流注于海其中有虎蛟蛟似蛇四足龍屬其狀魚身而蛇尾其音如鴛鴦食者不腫可以已痔

又東五百里曰丹穴之山其上多金玉丹水出焉而南流注于渤海渤海海岸曲崎頭也有鳥焉其狀如雞五采而文名曰鳳皇首文曰德翼文曰義背文曰禮膺文曰仁腹文曰信是鳥也飲食自然自歌自舞見則天下安寧漢時鳳鳥數出

高五六尺五采莊周說鳳文字与此有異廣雅云鳳鷄頭燕頷蛇頸龜背魚尾雌曰凰雄曰鳳

又東五百里曰發爽或作[illegible]之山無草木多水多白猿汎水出焉而南流注于渤海

又東四百里至于旄山之尾其南有谷曰育遺或作隧多怪鳥廣雅曰鵷雛鶡朋爰居鵷雀昔怪鳥之屬也凱風自是出凱風南風

又東四百里至于非山之首其上多金玉無水其下多蝮虫

又東五百里曰陽夾之山無草木多水

又東五百里曰灌湘之山上多木無草多怪鳥無獸一作灌湖射之山

又東五百里曰雞山其上多金其下多丹雘（雘赤色曰雘美丹也見尚書音尺蠖之蠖）黑水出焉而南流注于海其中有鱄魚（音團扇之團）其狀如鮒而彘毛其音如豚見則天下大旱

又東四百里曰令丘之山無草木多火其南有谷焉曰中谷條風自是出（東北風爲條風記曰條風至出輕繫督逋留）有鳥焉其狀如梟人面四目而有耳其名曰顒（音娛）其名自號也見則天下大旱

又東三百七十里曰侖者之山（音論說之論一音倫）其上多金玉其下多青雘有木焉其狀如穀而赤理其汗如漆其味如飴食者不飢可以釋勞其名曰白䓘（或作睪蘇睪蘇一名白䓘見廣雅音一

羔可以血玉血謂可用染玉作光彩

又東五百八十里曰禺稾之山多怪獸多大蛇

東五百八十里曰南禺之山其上多金玉其下多水有穴焉水春輒入夏乃出冬則閉佐水出焉而東南流注于海有鳳皇鵷鶵鵷鶵亦鳳屬

凡南次三經之首自天虞之山以至南禺之山凡一十四山六千五百三十里其神皆龍身而人面其祠皆一白狗祈祈請禱也糈用稌

右南經之山志大小凡四十山萬六千三百八十里

西山經第二　　郭氏傳

西山經華山之首曰錢來之山其上多松其下多洗石澡洗可以磢體去垢圿磢初兩反有獸焉其狀如羊而馬尾名曰羬羊今大月氏國有大羊如驢而馬尾爾雅云羊六尺為羬謂此羊也羬音針其脂可以已腊治體皴腊音昔

西四十五里曰松果之山濩水出焉北流注于渭其中多銅有鳥焉其名曰螐渠螐音彤弓之彤其狀如山雞黑身赤足可以已𦢊謂皮皴起也音叵駮反

又西六十里曰太華之山即西岳華陰山也今在弘農華陰縣西南削成而四方今山形上大下小峭峻也其高五千仞其廣十里仞八尺也上有明星玉女持玉

猱得上服之即成仙道險僻不通詩含神霧云鳥獸莫居有蛇焉名曰肥𧔥六足四翼見則天下大旱湯時此蛇見於陽山下復有肥遺蛇疑是同名

又西八十里曰小華之山即少華山其木多荆杞其獸多㸲牛今華陰山中多山牛山羊肉皆千斤牛即此牛也音昨其陰多磬石可以爲樂石其陽多㻬琈之玉㻬琈玉名所未詳也㻬浮兩音鳥多赤鷩赤鷩山鷄之屬胷腹洞赤冠金皆黃頭綠尾中有赤毛彩鮮明音作蔽或作鼈可以禦火其草有萆荔萆荔香草也蔽戾兩音狀如烏韭而生於石上亦緣木而生烏韭在屋者曰昔耶在墻者曰垣衣食之已心痛

又西八十里曰符禺之山其陽多銅其陰多鐵其上有木焉名曰文莖其實如棗可以已聾其草多條其狀

而赤華黄實如嬰兒舌食之使人不惑符禺之水而北流注于渭其獸多葱聾其狀如羊而赤鬣其鳥多鴖音旻其狀如翠而赤喙翠似燕而紺色也可以禦火畜之辟火災也

又西六十里曰石脆之山其木多椶枏椶樹高三丈許無枝條葉大而員岐生梢頭實皮相裹上行一皮者爲一節可以爲繩一名栟櫚音馬騣之騣其草多條其狀如韭而白華黑實食之已疥其陽多㻬琈之玉其陰多銅灌水出焉而北流注于禺水其中有流赭赭赤土以塗牛馬無病今人亦以朱塗牛角云以辟惡馬或作角

又西七十里曰英山其上多杻橿杻似棣而細葉一名土橿音紐橿木中車材音姜其陰多鐵其陽多赤金禺水出焉北流注于招水音部

其中多鮮魚音同蚌蛤之蚌其狀如鼈其音如羊其陽多箭䉋今漢中郡出䉋竹厚裏而長節根深筍冬生地中人掘取食之䉋音媚其獸多㸲牛羬羊有鳥焉其狀如鶉黃身而赤喙其名曰肥遺食之已癘癘疫病也或曰惡創韓子曰癘人憐主可以殺蟲

又西五十二里曰竹山其上多喬木枝上竦者音橋其陰多鐵有草焉其名曰黃雚其狀如樗其葉如麻白華而赤實其狀如赭紫赤色浴之已疥又可以已胕治胕腫也音符竹水出焉北流注于渭其陽多竹箭箭篠也多蒼玉丹水出焉今所在有丹水東南流注于洛水其中多水玉多人魚如鯑魚四脚有獸焉其狀如豚而白毛大如笄而黑端笄簪屬名曰毫彘

也夾髀有麂豪長數尺能以脊上豪射物亦自爲牝牡貆或作貛吳楚呼爲鷺猪亦此類也
又西百二十里曰浮山多盼木音美目盼兮之盼枳葉而無傷枳刺
針也能傷人故名云木蟲居之在樹之中有草焉名曰薰音訓草麻葉而
方莖赤華而黑實臭如蘼蕪蘼蕪香草易曰其臭如蘭眉無兩音佩之可
以已癘
又西七十里曰羭次之山音臾漆水出焉今漆水出岐山北流注于
渭其上多棫橿棫白桵也音域其下多竹箭其陰多赤銅其陽
多嬰垣之玉垣或作短或作根或作埋傳寫謬錯未可得詳有獸焉其狀如禺
而長臂善投其名曰囂亦在畏獸畫中似獼猴投擲也有鳥焉其狀如
梟人面而一足曰橐𩇯音肥冬見夏蟄服之不畏雷著其

（毛羽令人不畏天雷也或作宊）

又西百五十里曰時山無草木逐（或作遂）水出焉北流注于渭其中多水玉

又西百七十里曰南山上多丹粟丹水出焉北流注于渭獸多猛豹（猛豹似熊而小毛淺有光澤能食蛇食銅鐵出蜀中豹或作虎）鳥多尸鳩（尸鳩布穀類也或曰鶡鶡也鳩或作丘）

又西百八十里曰大時之山上多穀柞（柞櫟）下多杻橿陰多銀陽多白玉涔水出焉（音潛）北流注于渭清水出焉南流注于漢水（今河內脩武縣縣北黑山亦出清水）

又西三百二十里曰嶓冢之山（今在武都氐道縣南嶓音波）漢水

而東南流注于沔至江夏安陸縣江即沔水囂水出焉北流注於水或作陽其上多桃枝鉤端鉤端桃枝屬獸多犀兕熊羆羆似熊而黃白色猛憨能拔樹鳥多白翰赤鷩白翰白鵫也亦名鵫雉又曰白雉有草焉其葉如蕙蕙香草蘭屬也或以蕙爲薰葉失之音惠其本如桔梗本根也黑華而不實名曰䔄蓉爾雅釋草曰榮而不實謂之䔄音骨食之使人無子

又西三百五十里曰天帝之山上多椶枏下多菅蕙菅茅類也有獸焉其狀如狗名曰谿或作谷邊或作遺席其皮者不蠱有鳥焉其狀如鶉黑文而赤翁翁頭下毛音汲甕之甕名曰櫟音沙礫之礫食之已痔有草焉其狀如葵其臭如蘼蕪名曰杜衡香草也可以走馬帶之令人便馬或曰馬得之而健走食之已癭

西南三百八十里曰皐塗之山薔(音色或作蕢又作葍)水出焉西流注于諸資之水塗水出焉南流注于集獲之水其陽多丹粟其陰多銀黃金其上多桂木有白石焉其名曰礜可以毒鼠(今礜石殺鼠音豫蠶食之而肥)有草焉其狀如槀茇(槀茇香草)其葉如葵而赤背名曰無條可以毒鼠有獸焉其狀如鹿而白尾馬足人手(前兩脚似人手)而四角名曰玃如(音猳玃之玃)有鳥焉其狀如鴟而人足名曰數斯食之已癭(或作癎)

又西百八十里曰黃山(今始平槐里縣有黃山上故有宮漢惠帝所起疑非此)無草木多竹箭盼水出焉(音美目盼兮之盼)西流注于赤水其中多玉有獸焉其狀如牛而蒼黑大目其名曰𤛎(音敏)有鳥

其狀如鴞青羽赤喙人舌能言名曰鸚䳇鸚䳇[illegible]兒舌脚指後各兩扶南徼外出五色者亦有純赤白者大如鴈也

又西二百里曰翠山其上多椶枏其下多竹箭其陽多黃金玉其陰多旄牛麢麝麢似羊而大角細食好在山崖間麝似麞而小有香其鳥多鸓音壘其狀如鵲赤黑而兩首四足可以禦火

又西二百五十里曰騩山音巍一音隗囂之隗是錞于西海錞猶堤埻也音章閏反無草木多玉淒水出焉淒或作浽西流注于海其中多采石黃金采石石有彩色者今雌黃空青綠碧之屬多丹粟

凡西經之首自錢來之山至于騩山凡十九山二千九百五十七里華山冢也冢者神鬼之所舍也其祠之禮太牢牛羊豕爲

太牢羭山神也祠之用燭或作煬齋百日以百犧牲純色者爲犧瘞用百瑜瑜亦美玉名音臾湯或作溫其酒百樽溫酒令熱嬰以百珪百璧嬰謂陳之以環祭也或曰嬰即古罌字謂盂也徐州云穆天子傳曰黃金之嬰之屬也其餘十七山之屬皆毛牷用一羊祠之牷謂牲體全具也左傳曰牷牲肥腯者也燭者百草之未灰白蓆采等純之純緣也五色純之等差其文綵也周禮莞席紛純

西次二經之首曰鈐山音髡鉗之鉗或作冷又作塗其上多銅其下多玉其木多杻橿

西二百里曰泰或作秦冒之山其陽多金其陰多鐵浴水出焉東流注于河其中多藻玉藻玉玉有符彩者或作柬音練多白

水蛇

又西一百七十里曰數歷之山其上多黃金其下多銀其木多杻橿其鳥多鸚䳇楚水出焉而南流注于渭其中多白珠今蜀郡平澤出青珠尸子曰水員折者有珠

又西百五十里曰高山其上多銀其下多青碧碧亦玉類也今越嶲會稽縣東山出碧雄黃晉大興三年高平郡界有山崩其中出數千斤雄黃其木多椶其草多竹涇水出焉音經而東流注于渭今涇水出安定朝那縣西笄頭山至京兆高陵縣入渭也其中多磬石書曰泗濱浮磬是也青碧

西南三百里曰女牀之山其陽多赤銅其陰多石涅即礬石也楚人名爲涅石秦名爲羽涅也本草經亦名曰石涅也其獸多虎豹犀兕有鳥

焉其狀如翟而五彩文（翟似雉而大長尾或作鸐鸐鵰屬也）名曰鸞鳥現則天下安寧（舊說鸞似鷄形瑞鳥也周成王時西戎獻之）

又西二百里曰龍首之山其陽多黃金其陰多鐵若水出焉而東南流注于涇水其中多美玉

又西二百里曰鹿臺之山（今在上郡）其上多白玉其下多銀其獸多㸲牛羬羊白豪（豪貆豬也）有鳥焉其狀如雄雞而人面名曰鳧徯其名自叫也見則有兵

西南二百里曰鳥危之山其陽多磬石其陰多檀楮（楮即穀木）其中多女牀（未詳）鳥危之水出焉西流注于赤水其中多丹粟

又西四百里曰小次之山其上多白玉其下多赤銅[illegible]焉其狀如猿而白首赤足名曰朱厭見則大兵（一作見則有兵起馬一作見則爲兵）

又西三百里曰大次之山其陽多堊（堊似土色甚白音惡）其陰多碧其獸多㸲牛麢羊

又西四百里曰薰吳之山無草木多金玉

又西四百里曰底陽之山（音詣）其木多稷柟豫章（稷似松有刺細理音即豫章大木似秋葉冬夏青生七年而後復可知也）其獸多犀兕虎犳㸲牛（犳音之藥反）

又西二百五十里曰衆獸之山其上多㻬琈之玉其下多檀楮多黃金其獸多犀兕

又西五百里曰皇人之山其上多金玉其下多青雄黃即雌黃也或曰空青曾青之屬皇水出焉西流注于赤水其中多丹粟

又西三百里曰中皇之山其上多黃金其下多蕙棠形棠之屬也蕙或作羔

又西三百五十里曰西皇之山其陽多金其陰多鐵其獸多麋鹿㸲牛麋大如小牛鹿屬也

又西三百五十里曰萊山其木多檀楮其鳥多羅羅是食人羅羅之鳥所未詳也

凡西次二經之首自鈐山至于萊山凡十七山四千一百四十里其十神者皆人面而馬身其七神皆人

身四足而一臂操杖以行是爲飛獸之神其祠之少牢（羊猪爲少牢也）白菅爲席其十輩（音背）神者其祠之毛一雄鷄鈐而不糈（鈐所用祭器名所未詳也或作思訓祈不糈祠不以米）毛采（言用雄色鷄也）

西次三經之首曰崇吾之山在河之南北望冢遂（山名）南望䍃之澤（音遥）西望帝之搏獸之丘（搏或作簙）東望𡸣（音於然反）淵有木焉員葉而白柎（今江東人呼草木子房爲柎音府一曰柎花下鄂音丈夫字或作柎音符）赤華而黑理其實如枳食之宜子孫有獸焉其狀如禺而文臂豹虎而善投名曰舉父（或作夸父）有鳥焉其狀如鳧而一翼一目相得乃飛名曰蠻蠻（比翼鳥也色青赤不比不能飛爾雅作鶼鶼鳥也）見則天下大水

西北三百里曰長沙之山泚水出焉音紫北流注于泑水烏交反又音黝水色黑也無草木多青雄黃

又西北三百七十里曰不周之山此山形有缺不周匝處因名云西北不周風自此山出北望諸毗之山臨彼嶽崇之山東望泑澤河水所潛也其源渾渾泡泡河南出崑崙潛行地下至葱嶺出于闐國復分流岐出合而東流注泑澤已復潛行南出于積石山而爲中國河也名泑澤即蒲澤一名蒲昌海廣三四百里其水停冬夏不增減去王門關三百餘里即河之重源所謂潛行也渾渾泡泡水濆涌之聲也衮咆兩音爰有嘉果其實如桃其葉如棗黃華而赤柎食之不勞

又西北四百二十里曰峚山音密其上多丹木員葉而赤莖黃華而赤實其味如飴食之不飢丹水出焉西流注

稷澤（后稷神所馮因名云）其中多白玉是有玉膏其源沸湯（玉膏涌出之皃也河圖玉版曰少室山其上有白玉膏一服即仙矣亦此類也沸音拂）黃帝是食是饗（所以得登龍於鼎湖而龍蛻也）是生玄玉（言玉膏中又出黑玉也）玉膏所出以灌丹木丹木五歲五色乃清（言光鮮也）五味乃馨（言滋香也）黃帝乃取峚山之玉榮（謂玉華也離騷曰懷琬琰之華英又曰登崑崙兮食玉英汲冢書所謂苕華之玉）而投之鍾山之陽（以爲玉種）瑾瑜之玉爲良（言最善也或作食覲史兩音）堅粟精密（說玉理也禮記曰瑱密似粟粟或作栗玉有栗文所謂穀璧也）濁澤有而光（濁謂潤厚）五色發作（言符彩互映色王子靈符應曰赤如雞冠黃如蒸栗白如割肪黑如醇漆玉之符彩也）以和柔剛（言玉協九德也）天地鬼神是食是饗（玉所以祈祭者言能動天地感鬼神）君子服之以禦不祥（今徼外出金剛石石屬而似金

有光彩可以刻玉外國人帶之云辟惡氣亦此類也自崟山至于鍾山四百六十
里其間盡澤也是多奇鳥怪獸奇魚皆異物焉
又西北四百二十里曰鍾山其子曰鼓此亦神名名之爲鍾山之子耳其類
皆見歸藏啓筮其狀如人面而龍身啓筮曰麗山之子青羽人面馬身亦似此狀也是
與欽䲹音邳殺葆江于崑崙之陽葆或作祖帝乃戮之鍾山之
東曰嶢音遥崖欽䲹化爲大鶚鶚鵰屬也音愕其狀如鵰而黑文
白首赤喙而虎爪其音如晨鵠晨鵠鶚屬猶云晨鳧耳說苑曰緤吠犬比奉晨
鳧也見則有大兵鼓亦化爲鵕鳥音俊其狀如鴟赤足而直
喙黄文而白首其音如鵠見即其邑大旱穆天子傳云鍾山作舂字
音同耳穆王北升此山以望四野曰鍾山是惟天下
高山也百獸之所聚飛鳥之栖也爰有赤豹白

青鵰執大羊食豕鹿穆王五日觀于鍾山乃爲銘迹於縣圃之上以詔後世

又西百八十里曰泰器之山觀水出焉西流注于流沙是多文鰩魚音遥狀如鯉魚魚身而鳥翼蒼文而白首赤喙常行西海遊於東海以夜飛其音如鸞雞鸞雞鳥名未詳也或作欒其味酸甘食之已狂見則天下大穰豐穰收熟也韓子曰穰歲之秋

又西三百二十里曰槐江之山丘時之水出焉而北流注于泑水其中多蠃母即蝶螺也其上多青雄黄多藏琅玕黄金玉琅玕石似珠者藏猶隱也郎干兩音其陽多丹粟其陰多采黄金銀實惟帝之平圃即玄圃也穆天子傳曰乃爲銘迹於玄圃之上謂刊石紀功德如秦皇漢武之爲者也神英招司之司主也音韶其狀馬身而人面虎文而鳥

翼徇于四海徇謂周行也其音如榴音留或作籀籀所未詳也南望崑崙其光熊熊其氣魂魂皆光氣炎盛相焜燿之皃西望大澤后稷所潛也后稷生而靈知及其終化形遯此澤而爲之神亦猶傳說騎箕尾也其中多玉其陰多榣木之有若榣木大木也言其上復生若木大木之奇靈者爲若見尸子國語曰榣木不生花也北望諸毗山名槐鬼離侖居之離侖其神名鷹鸇之所宅也鸇亦鴟屬也莊周曰鴟鴉甘鼠穆天子傳云鍾山上有白鳥青雕皆此族類也東望恒山四成成亦重也爾雅云再成曰英也有窮鬼居之各在一搏搏猶脅也言群鬼各以類聚處山四脅有窮其總号耳博一作傳爰有瑤水其清洛洛洛洛水留下之皃也瑤音遥也有天神焉其狀如牛而八足二首馬尾其音如勃皇勃皇未詳見則其邑有兵

西南四百里曰崑崙之丘是實惟帝之下都天帝都邑之在下者也穆天子傳曰吉日辛酉天子升于崑崙之丘以觀黃帝之宮而封豐隆之葬以詔後世言增封於崑崙山之上神陸吾司之即肩吾也莊周曰肩吾得之以處大山也其神狀虎身而九尾人面而虎爪是神也司天之九部及帝之囿時主九城之部界天帝苑囿之時節也有獸焉其狀如羊而四角名曰土螻是食人有鳥焉其狀如蜂大如鴛鴦名曰欽原欽或作爰或作至也蠚鳥獸則死蠚木則枯有鳥焉其名曰鶉鳥是司帝之百服服器服也一曰服事也或作藏有木焉其狀如棠棠梨也華黃赤實其味如李而無核名曰沙棠可以禦水食之使人不溺言體浮輕也沙棠爲木不可得沉呂氏春秋曰果之美者沙棠之實銘曰安得沙棠刻以爲舟汎彼滄海以遨以遊

有草焉名曰薲草（音頻）其狀如葵其味如葱食之已勞（呂氏春秋曰菜之美者崑崙之蘋）河水出焉（出山東北隅也）而南流東注于無達（山名）赤水出焉（出山東南隅也）而東南流注于氾天之水（氾天亦山名赤水所窮也穆天子傳曰遂宿于崑崙之阿赤水之陽陽水北也氾浮劒反）洋水出焉（出山西北隅或作清）而西南流注于醜塗之水（醜塗亦山名也皆在南極穆天子傳曰戊辰濟洋水又曰觴天子洋水也）黑水出焉（亦出西北隅也）而西流于大杅（山名也穆天子傳曰乃封長肱于黑水之西河是惟崙鴻鷺之上以爲周室主杅音于）是多怪鳥獸（謂有一獸九首有一鳥六首之屬也）

又西三百七十里曰樂游之山桃水出焉西流注于稷澤是多白玉其中多䱻魚（音滑）其狀如蛇而四足是食

西水行四百里曰流沙二百里至于蠃母之山神

司之是天之九德也九德之氣所生其神狀如人而犳之藥反尾

其山上多玉其下多青石而無水

又西三百五十里曰玉山是西王母所居也此山多玉石因以名云穆天子傳謂之群玉之山見其山河無險四徹中繩先王之所謂策府寡草木無鳥獸穆王於是攻其玉石取玉石版三乘玉器服物載玉萬隻以歸雙玉爲瑴半瑴爲隻西王母其狀如人豹尾虎

齒而善嘯蓬髮戴勝蓬頭亂髮勝玉勝也音龐是司天之厲及五殘主知災厲五刑殘殺之氣也穆天子傳曰吉日甲子天子賓于西王母執玄圭白璧以見西王母獻錦組百純紃三百純西王母再拜受之乙丑天子觴西王母于瑤池之上西王母爲天子謡曰白雲在天山陵自出道里悠遠山川間之將子無死尚復能來天子答之曰予還東土和理諸夏萬民均平吾顧見汝比及三年將復而

野西王母又爲天子吟曰徂彼西土爰居其所虎豹爲群烏鵲與處嘉命不遷我惟帝女彼何世民又將去子吹笙鼓簧中心翱翔世民之子惟天之望天子遂驅升于弇山乃紀迹于弇山之石而樹之槐眉曰西王母之山弇山即崦嵫山也案竹書穆王五十七年西王母來見賓于昭宮舜時西王母遣使獻玉環見禮三朝

有獸焉其狀如犬而豹文其角如牛或作羊其名曰狡其音如吠犬見則其國大穰晉太康七年邵陵扶夷縣檻得一獸狀如豹文有兩角無前兩脚時人謂之狡疑非此有鳥焉其狀如翟而赤名曰胜遇音姓是食魚其音如錄音錄義未詳見則其國大水

又西四百八十里曰軒轅之丘無草木黄帝居此丘娶西陵氏女因號軒轅丘洵水出焉音詢南流注于黑水其中多丹粟多青雄黄

又西三百里曰積石之山其下有石門河水冒以西流冒猶

覆也積石山今在金城河門關西南羌中河水行塞外東入塞內）是山也萬物無不有焉（水經引山海經云積石山在鄧林山東河所入也）

又西二百里曰長留之山其神白帝少昊居之（少昊金天氏帝摯之號也）其獸皆文尾（或作長）其鳥皆文首（文或作長）是多文玉石實惟員神磈氏之宮（音隗）是神也主司反景（日西入則景反東照主司察之）

又西二百八十里曰章莪之山無草木多瑤碧（碧亦玉屬）所爲甚怪（多有非常之物）有獸焉其狀如赤豹五尾一角其音如擊石其名曰猙（京氏易義曰音如石相擊音靜也）有鳥焉其狀如鶴一足赤文青質而白喙名曰畢方其鳴自叫也見則其邑有譌火（譌亦妖訛字）

又西三百里曰陰山濁浴之水出焉而南流注于蕃澤其中多文貝餘泉蚳之類也見爾雅有獸焉其狀如狸或作豹而白首名曰天狗其音如榴榴或作猫猫可以禦凶

又西二百里曰符惕之山音陽其上多椶枏下多金玉神江疑居之是山也多怪雨風雲之所出也

又西二百二十里曰三危之山今在燉煌郡尚書云竄三苗于三危是也三青鳥居之是山也廣員百里三青鳥主爲西王母取食者別自棲息於此山也竹書曰穆王西征至于青鳥所解也其上有獸焉其狀如牛白身四角其毫如披蓑蓑辟雨草衣也音催其名曰傲佪傲噎兩音是食人有鳥焉一首而三身其狀如鸈其名曰鴟鸈似鵰黑文赤頸音洛下句或云扶狩則

死扶木則枯應在上歟原下脫錯在此耳

又西一百九十里曰騩山其上多玉而無石神耆童居之耆童老童顓頊之子其音常如鍾磬其下多積蛇

又西三百五十里曰天山多金玉有青雄黃英水出焉而西南流注于湯谷有神焉其狀如黃囊赤如丹火體色黃而精光赤也六足四翼渾敦無面目是識歌舞實惟帝江也夫形無全者則神自然靈照精無見者則闇與理會其帝江之謂乎莊生所云中央之帝混沌爲儵忽所鑿七竅而死者蓋假此以寓言也

又西二百九十里曰泑山泑音黝黑之黝神蓐收居之亦金神也人面虎爪白尾執鉞見外傳云其上多嬰短之玉未詳其陽多瑾瑜之玉其陰

多青雄黄是山也西望日之所入其氣員(日形員故其氣象亦然也)神紅光之所司也(未聞其狀)西水行百里至于翼望之山(或作土翠山)無草木多金玉有獸焉其狀如狸一目而三尾名曰讙(讙音歡或作原)其音如奪百聲(言其能作百種物聲也或曰奪百物名亦所未詳)是可以禦凶服之已癉(黄癉病也音旦)有鳥焉其狀如烏三首六尾而善笑名曰鵸鵌(猗餘兩音)服之使人不厭(不厭夢也周書曰服者不眯音莫禮反或曰眯眯目也)又可以禦凶

凡西次三經之首崇吾之山至于翼望之山凡二十三山六千七百四十四里其神狀皆羊身人面其祠之

用一吉玉瘞（玉加彩色者也尸子曰吉玉大龜）糈用稷米
西次四經之首曰陰山上多穀無石其草多茆蕃（茆鳧葵也蕃青蕃似莎而大茆煩兩音）陰水出焉西流注于洛
北五十里曰勞山多茈草（一名茈莀中染紫也）弱水出焉而西流注于洛
西五十里曰罷父之山洱水出焉（音耳）而西流注于洛其中多茈碧
北百七十里曰申山其上多穀柞其下多杻橿其陽多金玉區水出焉而東流注于河
北二百里曰鳥山其上多桑其下多楮其陰多鐵其陽

多玉辱水出焉而東流注于河

又北百二十里曰上申之山上無草木而多硌石硌磊硌大石貌也音洛下多榛楛榛子似栗而小味美楛木可以為箭詩云榛楛濟濟臻怙兩音獸多白鹿其鳥多當扈或作户其狀如雉以其髯飛髯咽下須毛也食之不眴目音眩湯水出焉東流注于河

又北百八十里曰諸次之山諸次之水出焉而東流注于河是山也多木無草鳥獸莫居是多衆蛇

又北百八十里曰號山其木多漆椶漆樹似樗也其草多葯虈芎藭葯白芷別名虈香草也芎藭一名江離葯音烏較反多汵石汵或音金未詳端水出焉而東流注于河

又北二百二十里曰盂山音于其陰多鐵其陽多銅其
白狼白虎外傳曰周穆王伐犬戎得四白狼白虎虎名甝虪其鳥多白雉白翟
或作白翠生水出焉而東流注于河
西二百五十里曰白於之山上多松柏下多櫟檀櫟即柞
其獸多㸲牛羬羊其鳥多鴞鴞似鳩而青色洛水出于其陽而
東流注于渭夾水出于其陰東流注于生水
西北三百里曰申首之山無草木冬夏有雪申水出于
其上潛于其下是多白玉
又西五十五里曰涇谷之山或無之山二字涇水出焉或以此爲今涇水未
詳東南流注于渭是多白金白玉

又西百二十里曰剛山多柒木多㻬琈之玉剛水出焉北流注于渭是多神䰠䰠亦魑魅之類也音恥回反或作䰠其狀人面獸身一足一手其音如欽欽亦吟字假音

又西二百里至剛山之尾洛水出焉而北流注于河其中多蠻蠻其狀鼠身而鼈首其音如吠犬

又西三百五十里曰英鞮之山上多漆木下多金玉鳥獸盡白涴水出焉涴或作𣵀音宛枉之宛而北注于陵羊之澤是多冉遺之魚魚身蛇首六足其目如馬耳食之使人不眯可以禦凶

又西三百里曰中曲之山其陽多玉其陰多雄黃白玉及

金有獸焉其狀如馬而白身黑尾一角虎牙爪音如鼓音其名曰駮是食虎豹爾雅說駮不道有角及虎爪駮亦在畏獸畫中可以禦兵養之辟兵刃也有木焉其狀如棠而員葉赤實實大如木瓜木瓜如小瓜名曰櫰木音懷食之多力尸子曰木食之人多為仁者名為若木此之類

又西二百六十里曰邽山音圭其上有獸焉其狀如牛蝟毛名曰窮奇音如獋狗是食人或云似虎蝟毛有翼銘曰窮奇之獸厥形甚醜馳逐妖邪莫不奔走是以一名号曰神狗濛水出焉音蒙南流注于洋水其中多黃貝貝甲蟲肉如科斗但有頭尾耳蠃魚音螺魚身而鳥翼音如鴛鴦見則其邑大水

又西二百二十里曰鳥鼠同穴之山今在隴西言陽縣西南山有鳥鼠同穴鳥名曰鵌鼠名曰鼵鼵如人家鼠而短尾鵌似燕而黄色穿地入數尺鼠在内鳥在外而共處孔氏尚書傳曰共爲雌雄張氏地理記云不爲牝牡也其上多白虎白玉渭水出焉而東流注于河出山東至弘農華陰縣入河其中多鰠魚音騷其狀如鱣魚鱣魚大魚也口在頷下體有連甲也或作鮎鯉動則其邑有大兵或脫無從動以下語者濫水出于其西音艦西流注于漢水多鴽魮之魚如毗兩音其狀如覆銚鳥首而魚翼魚尾音如磬石之聲是生珠玉亦珠母蚌類而能生出之

西南三百六十里曰崦嵫之山日沒所入山也見離騷奄茲兩音其上多丹木其葉如穀其實大如瓜赤符而黑理食之已癉

可以禦火其陽多龜其陰多玉䓡或作若水出焉而西流注于海禹大傳曰洧盤之水出崦嵫山其中多砥礪磨石也精爲砥麤爲礪也有獸焉其狀馬身而鳥翼人面蛇尾是好舉人喜抱舉人名曰孰湖有鳥焉其狀如鴞而人面蜼身犬尾蜼獼猴屬也音贈遺之遺一音誅見中山經尾或作晧其名自號也或作設設亦呼耳疑此脫誤見則其邑大旱

凡西次四經自陰山以下至于崦嵫之山凡十九山三千六百八十里其祠祀禮皆用一白鷄祈糈以稻米白菅爲席

右西經之山凡七十七山一萬七千五百一十七里

北山經第三　郭氏傳

北山經之首曰單狐之山多机木机木似榆可燒以糞稻田出蜀中音飢其上多華草逢水出焉音逢而西流注于泑水其中多茈石文石

又北二百五十里曰求如之山其上多銅其下多玉無草木滑水出焉而西流注于諸毗之水水出諸毗山也其中多滑魚其狀如鱓赤背鱓魚似蛇音善其音如梧如人相枝梧聲音吾子之吾食之已疣疣贅也其中多水馬其狀如馬文臂牛尾臂前脚也周禮曰馬黑脊而班臂膢漢武元狩四年燉煌渥洼水出焉以爲靈瑞者即此類也其音如呼如人叫呼

又北三百里曰帶山其上多玉其下多青碧有獸焉其狀如馬一角有錯（言角有甲錯也或作厝）其名曰䑏疏（音歡）可以辟火有鳥焉其狀如烏五彩而赤文名曰鵸鵌（上已有此鳥疑同名）是自爲牝牡食之不疽（無癰疽病也）彭水出焉而西流注于芘湖之水其中多儵魚（音由）其狀如雞而赤毛三尾六足四首其音如鵲食之可以已憂

又北四百里曰譙明之山譙水出焉西流注于河其中多何羅之魚一首而十身其音如吠犬食之已癰有獸焉其狀如貆而赤豪（貆豪豬也音丸）其音如榴榴名曰孟槐可以禦凶（辟凶邪氣也亦在畏獸畫中也）是山也無草木多青雄[illegible]（一作[illegible]）

又北三百五十里曰涿光之山囂水出焉而西流注河其中多鰼鰼之魚音袴褶之褶其狀如鵲而十翼鱗皆在羽端其音如鵲可以禦火食之不癉其上多松柏其下多椶橿其獸多麢羊其鳥多蕃未詳或云即鴞音煩

又北三百八十里曰虢山其上多漆其下多桐椐桐梧桐也椐樻木腫節中杖椐音袪其陽多玉其陰多鐵伊水出焉西流注於河其獸多橐駝有肉鞍善行流沙中日行三百里其負千斤知水泉所在也其鳥多寓狀如鼠而鳥翼其音如羊可以禦兵

又北四百里至于虢山之尾其上多玉而無石魚水出焉西流注于河其中多文貝

又北二百里曰丹熏之山其上多樗柏其草多韭䪥[illegible]菜爾雅有其名多丹雘熏水出焉而西流注于棠水有獸焉其狀如鼠而菟首麋身其音如獋犬以其尾飛或作髯飛獋音豪名曰耳鼠食之不睬睬大腹也見裨倉音采也又可以禦百毒

又北二百八十里曰石者之山其上無草木多瑶碧泚水出焉西流注于河有獸焉其狀如豹而文題白身題額也名曰孟極是善伏其鳴自呼

又北百一十里曰邊春之山或作舂山多葱葵韭山葱名茖大葉桃李山桃榹桃子小不解核也杠水出焉而西流注于泑澤有獸焉其狀如禺而文身善笑見人則臥言佯眠也名曰幽鴳或作嬇嬒鴳音

遏其鳴自呼

又北二百里曰蔓聯之山（萬連二音）其上無草木有獸焉其狀如禺而有鬣牛尾文臂馬蹄見人則呼名曰足訾其鳴自呼有鳥焉羣居而朋飛（朋猶輩也）其毛如雌雉名曰鵁（交音或作渴也）其鳴自呼食之已風

又北百八十里曰單張之山其上無草木有獸焉其狀如豹而長尾人首而牛耳一目名曰諸犍（音如犍牛之犍）善吒行則啣其尾居則蟠其尾有鳥焉其狀如雉而文首白翼黃足名曰白䳓（音夜）食之已嗌痛（嗌咽也穀梁傳曰嗌不容粒今吳人呼咽為嗌音隘）可以已痸（痸癡病也）櫟水出焉而南流注于杠水

又北三百二十里曰灌題之山其上多樗柘其下多流沙多砥有獸焉其狀如牛而白尾其音如訆如人呼喚訆音叫名曰那父有鳥焉其狀如雌雉而人面見人則躍躍跳名曰竦斯其鳴自呼也匠韓之水出焉而西流注于泑澤其中多磁石可以取鐵管子曰山上有磁石者下必有銅音慈

又北二百里曰潘侯之山其上多松柏其下多榛楛其陽多玉其陰多鐵有獸焉其狀如牛而四節生毛名曰旄牛今旄牛背膝及胡尾皆有長毛邊水出焉而南流注于櫟澤

又北二百三十里曰小咸之山無草木冬夏有雪

北二百八十里曰大咸之山無草木其下多玉是山也

四方不可以上有蛇名曰長蛇其毛如彘豪〔說者百尋今蝮蛇色似艾綬文文間有毛如豬鬐者此其類也常山亦有長蛇與此形不同〕其音如鼓柝〔如人行夜敲木柝聲音託〕

又北三百二十里曰敦薨之山其上多椶柟其下多茈草敦薨之水出焉而西流注于泑澤出于崑崙之東北隅實惟河源〔即河水出崑崙之虛〕其中多赤鮭〔今名鯸鮐為鮭魚音圭〕其獸多兕旄牛〔或作撲牛撲牛見離騷天問所未詳〕其鳥多尸鳩

又北二百里曰少咸之山無草木多青碧有獸焉其狀如牛而赤身人面馬足名曰窫窳〔爾雅云窫窳似貙虎爪與此錯軋愈二音〕其音如嬰兒是食人敦水出焉東流注于鴈門之水〔水出鴈門〕

山間其中多鯑鯑之魚音沛未詳或作鯆食之殺人
又北二百里曰獄法之山瀤澤之水出焉音懷而東北流注于泰澤其中多鱳魚音藻其狀如鯉而雞足食之已疣有獸焉其狀如犬而人面善投見人則笑其名山𤟤音暉其行如風言疾見則天下大風
又北二百里曰北嶽之山多枳棘剛木檀柘之屬有獸焉其狀如牛而四角人目彘耳其名曰諸懷其音如鳴鴈是食人諸懷之水出焉而西流注于囂水其中多鮨魚音詣魚身而犬首其音如嬰兒今海中有虎鹿魚及海豨體皆如魚而頭似虎鹿猪此其類也食之已狂

又北百八十里曰渾夕之山無草木多銅玉嚻水出西北流注于海有蛇一首兩身名曰肥遺見則其國大旱 管子曰涸水之精名曰蟡一頭而兩身其狀如蛇長八尺以其名呼之可使取魚龜亦此類

又北五十里曰北單之山無草木多葱韭

又北百里曰羆差之山無草木多馬 野馬也似馬而小

又北百八十里曰北鮮之山是多馬鮮水出焉而西北流注于涂吾之水 漢元狩二年馬出涂吾水中也

又北百七十里曰隄山 或作院古字耳 多馬有獸焉其狀如豹而文首名曰狕 音幺 隄水出焉而東流注于泰澤其中多龍龜

凡北山經之首自單狐之山至于隄山凡二十五山五千四百九十里其神皆人面蛇身其祠之毛用一雄雞彘瘞吉玉用一珪瘞而不糈言祭不用米皆埋其所用牲玉其山北人皆生食不火之物或作皆生食而不火

北次二經之首在河之東其首枕汾臨汾水上也音墳其名曰管涔之山今在太原郡故汾陽縣北秀容山涔音岑其上無木而多草其下多玉汾水出焉而西流注于河至汾陽縣北西入河

又北二百五十里曰少陽之山其上多玉其下多赤銀銀之精也酸水出焉而東流注于汾水其中多美赭管子曰山上有赭者其下有鐵

又北五十里曰縣雍之山今在晉陽縣西名汲甕雍音甕其上多玉其下多銅其獸多閭麋閭即羭也似驢而歧蹄角如麢羊一名山驢周書曰北唐以閭亦見鄉射禮其鳥多白翟白鶴即白鵫也音于六反晉水出焉而東南流注于汾水東過晉陽南又東入汾其中多鮆魚其狀如儵而赤鱗小魚曰儵其音如叱食之不驕或作騷騷臭也

又北二百里曰狐岐之山無草木多青碧勝水出焉而東北流注于汾水其中多蒼玉

又北三百五十里曰白沙山廣員三百里盡沙也無草木鳥獸鮪水出于其上潛于其下出山之頂停其底也是多白玉

又北四百里曰爾是之山無草木無水

又北三百八十里曰狂山無草木是山也冬夏有雪狂水出焉而西流注于浮水其中多美玉

又北三百八十里曰諸餘之山其上多銅玉其下多松栢諸餘之水出焉而東流注于旄水

又北三百五十里曰敦頭之山其上多金玉無草木旄水出焉而東流注于印澤其中多䮝馬音勃牛尾而白身一角其音如呼

又北三百五十里曰鉤吾之山其上多玉其下多銅有獸焉其狀如羊身人面其目在腋下虎齒人爪其音如嬰兒名曰狍鴞是食人為物貪惏食人未盡還害其身像在夏鼎左傳所謂饕餮是也

咆

又北三百里曰北囂之山無石其陽多碧其陰多玉有獸焉其狀如虎而白身犬首馬尾彘鬣名曰獨狢（音谷）有鳥焉其狀如烏人面名曰鵥鶥（般冒兩音或作夏也）宵飛而晝伏（鵂鶹之屬）食之已暍（中熱也音謁）涔水出焉而東流注于邛澤

又北三百五十里曰梁渠之山無草木多金玉脩水出焉而東流注于鴈門（水名）其獸多居暨其狀如彙而赤毛（彙似鼠赤毛如刺也猬彙音渭）其音如豚有鳥焉其狀如夸父（或作舉父）四翼一目犬尾名曰囂其音如鵲食之已腹痛可以止衕（治洞下也音洞）

又北四百里曰姑濯之山無草木是山也冬夏有雪

又北三百八十里曰湖灌之山其陽多玉其陰多碧多馬

湖灌之水出焉而東流注于海其中多䱻（亦鱓魚字）有木焉

其葉如柳而赤理

又北水行五百里流沙三百里至于洹山其上多金玉三

桑生之其樹皆無枝其高百仞百果樹生之其下多怪

蛇

又北三百里曰敦題之山無草木多金玉是錞于北海

凡北次二經之首自管涔之山至于敦題之山凡十七

山五千六百九十里其神皆蛇身人面其祠毛用一雄

雞彘瘞(埋之)用一璧一珪投而不糈(擿玉於山中禮神不埋之也)

北次三經之首曰太行之山(今在河内野王縣西北行音户剛反)其首曰

歸山其上有金玉其下有碧有獸焉其狀如麢羊而四角

馬尾而有距其名曰驒善還(還旋旋儛也驒音暉)其鳴自訆有鳥

焉其狀如鵲白身赤尾六足其名曰鷶(音犇)是善驚其

鳴自詨(今吴人謂呼爲詨詨音呼交反)

又東北二百里曰龍侯之山無草木多金玉決決之水出

焉(音詨)而東流注于河其中多人魚其狀如鯑魚四足其

音如嬰兒(鯑見山中經或曰人魚即鯢也似鮎而四脚聲如小兒啼今亦呼鮎爲鯑音蹄)食之

無癡疾

又東北二百里曰馬成之山其上多文石其陰多金玉有獸焉其狀如白犬而黑頭見人則飛言肉翅飛行自在其名曰天馬其鳴自訆有鳥焉其狀如烏首白而身青足黃是名曰鶌鶋屈居二音或作鳴其鳴自詨食之不飢可以已寓未詳或曰寓猶誤也

又東北七十里曰咸山其上有玉其下多銅是多松栢草多茈草條菅之水出焉菅音間而西南流注于長澤其中多器酸三歲一成所未詳也食之已癘

又東北二百里曰天池之山其上無草木多文石有獸焉其狀如兔而鼠首以其背飛用其背上毛飛飛則仰也其名曰飛鼠

滱水出焉潛于其下停山底也其中多黃堊堊土也
又東三百里曰陽山其上多玉其下多金銅有獸焉其狀
如牛而赤尾其頸腎其狀如勾瞿言頸上有肉腎勾瞿斗也音劬其名
曰領胡其鳴自詨食之已狂有鳥焉其狀如雌雉而五
彩以文是自爲牝牡名曰象蛇其鳴自詨留水出焉而
南流注于河其中有鮥父之魚音陷其狀如鮒魚魚首而
彘身食之已嘔
又東三百五十里曰賁聞之山其上多蒼玉其下多黃堊
多涅石
又北百里曰王屋之山今在河東東垣縣北書曰至于王屋也是多石𨛫水出

焉灓音鑾而西北流注于泰澤地理志王屋山沇水所出灓沇聲相近殆一水耳沇則濟也

又東北三百里曰敎山其上多玉而無石敎水出焉西流注于河是水冬乾而夏流實惟乾河今河東聞喜縣東北有乾河口因名乾河里但有故溝處無復水即是也其中有兩山是山也廣員三百步其名曰發九之山其上有金玉

又南三百里曰景山外傳曰景霍以爲城南望鹽販之澤即鹽池也今在河東猗氏縣或無販字北望少澤其上多草藷藇根似羊蹄可食曙豫二音今江南單呼爲藷音儲語有輕重耳其草多秦椒子似椒而細葉草也其陰多赭其陽多玉有鳥焉其狀如蛇而四翼六目三足名曰酸與其鳴自詨見則其邑有恐或曰食之不醉

又東南三百二十里曰孟門之山尸子曰龍門未闢未鑿河出於孟門之上大溢逆流無有丘陵高阜滅之名曰洪水穆天子傳曰北升孟門九河之澄其上多蒼玉多金其下多黃堊多涅石

又東南三百二十里曰平山平水出于其上潛于其下是多美玉

又東三百里曰京山有美玉多漆木多竹其陽有赤銅其陰有玄礵黑砥石也尸子曰加玄黃砥明色非一也礵音竹篠之篠高水出焉南流注于河

又東二百里曰虫尾之山其上多金玉其下多竹多青碧丹水出焉南流注于河薄水出焉淮南子曰薄水出鮮于山而東南

流注于黄澤

又東三百里曰彭毗之山其上無草木多金玉其下多水

蚤林之水出焉音早東南流注于河肥水出焉而南流注

于牀水其中多肥遺之蛇

又東百八十里曰小侯之山明漳之水出焉南流注于黄

澤有鳥焉其狀如烏而白文名曰鴣鸐姑習二音食之不灂不瞧目也或作瞧音醮

又東三百七十里曰泰頭之山共水出焉音恭南注于虖池呼佗二音下同其上多金玉其下多竹箭

又東北二百里曰軒轅之山其上多銅其下多竹有鳥焉

其狀如梟而白首其名曰黃鳥其鳴自詨食之不妒

又北二百里曰謁戾之山今在上黨郡涅縣其上多松栢有金玉沁水出焉南流注于河至榮陽縣東北入河或出穀遠縣羊頭山也其東有林焉名曰丹林丹林之水出焉南流注于河嬰侯之水出焉北流注于汜水

東三百里曰沮洳之山詩云彼汾沮洳無草木有金玉濝水出焉音其南流注于河今淇水出汲郡隆慮縣大號山東過河內縣南爲白溝

又北三百里曰神囷之山音如倉囷之囷其上有文石其下有白蛇有飛蟲黃水出焉而東流注于洹洹水出汲郡林慮縣東北至魏郡長樂入清水洹音丸滏水出焉而東流注于歐水滏水今出臨水縣西釜口山經

鄴西北至列人縣入于漳其水熱

又北二百里曰發鳩之山 今在上黨郡長子縣西 其上多柘木有鳥焉其狀如烏文首白喙赤足名曰精衛其鳴自詨是炎帝之少女名曰女娃 炎帝神農也娃惡佳反語誤或作階 女娃遊于東海溺而不返故爲精衛常銜西山之木石以堙于東海 堙塞也音因 漳水出焉 濁漳音章 東流注于河 或曰出長子縣鹿谷山而東至鄴入清漳

又東北百二十里曰少山 今在樂平郡沾縣沾縣故屬上黨 其上有金玉其下有銅清漳之水出焉東流于濁漳之水 清漳出少山大繩谷至武安縣南暴宮邑入于濁漳或曰東北至邑城入于大河也

又東北二百里曰錫山其上多玉其下有砥牛首之水出

焉而東流注于滏水

又北二百里曰景山有美玉景水出焉東南流注于海澤

又北百里曰題首之山有玉焉多石無水

又北百里曰繡山其上有玉青碧其木多栒（木中枚也音荀）其草多芍藥芎藭（芍藥一名辛夷亦香草屬）洧水出焉而東流注于河其中有鱯（鱯似鮎而大白色也）黽（鼃黽似蝦蟇小而青或曰鱯黽一物名耳）

又北百二十里曰松山陽水出焉東北流注于河

又北百二十里曰敦與之山其上無草木有金玉溹水出于其陽（音悉各反）而東流注于泰陸之水（大陸水今鉅鹿北廣平澤即其水）泜水出于其陰（音抵辟也）而東流注于彭水（今泜水出中丘縣西窮泉谷東

陸于堂陽縣入于漳水槐水出焉而東流注于泜澤

又北百七十里曰柘山其陽有金玉其陰有鐵歷聚之水出焉而北流注于洧水

又北三百里曰維龍之山其上有碧玉其陽有金其陰有鐵肥水出焉而東流注于皋澤其中有礨石〔未詳也音雷或作壘〕〔礨壘大石皃或曰石名〕敞鐵之水出焉而北流注于大澤

又北百八十里曰白馬之山其陽多石玉其陰多鐵多赤銅木馬之水出焉而東北流注于虖沱〔呼佗二音〕

又北二百里曰空桑之山無草木〔上已有此山疑同名也〕冬夏有雪空桑之水出焉東注于虖沱

又北三百里曰泰戲之山無草木多金玉有獸焉其狀如羊一角一目目在耳後其名曰辣辣音屋棟之棟其鳴自訆虖池之水出焉今虖池水出鴈門鹵成縣南武夫山而東流注于漊水音樓液女之水出于其陽南流注于沁水液音悅澤之懌

又北三百里曰石山多藏金玉濩濩之水出焉濩音尺蠖之蠖而東流注于虖池鮮于之水出焉而南流注于虖池

又北二百里曰童戎之山皐涂之水出焉而東流注于漊液水

又北三百里曰高是之山今在北地靈丘縣滋水出焉音慈而南流注于虖池其木多椶其草多條滱水出焉音彄東流注于

河過博陵縣南又東北入于易水

又北三百里曰陸山多美玉𨛬水出焉𨛬或作郯水而東流注于河

又北二百里曰沂山音祈般水出焉音盤而東流注于河

北百二十里曰燕山多嬰石言石似玉有符彩嬰帶所謂燕石者燕水出焉東流注于河

又北山行五百里水行五百里至于饒山是無草木多瑶碧其獸多橐駝其鳥多鶹未詳或曰鵂鶹也歷虢之水出焉而東流注于河其中有師魚食之殺人未詳或作鯢

又北四百里曰乾山無草木其陽有金玉其陰有鐵而無

水有獸焉其狀如牛而三足其名曰獂音元其鳴自詨

又北五百里曰倫山倫水出焉而東流注于河有獸焉其狀如麋其川在尾上川竅也其名曰羆

又北五百里曰碣石之山水經曰碣石山今在遼西臨渝縣南水中或曰在右北平驪城縣海邊山繩水出焉而東流注于河其中多蒲夷之魚未詳其上有玉其下多青碧

又北水行五百里至于鴈門之山無草木鴈門山即北陵西隃鴈之所出因以名云在高柳北

又北水行四百里至于泰澤其中有山焉曰帝都之山廣員百里無草木有玉金

又北五百里曰錞于毋逢之山北望雞號之山其風如飈飈急風皃也音戾或云飄風也西望幽都之山浴水出焉浴即黑水也是有大蛇赤首白身其音如牛見則其邑大旱

凡北次三經之首自太行之山以至于無逢之山凡四十六山萬二千三百五十里其神狀皆馬身而人面者廿神其祠之皆用一藻茝瘞之藻聚藻茝香草蘭之類音昌代反其十四神狀皆彘身而載玉其祠之皆玉不瘞不埋所用玉也其十神狀皆彘身而八足蛇尾其祠之皆用一璧瘞之大凡四十四神皆用稌糈米祠之此皆不火食

右北經之山志凡八十七山二萬三千二百三十里

東山經第四　郭氏傳

東山經之首曰樕𧓾之山（速株二音）北臨乾昧（亦山名也音妹）食水出焉而東北流注于海其中多鱅鱅之魚（音容）其狀如犂牛（牛似虎文者）其音如彘鳴

又南三百里曰藟山（音誄）其上有玉其下有金湖水出焉東流注于食水其中多活師（科斗也爾雅謂之活東）

又南三百里曰栒狀之山其上多金玉其下多青碧石有獸焉其狀如犬六足其名曰從從其鳴自詨有鳥焉其狀如鷄而鼠毛其名曰𧑒鼠（音咨）見則其邑大旱沢水出焉（音枳）而北流注于湖水其中多箴魚其狀如儵其喙如

箴出東海今江東水中亦有之食之無疫疾

又南三百里曰勃亝之山無草木無水

又南三百里曰番條之山無草木多沙減水出焉音同減損之減

北流注于海其中多鱤魚一名黃頰音感

又南四百里曰姑兒之山其上多漆其下多桑柘姑兒之

水出焉北流注于海其中多鱤魚

又南四百里曰高氏之山其上多玉其下多箴石可以爲砥針治

癰腫者諸繩之水出焉東流注于澤其中多金玉

又南三百里曰嶽山其上多桑其下多樗濼水出焉音櫟東

流注于澤其中多金玉

又南三百里曰犲山其上無草木其下多水其中多堪孖之魚（未詳音序）有獸焉其狀如夸父而彘毛其音如呼見則天下大水

又南三百里曰獨山其上多金玉其下多美石末塗之水出焉而東南流注于沔其中多條蠩（條容二音）其狀如黃蛇魚翼出入有光見則其邑大旱

又南三百里曰泰山（即東嶽岱宗也今在泰山奉高縣西北從山下至頂四十八里三百步也）其上多玉其下多金有獸焉其狀如豚而有珠名曰狪狪（音如吟恫之恫）其名自訆環水出焉東流注于江（一作海）其中多水玉

又南三百里曰竹山錞于江之作涯無草木多瑤碧激水出焉而東南流注于娶檀之水其中多茈蠃

凡東山經之首自樕螽之山以至于竹山凡十二山三千六百里其神狀皆人身龍首祠毛用一犬祈聑用魚以血塗祭爲聑也公羊傳云蓋叩其鼻以聑社音鈞餌之餌

東次二經之首曰空桑之山此山出琴瑟材見周禮也北臨食水東望沮吳南望沙陵西望涽澤音旻有獸焉其狀如牛而虎文其音如欽或作吟其名曰軨軨音靈其鳴自叫見則天下大水

又南六百里曰曹夕之山其下多穀而無水多鳥獸

又西南四百里曰嶧皋之山音亦其上多金玉其下多白堊嶧皋之水出焉東流注于激女之水其中多蜃珧蜃蚌也珧玉珧亦蚌屬腎遙兩音

又南水行五百里流沙三百里至于葛山之尾無草木多砥礪

又南三百八十里曰葛山之首無草木澧水出焉音禮東流注于余澤其中多珠鱉魚音鼈其狀如肺而有目六足有珠其味酸甘食之無癘無時氣病也呂氏春秋曰澧水之魚名曰朱鱉六足有珠魚之美也

又南三百八十里曰餘峩之山其上多梓柟其下多荆

芑雜余之水出焉東流注于黃水有獸焉其狀如菟而鳥喙鴟目蛇尾見人則眠言佯死也名曰犰狳仇餘二音其鳴自訆見則螽蝗爲敗螽蝗類也言傷敗田苗音終

又南三百里曰杜父之山無草木多水

又南三百里曰耿山無草木多水碧亦水玉類多大蛇有獸焉其狀如狐而魚翼其名曰朱獳音儒其鳴自叫見則其國有恐

又南三百里曰盧其之山無草木多沙石沙水出焉南流注于涔水其中多鵹鶘音黎其狀如鴛鴦而人足其鳴自訆見則其國多土功今鵜胡足頗有似人腳形狀也

又南三百八十里曰姑射之山無草木多水
又南水行三百里流沙百里曰北姑射之山無草木多石
又南三百里曰南姑射之山無草木多水
又南三百里曰碧山無草木多大蛇多碧水玉
又南五百里曰緱氏之山無草木多金玉原水出焉東流
注于沙澤一曰俠氏之山
又南三百里曰姑逢之山無草木多金玉有獸焉其狀如
狐而有翼其音如鴻鴈其名曰獙獙音斃見則天下大旱
又南五百里曰鳧麗之山其上多金玉其下多箴石有獸焉
其狀如狐而九尾九首虎爪名曰蠪姪龍姪二音其音如嬰

見是食人

又南五百里曰碮山音一真反南臨碮水東望湖澤有獸焉其狀如馬而羊目四角牛尾其音如獆狗其名曰筱筱音敝見則其國 狡客狡狡猾也有鳥焉其狀如鳧而鼠尾善登木其名曰絜鉤見則其國多疫

凡東次二經之首自空桑之山至于碮山凡十七山六千六百四十里其神狀皆獸身人面載觡麋鹿屬角為觡音格其祠毛用一雞祈嬰用一璧瘞

又東次三經之首曰尸胡之山北望殍山音詳其上多金玉其下多棘有獸焉其狀如麋而魚目名曰妴胡音[illegible]

自訓
又南水行八百里曰岐山其木多桃李其獸多虎
又南水行五百里曰諸鉤之山無草木多沙石是山也廣員百里多寐魚即鮇魚音味
又南水行七百里曰中父之山無草木多沙
又東水行千里曰胡射之山無草木多沙石
又南水行七百里曰孟子之山其木多梓桐多桃李其草多菌蒲未詳音䐃䐃之䐃其獸多麋鹿是山也廣員百里其上有水出焉名曰碧陽其中多鱣鮪鮪即鱏也似鱣而長鼻體無鱗甲別名魱鱣一名鱣也

又南水行五百里曰流沙行五百里有山焉曰跂踵之山跂音企廣員二百里無草木有大蛇其上多玉有水焉廣員四十里皆涌今河東汾陰縣有瀵水源在地底濆沸涌出其深無限即此類也其名曰深澤其中多蠵龜蠵觜蠵大龜也甲有文彩似瑇瑁而薄音遺知反有魚焉其狀如鯉而六足鳥尾名曰鮯鮯之魚音蛤其鳴自叫

又南水行九百里曰踇隅之山踇音敏字其上有草木多金玉多赭有獸焉其狀如牛而馬尾名曰精精其鳴自叫

又南水行五百里流沙三百里至于無皐之山南望幼海即少海也淮南子曰東方大渚曰少海東望榑木扶桑二音無草木多風是山也廣員百里

凡東次三經之首自尸胡之山至于無睪之山凡十九山六千九百里其神狀皆人身而羊角其祠用一牡羊米用黍是神也見則風雨水為敗

又東次四經之首曰北號之山臨于北海有木焉其狀如楊赤華其實如棗而無核其味酸甘食之不瘧食水出焉而東北流注于海有獸焉其狀如狼赤首鼠目其音如豚名曰猲狙葛苴二音是食人有鳥焉其狀如鷄而白首鼠足而虎爪其名曰鬿雀音祈亦食人

又南三百里曰旄山無草木蒼體之水出焉而西流注于展水其中多鱃魚今蝦鰌字亦或作鱃秋音其狀如鯉而大首食

者不疣

又南三百二十里曰東始之山上多蒼玉有木焉其狀如楊而赤理其汁如血不實其名曰芑音起可以服馬以汁塗之則馬調良泚水出焉而東北流注于海其中多美貝多茈魚其狀如鮒一首而十身其臭如蘪蕪食之不糟孚謂反止失氣也

又東南三百里曰女烝之山其上無草木石膏水出焉而西注于鬲水其中多薄魚其狀如鱣魚而一目其音如歐如人嘔吐聲也見則天下大旱

又東南二百里曰欽山多金玉而無石師水出焉而北流

注于臯澤其中多鱃魚多文貝有獸焉其狀如豚而有
牙其名曰當康其鳴自叫見則天下大穰
又東南二百里曰子桐之山子桐之水出焉而西流注于
餘如之澤其中多䱻魚音滑其狀如魚而鳥翼出入有光
其音如鴛鴦見則天下大旱
又東北二百里曰剡山多金玉有獸焉其狀如彘而人面
黄身而赤尾其名曰合窳音庾其音如嬰兒是獸也食人
亦食蟲蛇見則天下大水
又東二百里曰太山上多金玉楨木女楨也葉冬不凋有獸焉其
狀如牛而白首一目而蛇尾其名曰蜚音如翡翠之翡行水則

竭行草則死見則天下大疫言其體含災氣也其銘曰蜚之為名體似無害所經枯竭甚於鴆厲萬物斷懼思爾遐逝鉤水出焉而北流注于勞水其中多鱃魚

凡東次四經之首自北號之山至于大山凡八山一千七百二十里

右東經之山志凡四十六山萬八千八百六十里

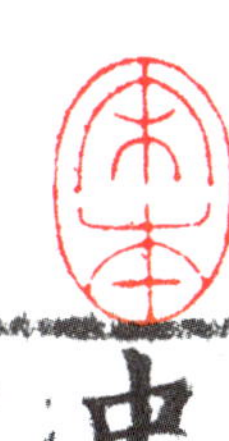

中山經第五　　郭氏傳

中山經薄山之首曰甘棗之山共水出焉音恭而西流注于河其上多杻木其下有草焉葵本而杏葉或作楛葉黃華而莢實名曰籜他落反可以已瞢音盲有獸焉其狀如鼣鼠而文題鼣鼠所未詳音吠字亦或作吠其名曰難音那或作熊也食之已癭

又東二十里曰歷兒之山其上多橿多櫔木音厲是木也方莖而員葉黃華而毛其實如揀楝木名子如指頭白而黏可以浣衣也音練或作簡服之不忘

又東十五里曰渠豬之山其上多竹渠豬之水出焉而南流注于河其中是多豪魚狀如鮪鮪似鱣也赤喙尾赤羽可以

已白癬

又東三十五里曰葱聾之山其中多大谷是多白堊黑青黄堊言有雜色堊也

又東十五里曰涹山音倭其上多赤銅其陰多鐵

又東七十里曰脫扈之山有草焉其狀如葵葉而赤華莢實實如椶莢今椶木莢似皁莢也名曰植楮可以已癙癙病也淮南子曰貍頭已癙也食之不眯

又東二十里曰金星之山多天嬰其狀如龍骨可以已痤癰痤也

又東七十里曰泰威之山其中有谷曰梟谷其中多鐵或作

谷字

又東十五里曰橿谷之山其中多赤銅（或作檀谷之山）

又東百二十里曰吴林之山其中多葌草（亦菅字）

又北三十里曰牛首之山（今長安西南有牛首山上有館下有水未知此是非）有草焉名曰鬼草其葉如葵而赤莖其秀如禾服之不憂勞水出焉而西流注于潏水（音如譎詐之譎）是多飛魚其狀如鮒魚食之已痔衕

又北四十里曰霍山（今平陽永安縣廬江灊縣晉安羅江縣河南鞏縣皆有霍山明山以霍爲名者非一矣案爾雅大山繞小山爲霍）其木多穀有獸焉其狀如貍而白尾有鬣名曰朏朏養之可以已憂（謂畜養之也普昧反）

又北五十二里曰合谷之山是多薝棘未詳音瞻

又北三十五里曰陰山亦曰險山多礪石文石礪石石中磨者少水出焉其中多彫棠其葉如榆葉而方其實如赤菽菽豆食之已聾

又東北四百里曰鼓鐙之山多赤銅有草焉名曰榮草其葉如柳其本如雞卵食之已風

凡薄山之首自甘棗之山至于鼓鐙之山凡十五山六千六百七十里歷兒冢也其祠禮毛太牢之具縣以吉玉縣祭山之名也見爾雅其餘十三山者毛用一羊縣嬰用桑封瘞而不糈桑封者桑主也方其下而銳其上而中穿之

加金言作神主而祭以金銀飾之也公羊傳曰虞主用桑主或作玉

中次二經濟山之首曰煇諸之山其上多桑其獸多閭麋其鳥多鶡似雉而大青色有毛勇健鬭死乃止音曷出上黨也

又西南二百里曰發視之山其上多金玉其下多砥礪即魚之水出焉而西流注于伊水

又西三百里曰豪山其上多金玉而無草木

又西三百里曰鮮山多金玉無草木鮮水出焉而北流注于伊水其中多鳴蛇其狀如蛇而四翼其音如磬見則其邑大旱

又西三百里曰陽山多石無草木陽水出焉而北流注于

伊水其中多化蛇其狀如人面而豺身鳥翼而蛇行其音如叱呼見則其邑大水

又西二百里曰昆吾之山其上多赤銅此山出名銅色赤如火以之作刀切玉如割泥也周穆王時西戎獻之尸子所謂昆吾之劍也越絕書曰赤堇之山破而出錫若耶之谷涸而出銅歐冶子因以爲純鈎之劍汲郡冢中得銅劍一枚長三尺五寸乃今所名爲干將劍汲郡亦皆非鐵也明古者通以錫雜銅爲兵器也有獸焉其狀如彘而有角其音如號如人號哭名曰蠪蚳上已有此獸疑同名食之不眯

又西百二十里曰葌山音閒葌水出焉而北流注于伊水其上多金玉其下多青雄黃有木焉其狀如棠而赤葉名曰芒草音忘可以毒魚

又西一百五十里曰獨蘇之山無草木而多水

又西二百里曰蔓渠之山其上多金玉其下多竹箭伊水出焉而東流注于洛（今伊水出上洛盧氏縣熊耳山東北至河南洛陽縣入洛）有獸焉其名曰馬腹其狀如人面虎身其音如嬰兒是食人

凡濟山經之首自煇諸之山至于蔓渠之山凡九山一千六百七十里其神皆人面而鳥身祠用毛（擇用毛色）用一吉玉投而不糈

中次三經萯山之首曰敖岸之山（或作獻萯音倍）其陽多㻬琈之玉其陰多赭黃金神熏池居之是常出美玉（或作石）北望河林其狀如蒨如舉（說者云蒨舉皆木名也未詳蒨音倩）有獸焉其狀

如白鹿而四角名曰夫諸見則其邑大水

又東十里曰青要之山實維帝之密都（天帝曲密之邑）北望河曲（河千里一曲一直也）是多駕鳥（未詳也或曰駕宜爲鴐鴐鵞也音加）南望墠渚（水中小洲名渚墠音填也）禹父之所化（鯀化於羽淵爲黃熊今復云在此然則一已有變怪之性者亦無往而不化也）是多僕纍蒲盧（僕纍蝸牛也爾雅曰蒲盧者螟蛉也）䰠武羅司之（武羅神名䰠即神字）其狀人面而豹文小要而白齒（或作首）而穿耳以鐻（鐻金銀器之名未詳也音渠）其鳴如鳴玉（如人鳴玉佩聲）是山也宜女子畛水出焉（音軫）而北流注于河其中有鳥焉名曰鴢（音如窈窕之窈）其狀如鳧青身而朱目赤尾食之宜子（朱淺赤也）有草焉其狀如葌（菅似茅也）而方莖黃華赤實其本如藁本（根似藁本亦香草）

名曰荀草或作苞草服之美人色令人更美豔
又東十里曰騩山音巍其上有美棗其陰有㻬琈之玉正
回之水出焉而北流注于河其中多飛魚其狀如豚而
赤文服之不畏雷可以禦兵
又東四十里曰宜蘇之山其上多金玉其下多蔓
居之木未詳滽滽之水出焉音容而北流注于河是多
黄貝
又東二十里曰和山其上無草木而多瑤碧實惟河之
九都九水所潛故曰九都是山也五曲曲回五重九水出焉合而北流
注于河其中多蒼玉吉神泰逢司之吉猶善也其狀如人而

虎尾或作雀尾是好居于萯山之陽出入有光太逢神動天地氣也言其有靈爽能興雲雨也夏后孔甲田於萯山之下天大風晦冥孔甲迷惑入于民室見吕氏春秋也

凡萯山之首自敖岸之山至于和山凡五山四百四十里其祠太逢熏池武羅皆一牡羊副副謂破羊骨磔之以祭也見周禮音悃愊之愊嬰用吉玉其二神用一雄鷄瘗之糈用稌

中次四經釐山之首音狸曰鹿蹄之山其上多玉其下多金甘水出焉而北流注于洛其中多泠石未聞也泠或作涂西五十里曰扶豬之山其上多礝石音耎今鴈門山中出礝石白者如冰半中有赤色者有獸焉其狀如貉而人目貉或作貛古字其名曰麐音銀

或作檗號水出焉而北流注于洛其中多瑌石言亦出水中

又西一百二十里曰釐山其陽多玉其陰多蒐音搜茅蒐今之蒨草也有獸焉其狀如牛蒼身其音如嬰兒是食人其名曰犀渠濂濂之水出焉而南流注于伊水有獸焉名曰獺音蒼頡之頡其狀如獳犬而有鱗其毛如彘鬣生鱗間也

又西二百里曰箕尾之山多穀多涂石其上多㻬琈之玉

又西二百五十里曰柄山其上多玉其下多銅滔雕之水出焉而北流注于洛其中多羬羊有木焉其狀如樗其葉如桐而莢實其名曰茇可以毒魚茇一作艾

又西二百里曰白邊之山其上多金玉其下多青雄黃

又西二百里曰熊耳之山（今在上洛縣南）其上多漆其下多椶浮濠之水出焉而西流注于洛其中多水玉多人魚有草焉其狀如蘇而赤華名曰葶薴（亭寧耵聹二音）可以毒魚

又西三百里曰牡山其上多文石其下多竹箭竹䉋其獸多㸲牛羬羊鳥多赤鷩（音閉即鷩雉也）

又西三百五十里曰讙舉之山雒水出焉而東北流注于玄扈之水其中多馬腸之物此二山者洛間也（洛水今出上洛縣冢嶺山河圖曰玄扈洛汭謂此間也）

凡釐山之首自鹿蹄之山至于玄扈之山凡九山千六百七十里其神狀皆人面獸身其祠之毛用一白雞祈而不

糈（言直祈糈）以彩衣之（以彩飾雞）

中次五經薄山之首曰苟牀之山（或作苟林山）無草木多怪石（怪石似玉也書曰鉛松怪石也）

東三百里曰首山其陰多穀柞草多茱芫（茱山薊也芫華中藥）其陽多㻬琈之玉木多槐其陰有谷曰机谷多䳋鳥（音如鉗鈦之鈦）其狀如梟而三目有耳其音如錄食之已墊（未聞）

又東三百里曰縣斸之山（音如斤斸之斸）無草木多文石

又東三百里曰葱聾之山無草木多摩石（未詳）

東北五百里曰條谷之山其木多槐桐其草多芍藥蘴冬（本草經曰蘴冬一名滿冬今作門俗作耳）

又北十里曰超山其陰多蒼玉其陽有井冬有水而夏竭

又東五百里曰成侯之山其上多櫄木（似樗樹材中車轅吳人呼櫄音輴車或曰輴車）其草多芃

又東五百里曰朝歌之山谷多美堊

又東五百里曰槐山谷多金錫

又東十里曰歷山其木多槐其陽多玉

又東十里曰尸山多蒼玉其獸多麖（似鹿而小黑色）尸水出焉南流注于洛水其中多美玉

又東十里曰良餘之山其上多穀柞無石餘水出于其陰而北流注于河乳水出于其陽而東南流注于洛

又東南十里曰蠱尾之山多礪石赤銅龍餘之水出焉而東南流注于洛

又東北二十里曰升山其木多穀柞棘其草多藷藇蕙蕙香草多寇脫寇脫草生南方高丈許似荷葉而莖中有黄也瓤正白零桂人植而日灌之以爲樹也黄酸之水出焉而北流注于河其中多璇玉石次玉者也孫卿曰璇瑰珠不知佩音旋

又東十二里曰陽虛之山多金臨于玄扈之水河圖曰蒼頡爲帝南巡狩登陽虛之山臨于玄扈洛汭靈龜負書丹甲青文以授之出此水中也

凡薄山之首自苟林之山至于陽虛之山凡十六山二千九百八十二里升山冢也其祠禮大牢嬰用吉玉首

山䰠也其祠用稌黑犧大牢之具糵釀以糵作醴酒也干儛干儛萬儛干楯也置鼓擊之以儛嬰用一璧尸水合天也天神之所馮也肥牲祠之用一黑犬于上用一雌雞于下刉一牝羊獻血以血祭也刉猶封也周禮曰刉珥奉犬牲嬰用吉玉彩之又加以繒綵之飾也饗之勸彊之也特牲饋食禮曰執奠祝饗是也

中次六經縞羝山之首曰平逢之山南望伊洛東望穀城之山在濟北穀城縣西黃石公石在此山下張良取以合葬爾無草木無水多沙石有神焉其狀如人而二首名曰驕蟲是爲螫蟲爲螫蟲之長實惟蜂蜜之廬言群蜂之所舍集蜜赤蜂名其祠之用一雄雞禳而勿殺禳亦祭名謂禳卻惡氣也

西十里曰縞羝之山無草木多金玉

又西十里曰廆山音如瓌偉之瓌其陰多㻬琈之玉其西有谷焉名曰雚谷其木多柳楮其中有鳥焉狀如山鷄而長尾赤如丹火而青喙名曰鴒鷃鈐要二音其鳴自呼服之不眯交觴之水出于其陽而南流注于洛俞隨之水出于其陰而北流注于穀水

又西三十里曰瞻諸之山其陽多金其陰多文石谢水出焉音謝而東南流注于洛少水出其陰而東流注于穀水世謂之慈澗

又西三十里曰婁涿之山無草木多金玉瞻水出于其陽

而東流注于洛陂水出于其陰（世謂之百荅水）而北流注于穀水其中多茈石文石

又西四十里曰白石之山惠水出于其陽而南流注于洛其中多水玉澗水出于其陰（書曰伊洛瀍澗）西北流注于穀水其中多麋石櫨丹（皆未聞）

又西五十里曰穀山其上多穀其下多桑爽水出焉（世謂之紵麻澗）而西北流注于穀水其中多碧綠

又西七十二里曰密山（今滎陽密縣亦有密山疑非也）其陽多玉其陰多鐵豪水出焉而南流注于洛其中多旋龜其狀鳥首而鱉尾其音如判木無草木

又西百里曰長石之山無草木多金玉其西有谷焉名曰共谷多竹共水出焉西南流注于洛其中多鳴石晉永康元年襄陽郡上鳴石似玉色青撞之聲聞七八里今零陵泉陵縣永正鄉有鳴石二所其一狀如鼓俗因名為石鼓即此類也

又西一百四十里曰傅山無草木多瑤碧厭染之水出于其陽而南流注于洛其中多人魚其西有林焉名曰墦冢音番穀水出焉而東流注于洛今穀水出穀陽谷東北至穀城縣入洛河其中多珚玉珚未聞也音煙

又西五十里曰橐山其木多樗多𣗲木今蜀中有𣗲木七八月中吐穗穗成如有鹽粉著狀可以酢羹音備其陽多金玉其陰多鐵多蕭蕭蒿見爾雅橐

水出焉而北流注于河其中多脩辟之魚狀如黽黽蛙屬也而白喙其音如鴟食之已白癬

又西九十里曰常烝之山無草木多堊潐水出焉音譙而東北流注于河其中多蒼玉菑水出焉而北流注于河

又西九十里曰夸父之山其木多椶柟多竹箭其獸多㸲牛羬羊其鳥多赤鷩其陽多玉其陰多鐵其北有林焉名曰桃林是廣員三百里其中多馬桃林今弘農湖縣闅鄉南谷中是也饒野馬山羊山牛也湖水出焉而北流注于河其中多珚玉

又西九十里曰陽華之山其陽多金玉其陰多青雄黃其草多藷藇多苦辛其狀如橚即楸字也其實如瓜其味酸甘

食之已瘧楊水出焉而西南流注于洛其中多人魚門水出焉而東北流注于河其中多玄礵黑砥石生水中緒姑之水出于其陰緒音藉而東流注于門水其上多銅門水至于河七百九十里入雒水

凡縞羝山之首自平逢之山至于陽華之山凡十四山七百九十里嶽在其中以六月祭之六月亦歲之中如諸嶽之祠法則天下安寧

中次七經苦山之首曰休與之山與或作輿下同其上有石焉名曰帝臺之棋帝臺神人名棋謂博棋也五色而文其狀如鶉卵帝臺之石所以禱百神者也禱祀百神則用此石服之不蠱有草焉

其狀如著赤葉而本叢生名曰夙條可以為簳中箭笴也東三百里曰鼓鐘之山帝臺之所以觴百神也舉觴燕會則於此山因名爲鼓鍾也有草焉方莖而黃華員葉而三成葉三重也其名曰焉酸可以為毒爲治毒其上多礪其下多砥又東二百里曰姑媱之山媱或無之山字帝女死焉其名曰女尸化為䔄草其葉胥成言葉相重也䔄亦音遙其華黃其實如菟丘菟丘菟絲也見爾雅服之媚於人爲人所愛也傳曰人服媚之如是一名荒夫草又東二十里曰苦山有獸焉名曰山膏其狀如逐即豚字赤若丹火善詈好罵人其上有木焉名曰黃棘黃華而員葉其實如蘭服之不字字生也易曰女子貞不字有草焉員葉而無莖

赤華而不實名曰無條服之不癭

又東二十七里曰堵山神天愚居之是多怪風雨其上有木焉名曰天楄（音鞭）方莖而葵狀服者不噎（食不噎也）

又東五十二里曰放皐之山（放或作効又作牧）明水出焉南流注于伊水其中多蒼玉有木焉其葉如槐黄華而不實其名曰蒙木服之不惑有獸焉其狀如蜂枝尾而反舌善呼（好呼唤也）其名曰文文

又東五十七里曰大𦐂之山多㻬琈之玉多麋王誺有草焉其狀葉如榆方莖而蒼傷其名曰牛傷（猶言牛棘）其根蒼文服者不厥（厥逆氣病）可以禦兵其陽狂水出焉西南流注

于伊水其中多三足龜（今吴興陽羨縣有君山山上有池水中有三足六眼龜鼈龜三足者名賁出爾雅）食者無大疾可以已腫

又東七十里曰半石之山其上有草焉生而秀其高丈餘赤葉赤華華而不實（初生先作穗却著葉花生穗間）其名曰嘉榮服之者不霆（不畏雷霆霹靂也音廷搏之廷）來需之水出于其陽而西流注于伊水其中多鯩魚（音倫）黑文其狀如鮒食者不睡合水出于其陰而北流注于洛多螣魚（音騰）狀如鱖居逵（鱖魚大口大目細鱗有斑彩逵水中之穴道交通者鱖音劌）倉文赤尾食者不癰可以為瘻（瘻癰屬也中多有蟲淮南子曰雞頭巳瘻瘻音漏）

又東五十里曰少室之山（今在河南陽城西俗名泰室）百草木成囷（未詳）

其上有木焉其名曰帝休葉狀如楊其枝五衢言樹枝交錯相重五出有象衢路也離騷曰靡萍九衢黃華黑實服者不怒其上多玉此山巔亦有白玉膏得服之即得仙道世人不能上也詩含神霧云其下多鐵休水出焉而北流注于洛其中多鯑魚狀如盩蜼未詳音偶盩而長距足白而對誅食者無蠱疾可以禦兵又東三十里曰泰室之山即中嶽嵩高山也今在陽城縣西其上有木焉葉狀如梨而赤理其名曰栯木音郁服者不妬有草焉其狀如茮术似荊也白華黑實澤如蘡薁言子滑澤其名曰䔄草服之不眛上多美石次玉者也啓母化爲石而生啓在此山見淮南子又北三十里曰講山其上多玉多柘多栢有木焉名曰帝屋

葉狀如楸反傷赤實反傷刺下勾也可以禦凶
又北三十里曰嬰梁之山上多蒼玉錞于玄石言蒼玉依黑石而生
也或曰錞于樂器名形似椎頭
又東三十里曰浮戲之山有木焉葉狀如樗而赤實名曰
亢木食者不蠱汜水出焉而北流注于河其東有谷因
名曰蛇谷言此中出蛇故以名之上多少辛細辛也
又東四十里曰少陘之山有草焉名曰䔄草音剛葉狀如葵
而赤莖白華實如蘡薁食之不愚言益人智器難之水出焉
或作囂而北流注于役水一作侵
又東南十里曰太山别有東小太山今在朱虛縣汶水所出疑此非也有草焉名

曰梨其葉狀如荻(荻亦蒿也音狄)而赤華可以已疽太水出于其陽而東南流注于没水承水出于其陰而東北流注于没(世謂之𥧚澗水)

又東二十里曰末山上多赤金末水出焉北流注于没(水經作沫)

又東二十五里曰役山上多白金多鐵役水出焉北注于河

又東三十五里曰敏山上有木焉其狀如荊白華而赤實名曰葪(音計)柏服者不寒(令人耐寒)其陽多㻬琈之玉

又東三十里曰大騩之山(今滎陽密縣有大騩山騩因溝水所出音歸)其陰多

鐵美玉青堊有草焉其狀如蓍而毛青華而白實其名曰蒗音狼戾服之不夭言盡壽也或作芺可以爲腹疾爲治也一作已凡苦山之首自休與之山至于大騩之山凡十有九山千一百八十四里其十六神者皆豕身而人面其祠毛牷用一羊羞言以羊爲薦羞嬰用一藻玉瘞藻玉玉有五彩者也或曰所以盛玉藻藉也苦山少室太室皆冢也其祠之太牢之具嬰以吉玉其神狀皆人面而三首其餘屬皆豕身人面也

中次八經荆山之首曰景山今在南郡界中其上多金玉其木多杼檀杼音椽柱之桂睢水出焉睢音癰疽之疽東南流注于江今睢水出新城魏昌縣東南發阿山東南至南郡枝江縣入江也其中多丹粟多文魚有斑彩也

東北百里曰荊山今在新城沐鄉縣南其陰多鐵其陽多赤金其中多犛牛旄牛屬也黑色出西南徼外也音狸一音來多豹虎其木多松柏其草多竹多橘櫾櫾似橘而大也皮厚味酸漳水出焉而東南流注于睢出荊山至南郡當陽縣入沮水其中多黃金多鮫魚鮫鯌魚類也皮有珠文而堅尾長三四尺末有毒螫人皮可飾刀劍口錯治材角今臨海郡亦有之音交其獸多閭麋似鹿而大也

又東北百五十里曰驕山其上多玉其下多青雘其木多松柏多桃枝鉤端神𩲃圍處之𩲃音鼉魚之鼉其狀如人面羊角虎爪恒遊于睢漳之淵淵水之府奥也出入有光

又東北百二十里曰女几之山其上多玉其下多黃金其

獸多豹虎多閭麋麖麂麂似獐而大猥毛豹脚音几其鳥多白鷮鷮似雉而長尾走且鳴音驕多翟多鴆鴆大如鵰紫綠色長頸赤喙食蝮蛇頭雄名運日雌名陰諧也

又東北二百里曰宜諸之山其上多金玉其下多青雘洈水出焉音詭而南流注于漳今洈水出南郡東洈山至華容縣入江也其中多白玉

又東北三百五十里曰綸山音倫其木多梓柟多桃枝多柤栗橘櫾柤似梨而酢濇其獸多閭麈麢㚟㚟似菟而鹿脚青色音勑略反

又東北二百里曰陸郈之山音如跪對之跪其上多㻬琈之玉其下多堊其木多杻橿

又東百三十里曰光山其上多碧其下多木神計蒙處之

其狀人身而龍首恒遊于漳淵出入必有飄風暴雨又東百五十里曰岐山其陽多赤金其陰多白珉石似玉者音旻其上多金玉其下多青雘其木多樗神涉鼉處之徒河切一作䵴笑遊切其狀人身而方面三足

又東百三十里曰銅山其上多金銀鐵其木多穀柞柤栗橘櫾其獸多豹

又東北一百里曰美山其獸多兕牛多閭麈多豕鹿其上多金其下多青雘

又東北百里曰大堯之山其木多松柏多梓桑多机其草多竹其獸多豹虎麢㲋

又東北三百里曰靈山其上多金玉其下多青雘其木多桃李梅杏梅似杏而酢也

又東北七十里曰龍山上多寓木寄生也一名宛童見爾雅其上多碧其下多赤錫其草多桃枝鉤端

又東南五十里曰衡山上多寓木穀柞多黄堊白堊

又東南七十里曰石山其上多金其下多青雘多寓木

又南百二十里曰若山其上多㻬琈之玉多赭赤土多邽石未詳多寓木多柘若一作前

又東南一百二十里曰彘山多美石多柘

又東南一百五十里曰玉山其上多金玉其下多碧鐵其木

多栢一作楢

又東南七十里曰讙山其木多檀多邽石多白錫今白鑞也郁水出于其上潛于其下其中多砥礪

又東北二百五十里曰仁舉之山其木多穀柞其陽多赤金其陰多赭

又東五十里曰師每之山其陽多砥礪其陰多青雘其木多栢多檀多柘其草多竹

又東南二百里曰琴鼓之山其木多穀柞椒柘椒爲樹小而叢生下有草木則蠚死其上多白珉其下多洗石其獸多豕鹿多白犀其鳥多鴆

九荆山之首自景山至琴鼓之山凡二十三山二千八百九十里其神狀皆鳥身而人面其祠用一雄雞祈瘞（禱請已埋之也）用一藻圭糈用稌驕山冢也其祠用羞酒少牢祈瘞嬰毛一璧

中次九經岷山之首曰女几之山其上多石涅其木多杻橿其草多菊茮洛水出焉東注于江其中多雄黃（雄黃亦出水中）其獸多虎豹

又東北三百里曰岷山江水出焉（岷山今在汶山郡廣陽縣西大江所出）東北流注于海（至廣陽縣入海）其中多良龜（良善）多鼉（似蜥蜴大者長二丈有鱗彩皮可以冒鼓）其上多金玉其下多白珉其木多梅棠其獸多

犀象多夔牛今蜀山中有大牛重數千斤名爲夔牛晉太興元年此牛出上庸郡人弩射殺得三十八擔肉即爾雅所謂魏其鳥多翰鷩白翰赤鷩

又東北一百四十里曰崍山江水出焉邛來山今在漢嘉嚴道縣南江水所自出也山有九折坂出貊貊似熊而黑白駮亦食銅鐵也東流注大江其陽多黃金其陰多麋麈其木多檀柘其草多䪥韭多葯即藁空奪即虵皮脫也

又東一百五十里曰崌山音居江水出焉北江東流注于大江其中多怪蛇今永昌郡有鉤蛇長數丈尾岐在水中鉤取岸上人牛馬啖之又呼馬絆蛇謂此類也多鰲魚音贄未聞其木多楢杻楢剛木也中車材音秋多梅梓其獸多夔牛麢㲋犀兕有鳥焉其狀如鷄而赤身白首其名曰竊

脂今呼小青雀此觜肉食者爲竊脂疑此非也可以禦火

又東三百里曰高梁之山其上多堊其下多砥礪其木多桃枝鉤端有草焉狀如葵而赤華莢實白柎可以走馬

又東四百里曰蛇山其上多黃金其下多堊其木多相多豫樟其草多嘉榮少辛有獸焉其狀如狐而白尾長耳名曰狏狼音巴見則國內有兵一作國有內亂

又東五百里曰鬲山其陽多金其陰多白珉蒲鸛音讙之水出焉而東流注于江其中多白玉其獸多犀象熊羆多猨蜼蜼似獮猴鼻露上向尾四五尺頭有歧蒼黃色雨則自縣樹以尾塞鼻孔或以兩指塞之

又東北三百里曰隅陽之山其上多金玉其下多青雘其

木多梓桑其草多茈徐之水出焉東流注于江其中多丹粟

又東二百五十里曰歧山今在扶風美陽縣西其上多白金其下多鐵其木多梅梓梅或作藪音多杻橿減水出焉東南流注于江

又東三百里曰勾禰之山音絡椐之椐其上多玉其下多黃金其木多櫟柘其草多芍藥

又東一百五十里曰風雨之山其上多白金其下多石涅其木多極樿極木未詳也樿木白理中櫛騶善二音多楊宣余之水出焉東流注于江其中多蛇其獸多閭麋多麈豹虎其鳥多白

鷮
又東北三百里曰玉山其陽多銅其陰多赤金其木多豫樟楢杻其獸多豕鹿麢㚟其鳥多鴆
又東一百五十里曰熊山有穴焉熊之穴恒出神人夏啓而冬閉是穴也冬啓乃必有兵今鄴西北有鼓山下有石鼓象懸著山旁鳴則有軍事與此穴殊象而同應其上多白玉其下多白金其木多樗柳其草多寇脫
又東一百四十里曰騩山其陽多美玉赤金其陰多鐵其木多桃枝荊芑
又東二百里曰葛山其上多赤金其下多瑊石瑊石勁石似玉也音

緘其木多柤栗橘櫾楢杻其獸多麢㚟其草多嘉榮

又東一百七十里曰賈超之山其陽多黃堊其陰多美赭其木多柤栗橘櫾其中多龍脩龍須也以莞而細生山石穴中莖倒垂可以為席

凡岷山之首自女几山至于賈超之山凡十六山三千五百里其神狀皆馬身而龍首其祠毛用一雄雞瘞糈用稌文山勾檷風雨䲤之山是皆冢也其祠之羞酒先進酒以酹神少牢具嬰毛一吉玉熊山席也席者神之所馮止也其祠羞席大牢具嬰毛一璧干儛用兵以禳禳被除之祭名儛者持盾武儛也祓璆冕舞所求福祥也祭用王[illegible]者冕服也美玉曰璆巴求反

中次十經之首曰首陽之山其上多金玉無草木

又西五十里曰虎尾之山其木多椒椐多封石其陽多赤
金其陰多鐵
又西南五十里曰繁繢之山音潰其木多楢杻其草多枝勾
今山中有此草
又西南二十里曰勇石之山無木草多白金多水
又西二十里曰復州之山其木多檀其陽多黃金有鳥焉
其狀如鴞而一足彘尾其名曰跂踵音企見則其國大疫
銘曰跂踵爲鳥一足似夔不爲樂興反以來悲
又西三十里曰楮山多寓木多椒椐多柘多堊一作渚州之山
又西二十里曰又原之山其陽多青雘其陰多鐵其鳥多

鸛鵒鴝鵒也傳曰鴝鵒來巢音臞

又西五十里曰涿山其木多穀柞杻其陽多㻬琈之玉

又西七十里曰丙山其木多梓檀多弞杻弞義所未詳

凡首陽山之首自首山至于丙山凡九山二百六十七里其神狀皆龍身而人面其祠之毛用一雄雞瘞糈用五種之糈堵山冢也其祠之少牢具羞酒祠嬰毛一璧瘞騩山帝也其祠羞酒太牢其合巫祝二人儛嬰一璧

中次一十一山經荆山之首曰翼望之山湍水出焉[illegible]東流注于濟今湍水逕南陽穰縣而入清水貺水出焉音況東南流注于漢其中多蛟似蛇而四脚小頭細頸頸有白癭大者十數圍卵如一二石甕能吞人其

上多松柏其下多漆梓其陽多赤金其陰多珉又東北二百五十里曰朝歌之山潕水出焉潕水今在南陽舞陽縣音武東南流注于滎其中多人魚其上多梓枏其獸多麢麋有草焉名曰莽草可以毒魚今用之殺魚

又東南二百里曰帝囷之山去倫反其陽多㻬琈之玉其陰多鐵帝囷之水出于其上潛于其下多鳴蛇

又東南五十里曰視山其上多韭有井焉名曰天井夏有水冬竭其上多桑多美堊金玉

又東南二百里曰前山其木多櫧音諸似柞子可食冬夏生作屋柱難腐或作儲多柏其陽多金其陰多赭

又東南三百里曰豐山有獸焉其狀如蝯赤目赤喙黃身名曰雍和見則國有大恐神耕父處之帝遊清泠之淵出入有光清泠水在西號郊縣山上神來時水赤有光耀今有屋祠之見則其國為敗有九鍾焉是知霜鳴霜降則鍾鳴故言知也物有自然感應而不可為也其上多金其下多穀柞杻橿

又東北八百里曰兔牀之山其陽多鐵其木多藷藇其草多雞穀其本如雞卵其味酸甘食者利於人

又東六十里曰皮山多堊多赭其木多松栢

又東六十里曰瑤碧之山其木多梓柟其陰多青雘其陽多白金有鳥焉其狀如雉恒食蜚名曰鴆蜚負盤也音翡此更一種

鳥非食蚘之鴆也

又東四十里曰支離之山濟水出焉南流注于漢今濟水出酈縣西北山中南入漢酈離音擲亦同有鳥焉其名曰嬰勺其狀如鵲赤目赤喙白身其尾若勺似酒勺形其鳴自呼多㸲牛多羬羊

又東北五十里曰袟篙之山音彫其上多松柏机桓桓葉似柳皮黃不措子似楝着酒中飲之辟惡氣浣衣去垢核堅正黑可以閒香纓一名栝樓也

又西北一百里曰堇理之山其上多松柏多美梓其陰多丹雘多金其獸多豹虎有鳥焉其狀如鵲青身白喙白目白尾名曰青耕可以禦疫其鳴自叫

又東南三十里曰依軲之山音枯其上多杻橿多苴未詳音葅有

獸焉其狀如犬虎爪有甲其名曰獜言體有鱗甲音吝善駚坌跳躍自撲也鞅奮兩音食者不風不畏天風

又東南三十五里曰即谷之山多美玉多玄豹黑豹也則今荊州山中出黑虎也多閭麈多麢㲋其陽多珉其陰多青雘

又東南四十里曰雞山其上多美梓多桑其草多韭

又東南五十里曰高前之山其上有水焉甚寒而清或作潛帝臺之漿也今河東解縣南檀首山上有水潛出停不流俗名為盎漿即此類也飲之者不心痛其上有金其下有赭

又東南三十里曰游戲之山多杻橿穀多玉多封石

又東南三十五里曰從山其上多松柏其下多竹從水出

于其上潜于其下其中多三足龜枝尾三脚鼈名能見爾雅食之無蠱疫

又東南三十里曰嬰硜之山音真其上多松栢其下多梓櫄

又東南三十里曰畢山帝苑之水出焉東北流注于視其中多水玉多蛟其上多㻬琈之玉

又東南二十里曰樂馬之山有獸焉其狀如彙赤如丹火其名曰狭音戾見則其國大疫

又東南二十五里曰葴山視水出焉或曰視宜為覞覞水今在南陽也東南流注于汝水其中多人魚多蛟多頡如青狗

又東四十里曰嬰山其下多青雘其上多金玉

又東三十里曰虎首之山多苴椆椐椆未詳也音彫

又東二十里曰嬰侯之山其上多封石其下多赤錫

又東五十里曰大孰之山殺水出焉東北流注于視水其中多白堊

又東四十里曰卑山其上多桃李苴梓多纍今虎豆狸豆之屬纍一名縢音誄

又東三十里曰倚帝之山其上多玉其下多金有獸焉其狀如鼣鼠爾雅說鼠有十三種中有此鼠形所未詳也音狗吠之吠白耳白喙名曰狙如音即蛆見則其國有大兵

又東三十里曰鯢山音倪鯢水出于其上潛于其下其中多

美堊其上多金其下多青雘

又東三十里曰雅山澧水出焉（音礼今澧水出南陽）東流注于視水其中多大魚其上多美桑其下多苴多赤金

又東五十里曰宣山淪水出焉東南流注于視水其中多蛟其上有桑焉大五十尺（謂五丈也）其枝四衢（言枝交互四出）其葉大尺餘赤理黃華青柎名曰帝女之桑（婦女主蠶故以名桑）

又東四十五里曰衡山（今衡山在衡陽湘南縣南嶽也俗謂之岣嶁山）其上多青雘多桑其鳥多鸜鵒

又東四十里曰豐山其上多封石其木多桑多羊桃狀如桃而方莖（一名鬼桃）可以爲皮張（治皮腫起）

又東七十里曰嫗山其上多美玉其下多金其草多鷄穀
又東三十里曰鮮山其木多楢杻苴其草多蘴冬其陽多金其陰多鐵有獸焉其狀如膜大赤喙赤目白尾見則其邑有火名曰𤟤即（音移）
又東三十里曰章山（或作童山）其陽多金其陰多美石皋水出焉東流注于澧水其中多硊石（闆魚跪反）
又東二十五里曰大支之山其陽多金其木多穀柞無草
又東五十里曰區吴之山其木多苴
又東五十里曰聲匈之山其木多穀多玉上多封石
又東五十里曰大騩之山（上已有此山疑同名）其陽多赤金其陰多

砥石

又東十里曰踵臼之山無草木

又東北七十里曰歷石(或作磨)之山其木多荆芑其陽多黄金其陰多砥石有獸焉其狀如狸而白首虎爪名曰梁渠見則其國有大兵

又東南一百里曰求山求水出于其上潛于其下中有美赭其木多苴多䉋(篠屬)其陽多金其陰多鐵

又東二百里曰丑陽之山其上多椆椐有鳥焉其狀如烏而赤足名曰駅鵌(音如枳鶮之枳)可以禦火

又東三百里曰奥山其上多栢杻橿其陽多㻬琈之玉奥

水出焉東流注于視水

又東三十五里曰服山其木多苴其上多封石其下多赤錫

又東三百里曰杳山其上多嘉榮草多金玉

又東三百五十里曰几山其木多楢檀杻其草多[illegible]有獸焉其狀如彘黃身白頭白尾名曰聞獜音隣見則天下大風獜一作[illegible]音[illegible]

凡荊山之首自翼望之山至于几山凡四十八山三千七百三十二里其神狀皆彘身人首其祠毛用一雄雞祈瘞用一珪糈用五種之精禾山帝也其祠大牢之具

羞瘞倒毛（薦羞反倒牲埋之也）用一璧牛無常堵山玉山冢也皆倒祠羞毛少牢嬰毛吉玉

中次十二經洞庭山之首曰篇遇之山（或作肩）無草木多黃金

又東南五十里曰雲山無草木有桂竹甚毒傷人必死（今始興郡桂陽縣出筀竹大者圍二尺長四丈又交趾有篥竹實中勁彊有毒銳以刺虎中之則死亦此類也）其上多黃金其下多㻬琈之玉

又東南一百三十里曰龜山其木多穀柞椆椐其上多黃金其下多青雄黃多扶竹（邛竹也高節實中中杖也名之扶老竹）

又東七十里曰丙山多筀竹多黃金銅鐵無木

又東南五十里曰風伯之山其上多金玉其下多痠石文石未詳痠石之義多鐵其木多柳杻檀楮其東有林焉名曰莽浮之林多美木鳥獸

又東一百五十里曰夫夫之山其上多黃金其下多青雄黃其木多桑楮其草多竹雞鼓神于兒居之其狀人身而身操兩蛇常遊于江淵出入有光

又東南一百二十里曰洞庭之山今長沙巴陵縣西又有洞庭陂潛伏通江離騷曰邅吾道兮洞庭洞庭波兮木葉下皆謂此也字或作[illegible]宜從水其上多黃金其下多銀鐵其木多柤梨橘櫾其草多葌蘪蕪芍藥芎藭蘪蕪似蛇牀而香也帝之二女居之天帝之二女而處江為神即列仙傳江妃二女也離騷九歌所謂湘夫人稱帝

子者是也而河圖玉版曰湘夫人者帝堯女也秦始皇浮江至湘山逢大風而問博士湘君何神博士曰聞之堯二女舜妃也死而葬此列女傳曰二女死於江湘之間俗謂爲湘君鄭司農亦以舜妃爲湘君說者皆以舜陟方而死二妃從之俱溺死於湘江遂號爲湘夫人案九歌湘君湘夫人自是二神江湘之有夫人猶河瀆之有虙妃也此之爲靈與天地並矣安得謂之堯女且既謂之堯女安得復總云湘君哉何以考之禮記曰舜葬蒼梧二妃不從明二妃生不從征死不從葬義可知矣即令從之二女靈達鑒通無方尚能以鳥工龍裳救井廩之難豈當不能自免於風波而有雙淪之患乎假復如此傳曰生爲上公死爲貴神禮五嶽比三公四瀆比諸侯今湘川不及四瀆無秩於命祀而二女帝者之后配靈神祇無緣當復下降小水而爲夫人也參五其義義既混錯錯綜其理理無可據斯不然矣原其致謬之由由乎俱以帝女爲名名實相亂莫矯其失習非勝是終古不悟可悲矣

是常遊于江淵澧沅之風交瀟湘之淵此言二女遊戲江之淵府則能鼓三江令風波之氣共相交通言其靈響之意也江湘沅水皆共會巴陵頭故號爲三江之口

澧（又去之七八十里而入江焉淮南子曰弋釣瀟湘今所在未詳也瀟音蕭）是在九江之間（地里志九江今在潯陽南江自潯陽而分爲九皆東會于大江書曰九江孔殷是也）出入必以飄風暴雨是多怪神狀如人而載蛇左右手操蛇多怪鳥

又東南一百八十里曰暴山其木多椶柟荊芑竹箭䉋箘[illegible]（篠類中箭見禹貢）其上多黃金玉其下多文石鐵其獸多麋鹿麢就（就鵰也見廣雅）

又東南二百里曰即公之山其上多黃金其下多㻬琈之玉其木多柳杻檀桑有獸焉其狀如龜而白身赤首名曰蛫（音詭）是可以禦火

又東南一百五十九里曰堯山其陰多黃堊其陽多黃金其

木多荆芑柳檀其草多藷藇朮

又東南一百里曰江浮之山其上多銀砥礪無草木其獸多豕鹿

又東二百里曰真陵之山其上多黄金其下多玉其木多穀柞柳杻其草多榮草

又東南一百二十里曰陽帝之山多美銅其木多檀杻檿楮檿山桑也其獸多麢麝

又南九十里曰柴桑之山今在潯陽柴桑縣南與廬山相連也其上多銀其下多碧多冷石赭其木多柳芑楮桑其獸多麋鹿多白蛇飛蛇即螣蛇乘霧而飛者

又東南二百三十里曰榮余之山其上多銅其下多銀其木多柳芑其蟲多怪蛇怪蟲

凡洞庭山之首自篇遇之山至于榮余之山凡十五山二千八百里其神狀皆鳥身而龍首其祠毛用一雄雞一牝豚釗（亦割刺之名）糈用稌凡夫夫之山即公之山堯山陽帝之山皆冢也其祠皆肆瘞（肆陳之也陳牲玉而後埋藏之）祈用酒毛用少牢嬰毛一吉玉洞庭榮余山神也其祠皆肆瘞（肆竟然後依前埋之也）祈酒太牢祠嬰用圭璧十五五彩惠之（惠猶飾也方言耳）

右中經之山志大凡百九十七山二萬一千三百七十

一里大凡天下名山五千三百七十居地大凡六萬四千五十六里

禹曰天下名山經五千三百七十山六萬四千五十六里居地也言其五臧藏葢其餘小山甚衆不足記云天地之東西二萬八千里南北二萬六千里出水之山者八千里受水者八千里出銅之山四百六十七出鐵之山三千六百九十此天地之所分壤樹穀也戈矛之所發也刀鎩之所起也能者有餘拙者不足封於太山禪於梁父七十二家得失之數皆在此内是謂國用管子地數云封禪之王七十二家也

右五藏山經五篇大凡一萬五千五百三字

海外南經第六

郭氏傳

地之所載六合之間（四方上下爲六合也）四海之内照之以日月經之以星辰紀之以四時要之以太歲神靈所生其物異形或夭或壽唯聖人能通其道（言自非窮理盡性者則不能原極其情變）

海外自西南陬至東南陬者（陬猶隅也音騶）

結匈國在其西南其爲人結匈（臆前胅出如人結喉也）南山在其東南自此山來蟲爲蛇蛇號爲魚（以蟲爲蛇以蛇爲魚）一曰南山在結匈東南比翼鳥在其東其爲鳥青赤（似鳧）兩鳥比翼一曰在南山東

羽民國在其東南其爲人長頭身生羽（能飛不能遠卵生畫似仙人也）

一曰在比翼鳥東南其爲人長頰啓筮曰羽民之狀鳥喙赤目而白首有神人二八連臂爲帝司夜於此野晝隱夜見在羽民東其爲人小頰赤肩當脚上正赤也盡十六人疑此後人所增益語耳畢方鳥在其東青水西其爲鳥人面一脚一曰在二八神東

讙頭國在其南其爲人人面有翼鳥喙方捕魚讙兜堯臣有罪自投南海而死帝憐之使其子居南海而祠之畫亦似仙人也一曰在畢方東或曰讙朱國

厭火國在其國南獸身黑色生火出其口中言能吐火畫似獼猴而黑色也一曰在讙朱東

三株樹在厭火北生赤水上其爲樹如栢葉皆爲珠一

曰其爲樹若彗如彗星狀

三苗國在赤水東其爲人相隨昔堯以天下讓舜三苗之君非之帝殺之有苗之民叛入南海爲三苗國一曰三毛國

𢧢國在其東音秩亦音替其爲人黃能操弓射蛇大荒經云此國自然有五穀衣服一曰𢧢國在三毛東

貫匈國在其東其爲人匈有竅尸子曰四夷之民有貫匈者有深目者有長肱者黃帝之德嘗致之異物志曰穿匈之國去其衣則無自然者蓋似效此貫匈人也一曰在𢧢國東

交脛國在其東其爲人交脛言脚脛曲戾相交所謂雕題交趾者也或作頸其爲人交頭而行也一曰在穿匈東

不死民在其東其爲人黑色壽不死有員丘山上有不死樹食之乃壽亦有赤泉飲之不老一曰在穿匈國東

岐舌國在其東其人舌皆岐或云支舌也一曰在不死民東

崑崙墟在其東墟四方墟山下基也一曰在岐舌東爲墟四方

羿與鑿齒戰於壽華之野羿射殺之在崑崙墟東羿持弓矢鑿齒持盾鑿齒亦人也齒如鑿長五六尺因以名云一曰戈未詳

三首國在其東其爲人一身三首一曰在鑿齒東

周饒國在其東其爲人短小冠帶其人長三尺穴居能爲機巧有五穀也一曰焦僥國在三首東外傳云焦僥民長三尺短之至也詩含神霧曰從中州以東西千萬里得焦僥國人長一尺五寸也

長臂國在其東捕魚水中兩手各操一魚 舊說云其人手下垂至地
魏黃初中玄菟太守王頎討高句麗王宮窮追之過沃
沮國其東界臨大海近日之所出問其耆老海東復有
人否云嘗在海中得一布褶身如中人
人衣兩袖長三丈即此長臂人衣也 一曰在焦僥東捕
魚海中
狄山帝堯葬于陽 呂氏春秋曰堯葬穀林今陽城縣西
東阿縣城次郡中諸陽縣湘亭南皆
有堯冢 帝嚳葬于陰 嚳堯父號高辛今冢在頓丘
縣城南臺陰野中也音話 爰有熊
羆文虎 彫虎也尸子曰中黃伯曰余左執太行之獶而右搏雕虎也 蜼豹 蜼獮猴類 離朱 木名
也見莊子 今 視肉 聚肉形如牛肝有兩目也 所未
圖作赤鳥 食之無盡尋復更生如故 吁咽 詳也
文王皆葬其所 今文王墓在長安鄗聚社中案帝王冢
墓皆有定處而山海經往往復見之者
蓋以聖人久於其位仁化廣及恩洽鳥獸至於殂亡四
海若喪考妣無思不哀故絕域殊俗之人聞天子崩各

自立坐而絲啜哭泣起土爲冢是以所在有焉亦然漢氏諸遠郡國皆有天子廟此其遺象也

一曰湯山一曰爰有熊羆文虎蜼豹離朱鴟久鴟久鵂鶹之屬視肉虖交所未詳也其范林方三百里言林木氾濫布行也

南方祝融獸身人面乘兩龍火神也

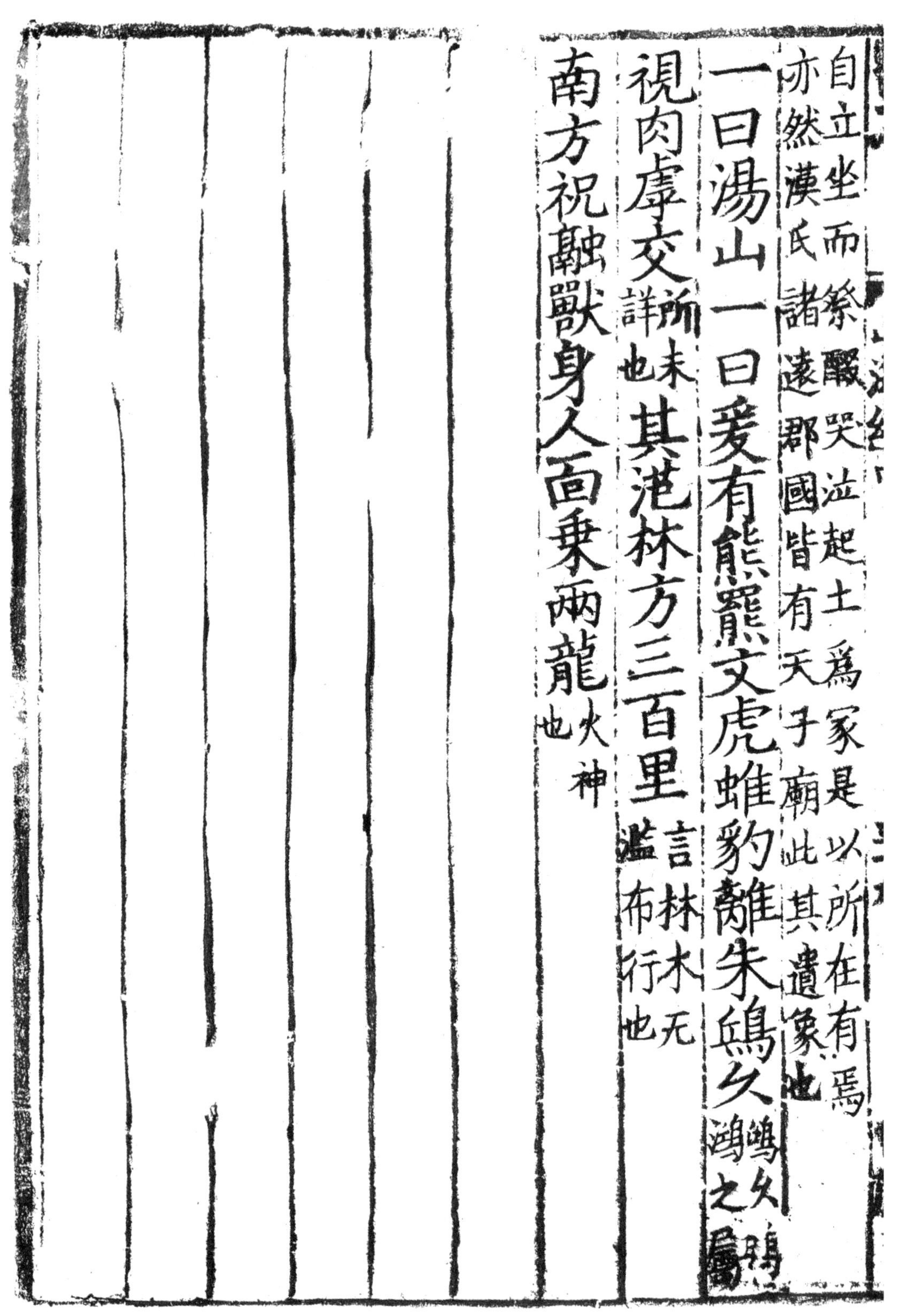

海外西經第七　　郭氏傳

海外自西南陬至西北陬者

滅蒙鳥在結匈國北爲鳥青赤尾

大運山高三百仞在滅蒙鳥北

大樂之野夏后啓於此儛九代九代馬名儛謂盤作之令儛也乘兩龍雲蓋三層曾猶重也左手操翳羽葆幢也右手操環玉空邊等爲環佩玉璜半璧曰璜在大運山北歸藏鄭母經曰夏后啓筮御飛龍登于天吉明啓亦仙也一曰大遺之野大荒經云大穆之野

三身國在夏后啓北一首而三身

一臂國在其北一臂一目一鼻孔有黃馬虎文一目而一手

奇肱之國或作弘奇音羈在其北其人一臂三目有陰有陽乘文馬陰在上陽在下文馬即吉良也有鳥焉兩頭赤黃色在其旁其人善為機巧以取百禽能作飛車從風遠行湯時得之於豫州界中即壞之不以示人後十年西風至復作遣之形天與帝至此爭神帝斷其首葬之常羊之山乃以乳為目以臍為口操干戚以舞干盾戚斧也是為無首之民

女祭女戚在其北居兩水間戚操魚䱇䱇魚屬祭操俎肉几

鸗鳥鶬鳥次瞻兩音其色青黃所經國亡此應禍之鳥即今梟鵂鶹之類在女祭北鸗鳥人面居山上一曰維鳥青鳥黃鳥所集

丈夫國在維鳥北其為人衣冠帶劍殷帝大戊使王孟採藥從西王母至此絕糧不能進食木實衣木皮終身無妻而生二子從形中出其父即死是為丈夫民

女丑之尸生而十日炙殺之在丈夫北以右手鄣其面蔽面十日居上女丑居山之上

巫咸國在女丑北右手操青蛇左手操赤蛇在登葆山群巫所從上下也採藥往來

并封在巫咸東其狀如彘前後皆有首黑今弩弦蛇亦此類也

女子國在巫咸北兩女子居水周之有黃池婦人入浴出即懷姙矣若生男子三歲輙死周猶繞也離騷曰水周於堂下也一曰居一門中

軒轅之國在此窮山之際其不壽者八百歲其國在山南邊也大荒經曰岷山之南在女子國北人面蛇身尾交首上窮山在其北不敢西射畏軒轅之丘言敬畏黃帝威靈故不敢向西而射也在軒轅

國北其丘方四蛇相繞繚繞樛纏此諸夭之野夭音沃鸞鳥自歌鳳鳥自舞鳳皇卵民食之甘露民飲之所欲自從也言滋味無不有所願得自在此謂夭野也百獸相與群居在四蛇北其人兩手操卵食之兩鳥居前導之

龍魚陵居在其北狀如狸或曰龍魚似狸一角一曰鰕音遐即有神聖乘此以行九野九域之野一曰鼈魚在夭野北其為魚也如鯉鼈音惡横也

白民之國在龍魚北白身被髮言其人體洞白有乘黄其狀如狐其背上有角乘之壽二千歲周書曰白民乘黄似狐背上有兩角即飛黄也淮南子曰天下有道飛黄伏皁

肅愼之國在白民北有樹名曰雄常或作雒先入代帝於此取之其俗無衣服中國有聖帝代立者則此木生皮可衣也

長股之國在雄常北被髮國在赤水東也長臂人身如中人而臂長二丈以類推之則此人脚過三丈矣黃帝時至或曰長脚人常負長臂人入海中捕魚也一曰長脚或曰有喬國今佼家喬人蓋象此身

西方蓐收左耳有蛇乘兩龍金神也人面虎爪白毛執鉞見外傳

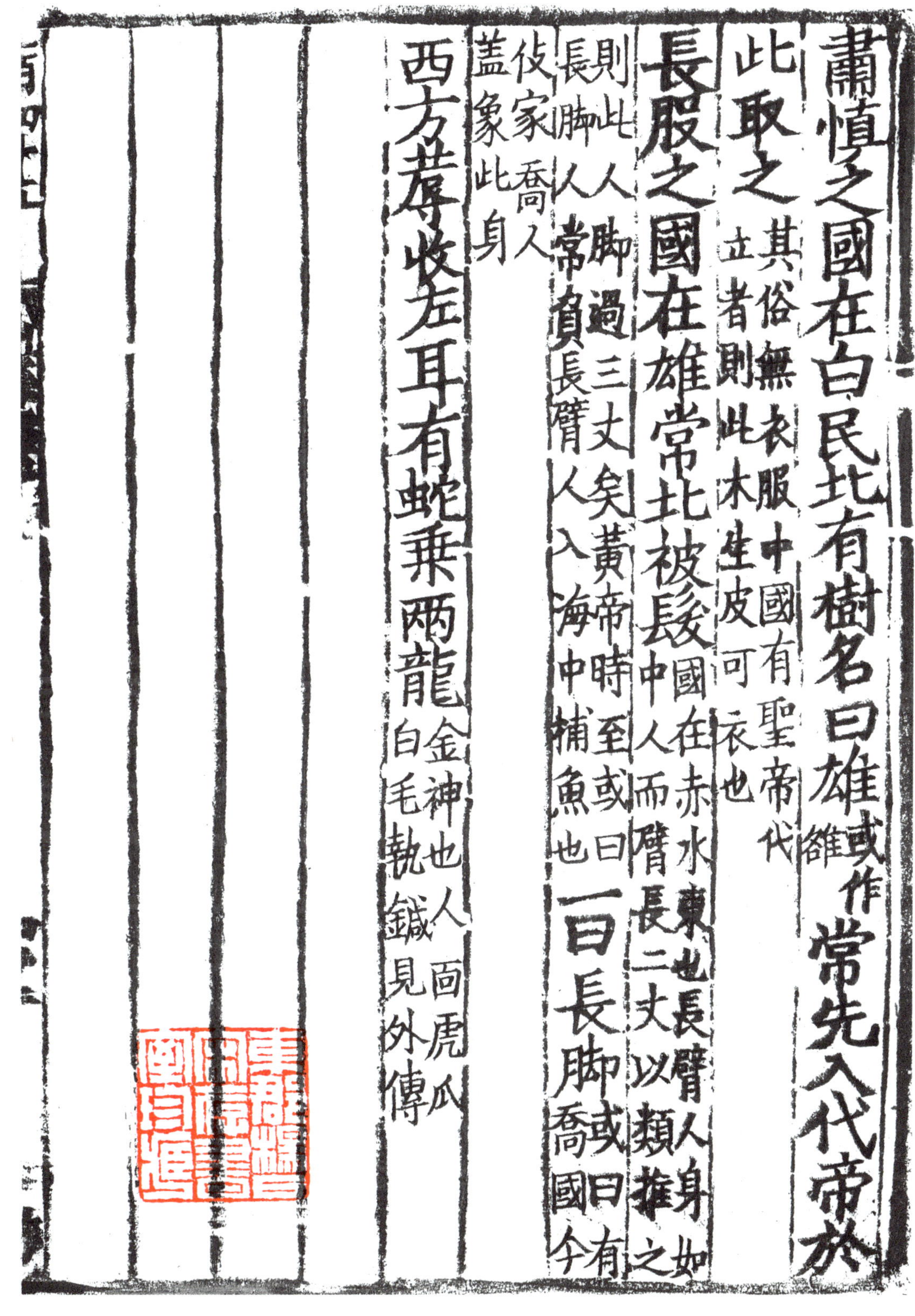

海外北經第八　郭氏傳

海外自東北陬至西北陬者

無脊之國音啓或作綮在長股東爲人無脊脊肥腸也其人穴居食土無男女死即埋之其心不朽死百廿歲乃復更生

鍾山之神名曰燭陰燭龍也是燭九陰因名云視爲晝瞑爲夜吹爲冬呼爲夏不飲不食不息息爲風息氣息也身長千里在無脊之東其爲物人面蛇身赤色居鍾山下淮南子曰龍身一足

一目國在其東一目中其面而居一曰有手足

柔利國在一目東爲人一手一足反膝曲足居上一脚一手反卷曲也一云留利之國人足反折

共工之臣曰相柳氏共工霸九州者九首以食于九山頭各自食一山之物言貪暴難饜相柳之所抵厥爲澤谿抵觸厥抵也音厥禹殺相柳其血腥不可以樹五穀種禹厥之三仞三沮掘塞之而上三沮滔言其血膏浸潤壞地乃以爲衆帝之臺言地潤濕唯可積以爲臺觀在崑崙之北此崑崙山在海外者柔利之東相柳者九首人面蛇身而青不敢北射畏共工之臺臺在其東臺四方隅有一蛇虎色首衝南方衝猶向也

深目國在其東爲人舉一手一目一作曰在共工臺東

無腸之國在深目東一作南其爲人長而無腸爲人長大腹内無腸所食之物直通過

聶耳之國在無腸國東使兩文虎爲人兩手聶其耳言耳長行則以手攝持之也音諜牒反縣居海水中縣猶邑也及水所出入奇物言盡規有之兩虎在其東

夸父與日逐走入日言及日於將入也逐音冑渴欲得飲飲於河渭河渭不足北飲大澤未至道渴而死棄其杖化爲鄧林夸父者蓋神人之名也其能及日景而傾河渭豈以走飲哉寄用於走飲耳幾乎不疾而速不行而至者矣此以一體爲萬殊存亡代謝寄鄧林而遯形惡得尋其靈化哉

博父國在聶耳東其爲人大右手操青蛇左手操黃蛇

鄧林在其東二樹木一曰博父禹所積石之山在其東

河水所入河出崑崙而潛行地下至蔥嶺復出注鹽澤從鹽澤復行南出於此山而爲中國河遂注

海也書曰導河積石言時有壅塞故導利以通之

拘纓之國在其東一手把纓言其人常以一手持冠纓也或曰纓宜作癭一曰利纓之國

尋木長千里在拘纓南生河上西北

跂踵國在拘纓東音企其爲人大兩足亦大其人行腳跟不著地也孝經鉤命訣曰焦僥跂踵重譯款塞也一曰大踵

歐絲之野在大踵東一女子跪據樹歐絲言噉桑而吐絲蓋蠶類也

三桑無枝在歐絲東其木長百仞無枝言皆長百仞也

范林方三百里在三桑東洲環其下洲水中可居者環繞也

務隅之山帝顓頊葬于陽顓頊號爲高陽冢今在濮陽故帝丘也一曰頓丘縣城門外廣陽里中九嬪葬于陰嬪婦一曰爰有熊羆文虎離朱鴟久

視肉

平丘在三桑東爰有遺玉遺玉玉石青鳥視肉楊柳甘柤其樹枝榦皆赤黃華白葉黑實呂氏春秋曰其山之東有甘柤焉音如柤棃之柤甘華亦赤枝榦黃華百果所生在兩山夾上谷二大丘居中名曰平丘

北海內有獸其狀如馬名曰騊駼陶塗兩音見爾雅有獸焉其名曰駮狀如白馬鋸牙食虎豹周書曰義渠茲白茲白若白馬鋸牙食虎豹案此二說與爾雅同有素獸焉狀如馬名曰蛩蛩即蛩蛩鉅虛也一走百里見穆天子傳音卬有青獸焉狀如虎名曰羅羅

北方禺彊人面鳥身珥兩青蛇踐兩赤蛇字玄冥水神也莊周曰禺彊立於北極一曰禺京一本云北方禺彊黑身手足乘兩龍一

海外東經第九

郭氏傳

海外自東南陬至東北陬者

䰄丘（音嗟或作髮）爰有遺玉青馬視肉楊柳甘柤甘華甘果所生在東海兩山夾丘上有樹木一曰嗟丘一曰百果所在在堯葬東

大人國在其北爲人大坐而削舡一曰在䰄丘北

奢比之尸在其北（亦神名也）獸身人面大耳珥兩青蛇（珥以蛇貫耳也音釣餌之餌）一曰肝榆之尸在大人北

君子國在其北衣冠帶劒食獸使二大虎在旁其人好讓不爭有薰（或作堇）華草朝生夕死一曰在肝榆之尸北

重重在其北音薛各有兩首虹螮蝀也一曰在君子國北朝陽之谷神曰天吴是爲水伯在重重北兩水間其爲獸也八首人面八足八尾皆青黄大荒東經東十尾

青丘國在其北其人食五穀衣絲帛其狐四足九尾一曰在朝陽北汲郡竹書曰栢杼子征于東海及三壽得一狐九尾即此類也

帝命竪亥步自東極至于西極五億十選竪亥健行人選萬也九千八百步竪亥右手把筭左手指青丘北一曰禹令竪亥一曰五億十萬九千八百步詩含神霧曰天地東西二億三萬三千里南北二億一千五百里天地相去一億五萬里

黑齒國在其北東夷傳曰倭國東四千餘里有裸國裸國東南有黑齒國知行一年可至也異

物志云西屠染齒亦以放此人爲人黑食稻啖蛇一赤一青一作青蛇在其旁

曰在豎亥北爲人黑手食稻使蛇其一蛇赤下有湯谷谷中水熱也湯谷上有扶桑扶桑木也十日所浴在黑齒北居水中有大木九日居下枝一日居上枝莊周云昔者十日並出草木焦枯淮南子亦云堯乃令羿射十日中其九日日中烏盡死離騷所謂羿焉畢日烏焉落羽者也歸藏鄭母經云昔者羿善射畢十日果畢之汲郡竹書曰胤甲即位居西河有妖孽十日並出明此自然之異有自來矣傳曰天有十日日之數十此云九日居下枝一日居上枝大荒經又曰一日方至一日方出明天地雖有十日自使以次第迭出運照而今俱見爲天下妖災故羿稟堯之命洞其靈誠仰天控弦而九日潛退也假令器用可以激水烈火精感可以降霜回景然則羿之鑠明離而斃陽烏未足爲難也若搜之常情則無理以然推之以數則無往不通達觀之客宜領其玄致歸之冥會則逸義無滯言奇不廢矣

雨師妾在其北雨師

謂屏翳也其爲人黑兩手各操一蛇左耳有青蛇右耳有赤蛇一曰在十日北爲人黑身人面各操一龜

玄股之國在其北髀以下盡黑故云其爲人衣魚以魚皮爲衣也食鷗鷗水鳥也音憂使兩鳥夾之一曰在雨師妾北

毛民之國在其北爲人身生毛今去臨海郡東南二千里有毛人在大海洲島上爲人短小面體盡有毛如豬能穴居無衣服晉永嘉四年吳郡司鹽都尉戴逢在海邊得一船上有男女四人狀皆如此言語不通送詣丞相府未至道死唯有一人在上賜之婦生子出入市井漸曉人語自說其所在是毛民也大荒經云毛民食黍者是矣一曰在玄股北

勞民國在其北其爲人黑食果草實也有一鳥兩頭或曰教民一曰在毛民北爲人面目手足盡黑

東方勾芒鳥身人面乘兩龍木神也方面素服墨子曰昔秦穆公有明德上帝使勾芒賜之壽十九年

建平元年四月丙戌待詔太常屬臣望校治侍中光禄勳臣龔侍中奉車都尉光禄大夫臣秀領主省

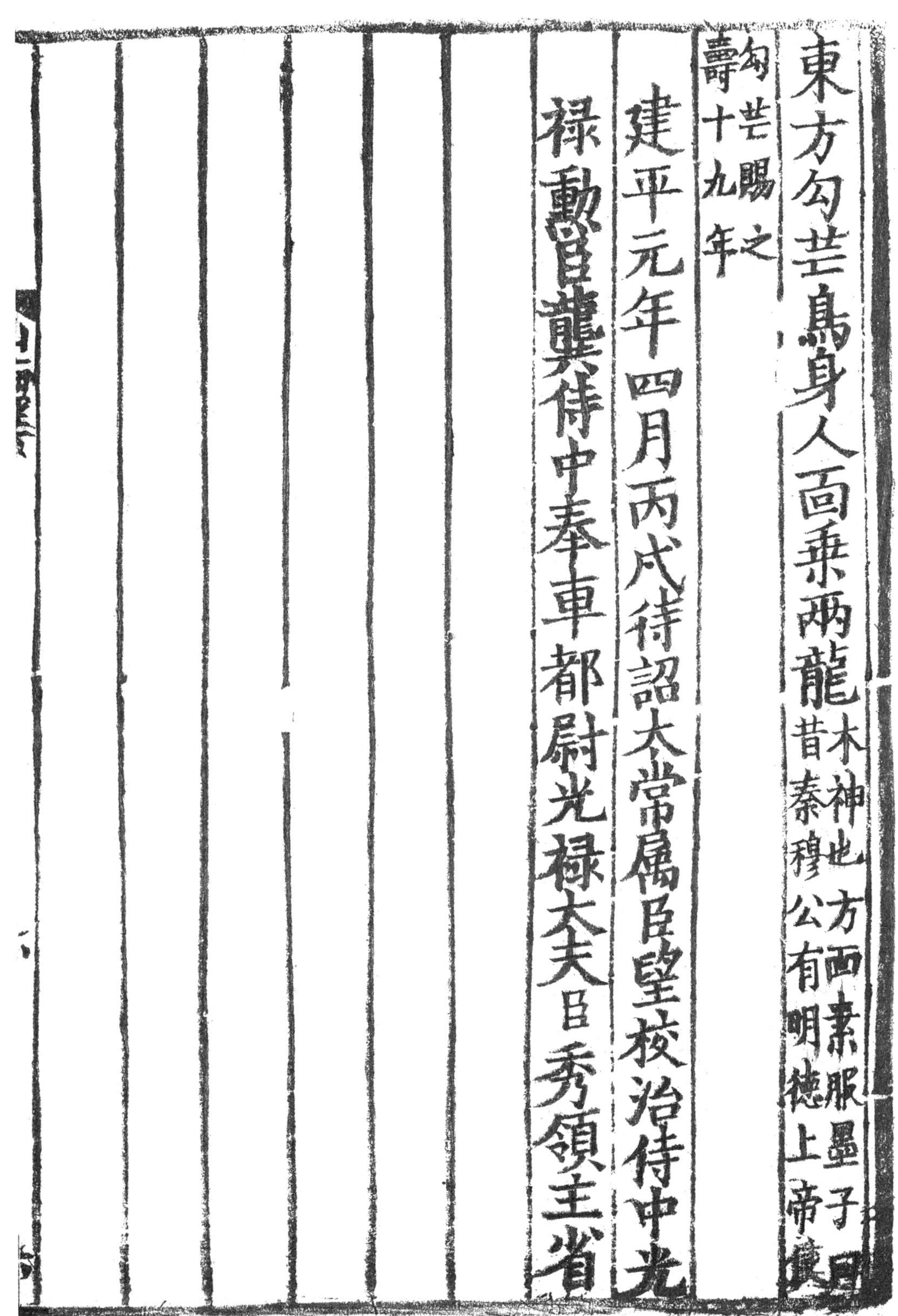

海内南經第十　　郭氏傳

海内東南陬以西者從南頭起之也

甌居海中今臨海永寧縣即東甌在岐海中也音嘔閩在海中音旻其西北有山閩越即西甌今建安郡是也亦在岐海中一曰閩中山在海中

三天子鄣山音章在閩西海北今在新安歙縣東今謂之三王山浙江出其邊也張氏土地記曰東陽永康縣南四里有石城山上有小石城云黄帝曾遊此即三天子都也一曰在海中

桂林八樹在番隅東八樹而成林言其大也番隅今番隅縣

伯慮國未詳離耳國鎪離其耳分令下垂以為飾即儋耳也在朱崖海渚中不食五穀但噉蚌及藷藇也彫題國黥涅其面畫體為鱗采即鮫人也北朐國未詳音劬皆在鬱水南鬱水出湘陵南山一曰相慮

梟陽國在北朐之西其爲人人面長脣黑身有毛反踵見人笑亦笑左手操管周書曰州靡髴髴者人身反踵自笑笑則上脣掩其面爾雅亦云髴髴大傳曰周書成王時州靡國獻之海內經謂之贛巨人今交州南康郡深山中皆有此物也長丈許脚跟反向健走被髮好笑雌者能作汁灑中人即病土俗呼爲山都南康今有贛水以有此人因以名水猶大荒說地有域人人因號其山爲域山亦此類也

兕在舜葬東湘水南其狀如牛蒼黑一角

蒼梧之山帝舜葬于陽即九疑山也禮記亦曰舜葬蒼梧之野也帝丹朱葬于陰今丹陽縣復有丹朱冢也竹書亦曰后稷放帝朱于丹水與此義符丹朱稱帝者猶漢山陽公死加獻帝之謚也

氾林方三百里在狌狌東或作猩猩字同耳狌狌知人名其爲獸如豕而人面周書曰鄭郭狌狌者狀如黃狗而人面頭如雄雞食之不眯今交趾封溪出狌

狌上俗人說云狀如豚而復似狗聲如小兒啼也在舜葬西

狌狌西北有犀牛其狀如牛而黑犀牛似水牛猪頭在狌狌知人名之西北庳脚三角

夏后啓之臣曰孟涂是司神于巴人聽其獄訟爲之神主請訟于孟涂之所令斷之也其衣有血者乃執之不直者則血見于衣是請生言好生也居山上在丹山西丹山在丹陽南丹陽居屬也今建平郡丹陽城秭歸縣東七里即孟涂所居也

窫窳龍首居弱水中在狌狌知人名之西其狀如龍首食人窫窳本蛇身人面爲貳負臣所殺復化而成此物也

有木其狀如牛河圖玉版說芒草樹生或如車馬或如龍蛇之狀亦此類也引之有皮若纓黃蛇言牽之皮剝如人冠纓及黃蛇狀也其葉如羅如綾羅也其實如欒欒木名黃本赤枝青葉生雲雨山或作卵

或作麻音欒其木若蓲蓲亦木名未詳其名曰建木在窫窳西弱水
上建木青葉紫莖黑花黃實其下聲無響立無影也
氐人國氐音觸抵之抵在建木西其爲人人面而魚身無足盡胷
以上人胷以下魚也
巴蛇食象三歲而出其骨君子服之無心腹之疾今南方蚦
蛇吞鹿鹿已爛自絞於樹腹中骨皆穿鱗甲間出此其類也楚詞曰有蛇吞象厥大何如說者云長千尋其
爲蛇青黃赤黑一曰黑蛇青首在犀牛西
旄馬其狀如馬四節有毛穆天子傳所謂豪馬者亦有旄牛在巴蛇西
北高山南
匈奴一曰獫狁開題之國音提列人之國並在西北三國並在旄馬西北

海内西經第十一

郭氏傳

海内西南陬以北者

貳負之臣曰危危與貳負殺窫窳帝乃梏之疏屬之山（梏猶繫縛也音活）桎其右足（桎械）反縛兩手與髮（并髮合縛之也）繫之山上木在開題西北（漢宣帝使人上郡發盤石石室中得一人徒裸被髮反縛械一足以問群臣莫能知劉子政案此言對之宣帝大驚於是時人爭學山海經矣論者多以爲是其尸象非真體也意者以靈怪變化論難以理測物稟異氣出於不然不可以常運推不可以近數揆矣魏時有人發故周王冢者得殉女子不死不生數日時有氣數月而能語狀如廿許人送詣京師郭太后愛養之恒在左右十餘年太后崩此女哀思哭泣一年餘而死即此類也）

大澤方百里群鳥所生及所解（百鳥於此生乳解氄毛羽）在鴈門北

鴈門山鴈出其閒在高柳北

高柳在代北

后稷之葬山水環之在廣都之野在氐國西

流黃酆氏之國中方三百里言國城內有塗四方中有山塗道

在后稷葬西

流沙出鐘山西行又南行崑崙之墟西南入海黑水之山今西海居延澤尚書所謂流沙者形如月生五日也

東胡在大澤東

夷人在東胡東

貊國在漢水東北今扶餘國即濊貊故地在長城北去玄菟千里出名馬赤玉貂皮大珠如

(酸棗也)地近于燕滅之孟鳥(亦鳥名也)在貊國東北其鳥文赤黃青東鄉

海内崑崙之墟在西北(言海内者明海外復有崑崙山)帝之下都崑崙之墟方八百里高萬仞(皆謂其虛基廣輪之高庳耳自此以上二千五百餘里上有醴泉華池去嵩高五萬里蓋天地之中也見禹本紀)上有木禾長五尋大五圍(木禾穀類也生黑水之阿可食見穆天子傳)面有九井以玉為檻(檻欄)面有九門門有開明獸守之百神之所在在八隅之巖(在巖間也)赤水之際非仁羿莫能上岡之巖(言非仁人及有才藝如羿者不能得登此山之岡嶺巉巖也羿嘗請藥西王母亦言其得道也羿或作聖)

赤水出東南隅以行其東北西南流注南海厭火東

河水出東北隅以行其北西南又入渤海又出海外即西而北入禹所導積石山（禹治水復決疏出之故云導河積石）洋水（音翔）黑水出西北隅以東東行又東北南入海羽民南弱水青水出西南隅以東又北又西南過畢方鳥東（西域傳烏弋國去長安萬五千餘里西行可百餘日至條枝國臨西海長老傳聞有弱水西王母云東夷傳亦曰長城外數千里亦有弱水皆所未見也淮南子云弱水出窮石窮石今之西郡那冉蓋其派別之源耳）崑崙南淵深三百仞（靈淵）開明獸身大類虎（身或作直）而九首皆人面東嚮立崑崙上（天獸也銘曰開明爲獸稟資乾精瞪視崑崙威震百靈）開明西有鳳凰鸞鳥皆戴蛇踐蛇膺有赤蛇開明北有視肉珠樹文玉樹（五彩玉樹）玕琪樹（玕琪赤玉屬也吳天璽元

年臨海郡吏五曜在海水際得石樹高三尺餘莖葉紫色詰曲傾靡有光彩即玉樹之類也于其兩音不死樹言常生也鳳皇鸞鳥皆戴瞂盾也音戈又有離朱木禾栢樹甘水即醴泉也聖木食之令人智聖也曼兌未詳一曰挺木牙交淮南作璇樹璇玉類也

開明東有巫彭巫抵巫陽巫履巫凡巫相皆神醫也世本曰巫彭作醫楚詞曰帝告巫陽夾窫窳之尸皆操不死之藥以距之為距却死氣求更生窫窳者蛇身人面貳負臣所殺也

服常樹其上有三頭人伺琅玕樹服常木未詳郎玕子似珠爾雅曰西北之美者有崑崙之琅玕焉莊周曰有人三頭遞臥遞起以伺琅玕與玗琪子謂此人也

開明南有樹鳥六首蛟蛟似蛇四脚龍類也蝮蛇蜼豹鳥秩樹木名

未詳於表池樹木言列樹以表池即華池也誦鳥鳥名形未詳也鶽雕也穆天子傳曰爰有白鶽青鵰音竹筍之筍視肉

海内北經第十二

郭氏傳

海内西北陬以東者

蛇巫之山上有人操杯而東向立一曰龜山杯或作棓字同

西王母梯几而戴勝杖梯謂憑也其南有三青鳥爲西王母取食又有三足烏主給使在崑崙虛北有人曰大行伯把戈其東有犬封國昔盤瓠殺戎王高辛以美女妻之不可以訓乃浮之會稽東南海中得三百里地封之生男爲狗女爲美人是爲狗封之民也貳負之尸在大行伯東

犬封國曰犬戎國黃帝之後卞明生白犬二頭自相牝牡遂爲此國狀如犬言狗國也有一女子方跪進柸食與狗食也有文馬縞身朱鬣色白如縞目若黃金名曰吉量或作良乘之壽千歲周書曰犬戎文馬赤鬣白身目

若黃金名曰吉黃之乘成王時獻之六韜曰文身朱鬣眼若黃金項若雞尾名曰雞斯之乘大傳曰駮身朱鬣雞目山海經亦有吉黃之乘壽千歲者惟名有不同說有小錯其實一物耳今博舉之以廣異聞也

鬼國在貳負之尸北爲物人面而一目一曰貳負神在其東爲物人面蛇身

蜪犬如犬青音陶食人從首始或作的蚼音鉤

窮奇狀如虎有翼毛如蝟食人從首始所食被髮在蜪犬北一曰從足

帝堯臺帝嚳臺帝丹朱臺帝舜臺各二臺臺四方在崑崘東北此蓋天子巡狩所經過夷狄慕聖人恩德輒共爲築立臺觀以標顯其遺跡也一本云所殺相栁也腥臊不可種五穀以爲衆帝之臺

大蠭其狀如螽朱蛾其狀如蛾蛾蚍蜉也楚詞曰玄蜂如壷赤蛾如象謂此也

蟜其爲人虎文脛有䏿言脚有膊腸也音橋在窮奇東一曰狀如人崑崙虚北所有此目上物事也

闒非人面而獸身青色音榻

據比一云掾比之尸其爲人折頸被髮無一手

環狗其爲人獸首人身一曰蝟狀如狗黄色

袜其爲物人身黑首從目神即魅也

戎其爲人人首三角

林氏國有珍獸大若虎五彩畢具尾長於身名曰騶吾乘之日行千里六韜云紂囚文王閎夭之徒詣林氏國求得此獸獻之紂大説乃釋之周書曰

夾林啇耳啇耳若虎虎尾參於身食虎豹大傳謂之侄獸吾宜作虞也

崑崙虛南所有氾林方三百里

從極之淵深三百仞維冰夷恒都焉冰夷馮夷也淮南云馮夷得道以潛大川即河伯也穆天子傳所謂河伯無夷者竹書作馮夷字或作冰也冰夷人面乘兩龍畫四面各乘靈車駕二龍一曰忠極之淵陽汙之山河出其中凌門之山河出其中皆河之枝源所出之處也

王子夜之尸兩手兩股胷首齒皆斷異處此蓋形解而神連皃乖而氣合合不爲密離不爲疎

舜妻登比氏生宵明燭光即二女字也以能光照因名云處河大澤澤河邊溢漫處二女之靈能照此所方百里言二女神光所燭及者方百里一曰

登北氏
蓋國在鉅燕南倭北倭屬燕倭國在帶方東大海内以女爲王其俗露紒衣服無針功以丹朱塗身不妬忌一男子數十婦也
朝鮮在列陽東海北山南列陽屬燕朝鮮今樂浪縣箕子所封也列亦水名也今在帶方帶方有列口縣
列姑射在海河洲中山名也山有神人河洲在海中河水所經者莊子所謂藐姑射之山也
姑射國在海中屬列姑射西南山環之大蟹在海中蓋千里蟹也
陵魚人面手足魚身在海中
大鯾居海中鯾即魴魚也音鞭

明組巴居海中音祖

蓬萊山在海中上有仙人宮室皆以金玉爲之鳥獸盡白望之如雲在渤海中也

大人之市在海中

海内東經第十三　郭氏傳

海内東北陬以南者

鉅燕在東北陬

國在流沙中者埻端（音敦）璽㬇（音奐或作繭㬇）在崑崙墟東南一

曰海内之郡不爲郡縣在流沙中

國在流沙外者大夏（大夏國城方二三百里分爲數十國地和温宜五穀）竪沙居

繇（音遥）月支之國（月支國多好馬美果有大尾羊如驢尾即羬羊也小月支天竺國皆附庸云）

西胡白玉山在大夏東蒼梧在白玉山西南皆在流沙

西崑崙墟東南崑崙山在西胡西皆在西北（地理志崑崙山在臨

羌西又有西王母祠也）

雷澤中有雷神龍身而人頭鼓其腹在吳西今城陽有堯冢靈臺雷澤在北也河圖曰大迹在雷澤華胥履之而生伏羲

都州在海中一曰郁州今在東海朐縣界世傳此山自蒼梧從南徙來上皆有南方物也郁音鬱

琅邪臺在渤海間琅邪之東今琅邪在海邊有山嶕嶢特起狀如高臺此即琅邪臺也琅邪者越王勾踐入霸中國之所都其北有山一曰在海間

韓鴈在海中都州南

始鳩在海中轅厲南國名或曰鳥名也

會稽山在大楚南岷三江首

大江出汶山今江出汶山郡升遷縣岷山東南經蜀郡犍爲至江陽東北經巴東建平宜都南郡

江夏弋陽安豐至廬江南界東北經淮南下邳至廣陵郡入海北江出曼山南江出高山高山在城都西入海在長州南

浙江出三天子都在其東按地理志浙江出新安黟縣南蠻中東入海今錢唐浙江是也黟即歙也浙音折在閩西北入海餘暨南餘暨縣屬會稽今爲永興縣

廬江出三天子都入江彭澤西彭澤今彭蠡也在尋陽彭澤縣一曰天子鄣

淮水出餘山餘山在朝陽東義鄉西入海淮浦北今淮水出義陽平氏縣桐栢山東北經汝南汝陰淮南譙國下邳至廣陵縣入海朝陽縣今屬新野

湘水出舜葬東南陬西環之環繞也今湘水出零陵營道縣陽朔山入江入洞庭下洞庭地穴也在長沙巴陵今吳縣南大湖中有包山下有洞庭穴道潛行水底云無所不通號

爲地脉一曰東南西澤

漢水出鮒魚之山書曰嶓冢導漾東流爲漢案水經漢水出武都沮縣東狼谷經漢中魏興至南鄉東經襄陽至江夏安陸縣入江別爲沔水又爲滄浪之水帝顓頊葬于陽九嬪葬于陰四蛇衛之言有四蛇衛守山下

濛水出漢陽西入江聶陽西漢陽縣屬朱提

温水出崆峒山在臨汾南入河華陽北今温水在京兆陰盤縣水常温也臨汾縣屬平陽

潁水出少室少室山在雍氏南入淮西鄢北今潁水出河南陽城縣乾山東南經潁川汝陰至淮南下蔡入淮鄢今鄢陵縣屬潁川一曰緱氏縣屬河南音鈎

汝水出天息山在梁勉鄉西南入淮極西北今汝水出南陽魯陽

縣大孟山東北至河南梁縣東南經襄城潁川汝南至汝陰褒信縣入淮淮極地名一曰淮在期

思北期思縣屬弋陽

涇水出長城北山山在郁郅長垣北皆縣名也郅音桎北入渭

戲北今涇水出安定朝那縣西开頭山東南經新平扶風至京兆高陵縣入渭戲池名今新豐縣也

渭水出鳥鼠同穴山東注河入華陰北鳥鼠同穴山今在隴西首陽縣渭水出其東經南安天水略陽扶風始平京兆弘農華陰縣入河

白水出蜀而東南注江色微白濁今在梓潼白水縣源從臨洮之西西傾山來經沓中東流通陰平至漢壽縣入潛入江州城下江州縣屬巴郡

沅水山出象郡鐔城西象郡今日南也鐔城縣今屬武陵音淫入東注江

入下雋西下雋縣今屬長沙音昨兖反合洞庭中水經曰沅水出牂牁具蘭縣又東北

至鐔城縣爲沅水又東過臨沅縣南又東至長沙下雋縣

贛水出聶都東山（今贛水出南康南野縣西北音感也）東北注江入彭澤西

泗水出吴東北而南西南過湖陵西而東南注東海入淮陰北（今泗水出魯國卞縣西南至高平胡陸縣東南經沛國彭城下邳至臨淮下相縣入淮）

鬱水出象郡而西南注南海入須陵東南

肄水出臨晉西南（音如肄習之肄）而東南注海入番禺西（番禺縣屬南海越之城下也）

潢水出桂陽西北山（音黄）東南注肄水入敦浦西

洛水出洛西山東北注河入成皋之西（書曰道洛自熊耳案水經洛水今出上洛冢嶺山東北經弘農至河南鞏縣入河成皋縣亦屬河南也）

汾水出上窳北音愈而西南注河入皮氏南今汾水出太原晉陽故汾陽縣東南經晉陽西南經西河平陽至河東汾陰入河皮氏縣屬平陽

沁水出井陘山東東南注河入懷東南懷縣屬河內河內北有井陘山

濟水出共山南東丘共與恭同絶鉅鹿澤絶猶截度也鉅鹿今在高平注渤海入齊琅槐東北今濟水自滎陽卷縣東經陳留至濟陰北東北至高平東北經齊南至樂安博昌縣入海今碣石也諸水所出又與水經違錯以爲凡山川或有同名而異實或同實而異名或一實而數名似是而非以非而是且歷代久遠古今變易語有楚夏名號不同未得詳也

潦水出衛皋東出塞外衛皋山玄菟高句驪縣有潦山小潦水所出西河注大潦音遼東南注渤海入潦陽潦陽縣屬潦東

虖池水出晉陽城南而西至陽曲北而東注渤海經河間樂

城東北注渤海也晉陽陽曲縣皆屬太原入越章武北章武郡名

漳水出山陽東東注渤海入章武南新城沛陰縣亦有漳水

建平元年四月丙戌待詔太常屬臣望校治侍中光

祿勳臣龔侍中奉車都尉光祿大夫臣秀領主省

大荒東經第十四

郭氏傳

東海之外大壑詩含神霧曰東注無底之谷謂此壑也離騷曰降望大壑少昊之國少昊金天氏帝摯之號也少昊孺帝顓頊於此孺義未詳棄其琴瑟言今壑中有琴瑟也有甘山者甘水出焉生甘淵水積則成淵也

大荒東南隅有山名皮母地丘

東海之外大荒之中有山名曰大言日月所出有波谷山者有大人之國晉永嘉二年有鶖鳥集于始安縣南廿里之鶖陂中民周虎張得之木矢貫之鐵鏃其長六尺有半以箭計之其射者人身應長一丈五六尺也又平州別駕高會語云倭國人嘗行遭風吹度大海外見一國人皆長丈餘形狀似胡蓋是長翟別種箭殆將從此國來也外傳曰焦僥人長三尺短之至也長者不過十丈數之極也案河圖玉版曰從崑崙以北九萬里得龍伯國人長三十丈生萬八千歲而

死從崑崙以東得大秦人長十丈皆衣帛從此以東十萬里得佻人國長三十丈五尺從此以東十萬里得中秦國人長一丈穀梁傳曰長翟身橫九畝載其頭眉見於軾即長數丈人也秦時大人見臨洮身長五丈脚跡六尺準斯以言則此大人之長短未可得限度也

有大人之市名曰大人之堂亦山名形狀如堂室耳大人時集會其上作市肆也

有一大人踆其上張其兩耳踆或作俊皆古蹲字莊子曰踆於會稽也

有小人國名靖人詩含神霧曰東北極有人長九寸殆謂此小人也或作竫音同有神人面獸身名曰犁䰱之尸䰱音靈字

有潏山楊水出焉音如潏詐之譎

有蔿國黍食言此國中惟有黍穀也蔿音口偽反使四鳥虎豹熊羆

大荒之中有山名曰合虛日月所出有中容之國帝俊

生中容（俊亦舜字假借音也）中容人食獸木實（此國中有赤木玄木其華實美見呂氏春秋）使四鳥豹虎熊羆

有東口之山有君子之國其人衣冠帶劒（亦使虎豹好讓謙也）有司幽之國帝俊生晏龍晏龍生司幽司幽生思士不妻思女不夫（言其人直思感而氣通無配合而生子此莊生所謂白鵠相視眸子不運而感風化之類也）食黍食獸是使四鳥有大阿之山者

大荒中有山名曰明星日月所出

有白民之國帝俊生帝鴻帝鴻生白民白民銷姓黍食使四鳥虎豹熊羆（又有乘黃獸乘之以致壽考也）

有青丘之國有狐九尾（太平則出而為瑞也）有柔僕民是維嬴土

之國嬴猶沃衍也音盈有黑齒之國齒如漆也帝俊生黑齒聖人神化無方故其後世所降育多有殊類異狀之人諸言生者多謂其苗裔未必是親所產姜姓黍食使四鳥

有夏州之國有蓋余之國有神人八首人面虎身十尾名曰天吳水伯

大荒之中有山名曰鞠陵于天音菊東極離瞀三山名也音穀瞀日月所出名曰折丹神人東方曰折單吁之來風曰俊未詳來風所在也處東極以出入風言此人能節宣風氣時其出入

東海之渚中渚島有神人面鳥身珥兩黃蛇以蛇貫耳踐兩黃蛇名曰禺䝞黃帝生禺䝞禺䝞生禺京即禺彊也禺京處北海禺䝞處東海是惟海神言分治一海而為神也䝞一本作號

有招搖山融水出焉有國曰玄股自髀以下如漆黍食使四鳥有困民國勾姓而食有人曰王亥兩手操鳥方食其頭王亥託于有易河伯僕牛河伯僕牛皆人姓名託寓也見汲郡竹書有易殺王亥取僕牛竹書曰殷王子亥賓于有易而淫焉有易之君緜臣殺而放之是故殷上甲微假師于河伯以伐有易滅之遂殺其君緜臣也河念有易有易潛出為國於獸方食之名曰搖民言有易本與河伯友善上甲微殷之賢王假師以義伐罪故河伯不得不助滅之既而哀念有易使得潛化而出化為搖民國帝舜生戲戲生搖民海內有兩人此乃有易所化作也名曰女丑即女丑之尸言其變化無常也然則一以涉化津而遯神域者亦無往而不之觸感而寄迹矣范蠡之倫亦聞其風者也女丑有大蟹廣千里也大荒之中有山名曰孽搖頵羝上有扶木柱三百里其

葉如芥柱猶起高也葉似芥菜有谷曰温源谷温源即湯谷也湯谷上有扶木扶桑在上一日方至一日方出言交會相代也皆載於烏中有三足烏有神人面大耳獸身珥兩青蛇名曰奢比尸有五彩之鳥相鄉棄沙未聞沙義惟帝俊下友亦未聞也帝下兩壇彩鳥是司言山下有舜二壇五彩鳥主之

大荒之中有山名曰猗天蘇門日月所生有壎民之國音如諠譁之諠有綦山音忌又有搖山有䰙山音如釜甑之甑又有門戶山又有盛山又有待山有五彩之鳥

東荒之中有山名曰壑明俊疾日月所出有中容之國

東北海外又有三青馬三騅馬蒼白雜毛爲騅甘華爰有遺

玉三青鳥三騅視肉聚肉有眼甘華甘柤百穀所在言自生也

有女和月母之國有人名曰鳧音婉北方曰鳧來之風曰狻言亦有兩名也音剡是處東極隅以止日月使無相間出沒司其短長言鳧主察日月出入不令得相間錯知景之短長

大荒東北隅中有山名曰凶犁土丘應龍處南極應龍龍有翼者也殺蚩尤與夸父蚩尤作兵者不得復上應龍遂住地下故下數旱上無復作雨者故也旱而爲應龍之狀乃得大雨今之土龍本此氣應自然冥感非人所能爲者

東海中有流波山入海七千里其上有獸狀如牛蒼身而無角一足出入水則必風雨其光如日月其聲如雷

其名曰夔黃帝得之以其皮爲鼓橛以雷獸之骨雷獸即雷神也人面龍身鼓其腹者橛猶擊也聲聞五百里以威天下

大荒南經第十五

郭氏傳

南海之外赤水之西流沙之東(赤水出崑崙山流沙出鍾山也)有獸左右有首名曰跊踢(出狘名國黜惕兩音)有三青獸相并名曰雙雙(言體合為一也公羊傳所云雙雙而俱至者蓋謂此也)

有阿山者南海之中有氾天之山赤水窮焉(赤水流極於此山也)赤水之東有蒼梧之野舜與叔均之所葬也(叔均商均也舜巡狩死於蒼梧而葬之商均因留死亦葬焉基今在九疑之中)爰有文貝(即紫貝也)離俞(即離朱)鴟久(即鵂鶹也)鷹賈(賈亦鷹屬)委維(即委蛇也)熊羆象虎豹狼視肉

有滎山滎水出焉黑水之南有玄蛇食麈(今南方蚦蛇吞鹿亦此類)

有巫山者西有黃鳥帝藥八齋(天帝神仙藥在此也)黃鳥於巫山

司此玄蛇言主之也
大荒之中有不庭之山榮水窮焉有人三身帝俊妻娥
皇生此三身之國蓋後裔所出也姚姓黍食使四鳥姚舜姓也
有淵四方四隅皆達言淵四角皆旁通也北屬黑水南屬大荒屬猶
連也北旁名曰少和之淵南旁名曰從淵音驄馬之驄舜之所
浴也言舜嘗在此中澡浴也
又有成山甘水窮焉甘水出甘山極此中也有季禺之國顓頊之
子食黍言此國人顓頊之裔子也有羽民之國其民皆生毛羽
有卵民之國其民皆生卵即卵生也
大荒之中有不姜之山黑水窮焉黑水出崑崙山又有賈山汔

水出焉又有言山又有登備之山（即登葆山羣巫所從上下者也）有恝恝之山（音如券契之契）又有蒲山澧（音禮）水出焉又有隗山（音隗囂）其西有丹其東有玉又南有山漂水出焉（音栗）有尾山有翠山（言此山有翠鳥也）

有盈民之國於姓黍食又有人方食木葉

有不死之國阿姓甘木是食（甘木即不死樹食之不老）

大荒之中有山名曰去痓南極果北不成去痓果（音如風痓之痓未詳）

南海渚中有神人面珥兩青蛇踐兩赤蛇曰不廷胡余（一神名耳）

有神名曰因因乎南方曰因乎夸風曰乎民（亦有三名

𠫤南極以出入風

有襄山又有重陰之山有人食獸曰季釐帝俊生季釐故曰季釐之國有緡淵（音昏）少昊生倍伐倍伐降𠫤緡淵有水四方名曰俊壇（水狀似土壇因名舜壇也）

有臷民之國（爲人黄色）帝舜生無淫降臷𠫤是謂巫臷民巫臷民盼姓食穀不績不經服也（言自然有布帛也）不稼不穡食也（言五穀自生也種之爲稼收之爲穡）爰有歌舞之鳥鸞鳥自歌鳳鳥自舞爰有百獸相羣爰𠫤百穀所聚

大荒之中有山名曰融天海水南入焉有人曰鑿齒羿殺之（射殺也）

有蜮山者有蜮民之國音惑桑姓食黍射蜮是食蜮短狐也似鼈含沙射人中之則病死此山出之亦以名云有人方扜弓射黃蛇扜挽也音紆名曰蜮人

有宋山者有赤蛇名曰育蛇有木生山上名曰楓木楓木蚩尤所棄其桎梏蚩尤爲黃帝所得械而殺之已摘棄其械化而爲樹也是謂楓木即今楓香樹有人方齒虎尾名曰祖狀之尸音如柤梨之柤

有小人名曰焦僥之國皆長三尺幾姓嘉穀是食

大荒之中有山名㱙塗之山音朽青水窮焉青水出崑崙有雲雨之山有木名曰欒音鸞禹攻雲雨攻謂槎伐其林木有赤石焉生欒言山有精靈復變生此木於赤石之上黃本赤枝青葉羣帝焉取藥

言樹花實皆爲神藥

有國曰顓頊生伯服食黍有鼬姓之國音如橘柚之柚有苕山又有宗山又有姓山又有壑山又有陳州山又有東州山又有白水山白水出焉而生白淵昆吾之師所浴也昆吾古王者号音義曰昆吾山名溪水也出善金二文有異莫知所辨測有人名曰張弘在海上捕魚海中有張弘之國或曰即奇肱人疑非食魚使四鳥有人焉鳥喙有翼方捕魚於海

大荒之中有人名曰驩頭鯀妻士敬士敬子曰炎融生驩頭驩頭人面鳥喙有翼食海中魚杖翼而行翅不可以飛倚杖之用行

而巴維宜芑苣穋楊是食管子説地所宜云其種穋杞黑黍皆禾類也苣黑黍今字作黍旁起秬秬三音有驩頭之國帝堯帝嚳帝舜葬於岳山即狄山也爰有文貝離俞鴟久鷹賈延維視肉熊羆虎豹朱木赤支青華玄實有申山者

大荒之中有山名曰天臺高山海水入焉

東南海之外甘水之間有羲和之國有女子名曰羲和方浴日於甘淵羲和蓋天地始生主日月者也故啓筮曰空桑之蒼蒼八極之既張乃有夫羲和是主日月職出入以爲晦明又曰瞻彼上天一明一晦有夫羲和之子出于湯谷故堯因此而立羲和之官以主四時其後世遂爲此國作日月之象而掌之沐浴運轉之於甘水中以效其出入湯谷虞淵也所謂世不失職耳羲和者帝俊之妻生十日言生十子各以日名名之故言生十日數十也

有蓋猶之山者其上有甘柤枝幹皆赤黃葉白華黑實東又有甘華枝幹皆赤黃葉有青馬有赤馬名曰三騅有視肉有小人名曰菌人音如朝菌之菌有南類之山爰有遺玉青馬三騅視肉甘華百穀所在

大荒西經第十六

郭氏傳

西北海之外大荒之隅有山而不合名曰不周負子淮南子曰昔者共工與顓頊爭帝怒而觸不周之山天維絶地柱折故今此山缺壞不周匝也有兩黃獸守之有水曰寒暑之水水西有濕山水東有幕山音莫有禹攻共工國山言攻其國殺其臣相柳於此山啓筮曰共工人面蛇身朱髮也有國名曰淑士顓頊之子言亦出自高陽氏也有神十人名曰女媧之腸或作女媧之腹化爲神處栗廣之野女媧古神女而帝者人面蛇身一日中七十變其腹化爲此神栗廣野名媧音瓜橫道而處言斷道也有人名曰石夷來風曰韋來或作夲也處西北隅以司日月之長短言察日月晷度之節有五彩之鳥有冠名曰狂鳥爾雅云狂夢鳥即此也有大澤之

長山有白民之國

西北海之外赤水之東有長脛之國（脚長三丈）有西周之國姬姓食穀有人方耕名曰叔均帝俊生后稷（俊宜爲嚳嚳第二妃生后稷也）稷降以百穀稷之弟曰台璽（音胎）生叔均叔均是代其父及稷播百穀始作耕有赤國妻氏有雙山

西海之外大荒之中有方山者上有青樹名曰柜格之松（木名音矩）日月所出入也

西北海之外赤水之西有先民之國食穀使四鳥有北狄之國黃帝之孫曰始均始均生北狄有芒山有桂山有搖山（此山多桂及搖木因名云耳）其上有人號曰太子長琴顓頊

生老童（世本云顓頊娶于滕墳氏謂之女祿產老童也）老童生祝融（即重黎也高辛氏火正號曰祝融也）祝融生太子長琴是處搖山始作樂風（創制樂風曲也）

有五彩鳥三名一曰皇鳥一曰鸞鳥一曰鳳鳥有蟲狀如菟胷以後者裸不見（言皮色青故不見其裸露處）青如猨狀（狀又似猨）

大荒之中有山名曰豐沮玉門日月所入有靈山巫咸巫即巫盼巫彭巫姑巫真巫禮巫抵巫謝巫羅十巫從此升降百藥爰在（群巫上下此山采之也）

西有王母之山壑山海山（皆群大靈之山）有沃之國（言其土沃饒也）沃民是處沃之野鳳鳥之卵是食甘露是飲凡其所欲其味盡存（言其所願滋味此無所不倫）爰有甘華甘柤白柳視肉三騅

琁瑰瑤碧琁瑰亦玉名穆天子傳曰枝斯璿瑰枝回二音白木琅玕樹色正白今南方有文木亦黑木也白丹青丹又有黑丹也孝經援神契曰王者德至山陵而黑丹出然則丹者別是彩名亦猶黑白黃皆云丹也多銀鐵鸞鳥自歌鳳鳥自舞爰有百獸相羣是處是謂沃之野有三青鳥赤首黑目一名曰大鵹一名少鵹鵹音黎一名曰青鳥皆西王母所使也有軒轅之臺射者不敢西嚮射畏軒轅之臺敬難黃帝之神

大荒之中有龍山日月所入有三澤水名曰三淖昆吾之所食也穆天子傳曰滔水濁繇氏之所食亦此類也有人衣青以袂蔽面袂名曰女丑之尸有女子之國王頎至沃沮國盡東界問其耆老云國人常乘船捕魚遭風見吹數十日東一國在大海中純女無男即此國也

有桃山有䖟山有桂山有于土山有丈夫之國其國無婦人也有弇州之山五彩之鳥仰天張口嘘天名曰鳴鳥爰有百樂歌儛之風爰有百種伎樂歌儛風曲有軒轅之國其人人面蛇身江山之南棲爲吉即窮山之際也山居爲棲吉者言無凶夭不壽者乃八百歲壽者數千歲西海陼中有神人面鳥身珥兩青蛇踐兩赤蛇名曰弇茲大荒之中有山名曰日月山天樞也吳姖天門日月所入有神人面無臂兩足反屬於頭上名曰嘘言嘘啼也顓頊生老童老童生重及黎世本云老童娶於根水氏謂之驕福産重及黎帝令重獻上天令黎卬下地古者人神雜擾無別顓頊乃命南正重司天以屬神命火正黎司地以屬民重實上天黎實下地獻卬義未詳也下地是生噎處於西極以

行日月星辰之行次主察日月星辰之度數次舍也

有人反臂名曰天虞亦尸虞也有女子方浴月帝俊妻常羲

生月十有二此始浴之義與羲和浴日同有玄丹之山出黑丹也有

五色之鳥人面有髮爰有青鴍音文黃鷔音敖青鳥黃鳥其

所集者其國亡有池名孟翼之攻顓頊之池孟翼人姓名也

大荒之中有山名曰鏖鏊鉅鏊音如敖日月所入者

有獸左右有首名曰屏蓬即并封也語有輕重耳有巫山者有壑

山者有金門之山有人名曰黃姖之尸有比翼之鳥有

白鳥青翼黃尾玄喙奇鳥有赤犬名曰天犬其所下者

有兵周書云天狗所止地盡傾餘光燭天爲流星長數十丈其疾如風其聲如雷其光如電吳楚七國反

時未過渠國者是也

西海之南流沙之濱赤水之後黑水之前有大山名曰崑崙之丘有神人面虎身有文有尾皆白處之言其尾以白爲點駮其下有弱水之淵環之其水不勝鴻毛其外有炎火之山投物輒然今去扶南東萬里有耆薄國東復五千里許有火山國其山雖霖雨火常然火中有白鼠時出山邊求食人捕得之以毛作布今之火澣布是也即此山之類有人戴勝虎齒有豹尾穴處名曰西王母河圖玉版亦曰西王母居崑崙之山山西山經曰西王母居玉山穆天子傳曰乃紀名迹于弇山之石曰西王母之山也然則西王母雖以崑崙之宮亦自有離宮別窟遊息之處不專住一山也故記事者各舉所見而言之此山萬物盡有

大荒之中有山名曰常陽之山日月所入

有寒荒之國有二人女祭女薎或持觶或持俎

有壽麻之國呂氏春秋曰南服壽麻北懷闟耳

南岳娶州山女名曰女虔女虔生季格季格生壽麻壽麻正立無景疾呼無響言其稟形氣有異於人也列仙傳曰玄俗無景爰有大暑不可以往言熱炙殺人也有人無首操戈盾立名曰夏耕之尸亦形天尸之類故成湯伐夏桀于章山克之于章山名斬耕厥前頭亦在前者耕既立無首走厥咎逃避罪也乃降于巫山自竄于巫山巫山今在建平巫縣

有人名曰吳回奇左是無右臂即奇肱也吳回祝融弟亦為火正也

有蓋山之國有樹赤皮支幹青葉名曰朱木或作朱威木也有

一臂民北極下亦有一脚人見河圖玉版

大荒之中有山名曰大荒之山日月所入有人焉三面是顓頊之子三面一臂無左臂也三面之人不死言人頭三邊各有面也玄菀太守王頎至沃沮國問其耆老云復有一破船隨波出在海岸邊上有一人項中復有面與語不解了不食而死此是兩面人也呂氏春秋曰一臂三面之鄉也是謂大荒之野

西南海之外赤水之南流沙之西有人珥兩青蛇乘兩龍名曰夏后開開上三嬪于天嬪婦也言獻美人于天帝得九辯與九歌以下皆天帝樂名也開登天而竊以下用之也開筮曰昔彼九冥是與帝辯同言之序是為九歌又曰不可竊辯與九歌以國于下義具見於歸藏此天穆之野高二千仞竹書曰顓頊產伯鯀是維若陽居天穆之陽也開焉得始歌九招竹書曰夏后開儛九招也

有互人之國人面魚身炎帝之孫炎帝神農名曰靈恝恝音如券契之契靈恝生互人是能上下于天言能乘雲雨也有魚偏枯名曰魚婦顓頊死即復蘇言其人變化也風道北來天乃大水泉言泉水得風暴溢出道猶從也韓非曰玄鶴二八道南方而來蛇乃化爲魚是謂魚婦顓頊死即復蘇淮南子曰后稷龍在建木西其人死復蘇其半爲魚蓋謂此也有青鳥身黃赤足六首名曰鸀鳥音觸有大巫山有金之山西南大荒之中隅有偏勾常羊之山

案夏后開即啓避漢景帝諱云

大荒北經第十七　郭氏傳

東北海之外大荒之中河水之間附禺之山帝顓頊與九嬪葬焉（此皆殊俗義所作冢）爰有鴟久文貝離俞鸞鳥鳳鳥大物小物（言備有也）有青鳥琅鳥玄鳥黃鳥虎豹熊羆黃蛇視肉璿瑰瑶碧皆出衛於山（在其山邊也）丘方圓三百里丘南帝俊竹林在焉大可爲舟（言舜林中竹一節則可以爲船也）竹南有赤澤水（水色赤也）名曰封淵（封亦大也）有三桑無枝（皆高百仞）丘西有沉淵顓頊所浴

有胡不與之國（一國復名耳今胡夷語皆通然）烈姓黍食

大荒之中有山名曰不咸有肅愼氏之國（今肅愼國去遼東三千餘里穴

居無衣衣猪皮冬以膏塗體厚數分用却風寒其人皆工射弓長四尺勁彊箭以楛木爲之長尺五寸青石爲鏑此春秋時隼集陳侯之庭所得矢也晉大與三年平州刺史崔毖遣別駕高會使來獻肅慎氏之弓矢箭鏃有似銅骨作者問云轉與海內國通得用此令名之爲挹婁國出好貂赤玉豈從海外轉而至此乎後漢書所謂挹婁國是也

有蜚蛭四翼翡窒兩音有蟲獸首蛇身名曰琴蟲亦蛇類也有人名曰大人有大人之國釐姓黍食有大青蛇黃頭食麈今南方蚺蛇食鹿鹿亦麈屬也有榆山有鯀攻程州之山皆因其事而名物也

大荒之中有山名曰衡天有先民之山有槃木千里音盤

有叔歜國音昨感反一音觸顓頊之子黍食使四鳥虎豹熊羆

有黑蟲如熊狀名曰猎猎或作獡音夕同有北齊之國姜姓使虎豹熊羆

大荒之中有山名曰先檻大逢之山河濟所入海北注焉河濟注海已復出海外入此山中也其西有山名曰禹所積石有陽山者有順山者順水出焉

有始州之國有丹山此山純出丹朱也竹書曰和甲西征得一丹山今所在亦有丹山丹出土穴中

有大澤方千里羣鳥所解穆天子傳曰北至廣原之野飛鳥所解其羽乃於此[illegible]鳥獸絕羣載羽百車竹書亦曰穆王北征行流沙千里積羽千里皆謂此澤也

有毛民之國其人面躰皆生毛依姓食黍使四鳥禹生均國均國生役采役采一作來生脩鞈音如[illegible]袷之袷脩鞈殺綽人人名帝念之潛為之國潛密同之爲国是此毛民

有儋耳之國任姓其人耳大下儋垂右有上朱崖儋耳鏤畫其耳亦以放之也禺號子食穀北海之者中言在海名中種粟谷食謂禺彊也有神人面鳥身珥兩青蛇踐兩赤蛇名曰禺彊

大荒之中有山名曰北極天櫃音匱海水北注焉有神九首人面鳥身名曰九鳳又有神銜蛇操蛇其狀虎首人身四蹄長肘名曰彊良亦在獸畫中

大荒之中有山名曰成都載天有人珥兩黃蛇把兩黃蛇名曰夸父后土生信信生夸父夸父不量力欲追日景逮之於禺谷禺淵日所入也今作虞將飲河而不足也將走大澤未至死于此禺也應龍已殺蚩尤又殺夸父上云夸父不量力與

日競而死今此獲云爲應龍所殺死無定名觸事而寄明其變化無方不可揆測也乃去南方處之故南方多雨言龍水物以類相感故也又有無腸之國是任姓爲人長也無繼子食魚繼亦當作肖謂膞腸也共工臣名曰相繇相柳也語聲轉耳九首蛇身自環言轉旋也食于九土言貪殘也其所歍所尼歍嘔猶噴吒尼止也即爲源澤言多氣力不辛乃苦言氣酷烈百獸莫能處言畏之也禹湮洪水殺相繇禹塞洪水由以溺殺之也其血腥臭不可生穀言其膏血滂流成淵水也其地多水不可居也禹湮之三仞三沮言禹以土塞之地稻壞也乃以爲池群帝是因以爲臺地下宜積土故衆帝因來在此共作臺在崑崙之北有岳之山尋竹生焉尋大竹名

大荒之中有山名曰不句海水入焉有係昆之山者有共

工之臺射者不敢北鄉(言畏之也)有人衣青衣名曰黄帝女魃(音如旱魃之魃)蚩尤作兵伐黄帝黄帝乃令應龍攻之冀州之野(冀州中土也黄帝亦教虎豹熊羆以與炎帝戰于阪泉之野而滅之見史記)應龍畜水蚩尤請風伯雨師縱大風雨黄帝乃下天女曰魃雨止遂殺蚩尤魃不得復上所居不雨(旱氣在也)叔均言之帝後置之赤水之北(遠徙之也)叔均乃爲田祖(主田之官詩云田祖有神)魃時亡之(畏見逐也)所欲逐之者令曰神北行(向水位也)先除水道決通溝瀆(言逐之必得雨故見先利水道今之逐魃是也)有人方食魚名曰深目民之國盼姓食魚(亦胡類但眼絕深黄帝時至也)有鍾山者有女子衣青衣名曰赤水女子獻(神女也)

大荒之中有山名曰融父山順水入焉有人名曰犬戎黄帝生苗龍苗龍生融吾融吾生弄（一作卞）明弄明生白犬白犬有牝牡（言自相配合也）是為犬戎肉食有赤獸馬狀無首名曰戎宣王尸（犬戎神名也）

有山名曰齊州之山君山鬵山（音潛）鮮野山魚山有人一目當面中生一曰是威姓少昊之子食黍有繼無民繼無民任姓無骨子食氣魚（言有無骨人也尸子曰徐偃王有筋無骨）

西北海外流沙之東有國曰中輪顓頊之子食黍有國名曰賴丘有犬戎國有神人面獸身名曰犬戎

西北海外黑水之北有人有翼名曰苗民（三苗之民）顓頊生

驩頭驩頭生苗民苗民釐姓食肉有山名曰章山

大荒之中有衡石山九陰山灰野之山上有赤樹青葉赤華名曰若木生崑崙西附西極其華光赤下照地有牛黎之國有人無骨儋耳之子儋耳人生無骨子也

西北海之外赤水之北有遼尾山有神人面蛇身而赤身長千里直目正乘直目月從正乘未聞其瞑乃晦其視乃明言視爲晝眠爲夜也不食不寢不息風雨是謂言能請致風雨是燭九陰照九陰之幽隱沉是謂燭龍離騷曰日安不到燭龍何燿詩含神霧曰天不足西北無有陰陽消息故有龍銜精以往照天門中云淮南子曰蔽于委羽之山不見天日也

海内經第十八

東海之内北海之隅有國名曰朝鮮天毒其人水居朝鮮今樂浪郡也天毒即天竺國貴道德有文書金銀錢貨浮屠出此國中也晉大興四年天竺胡王獻珍寶偎人愛人銀亦愛也音隱隈

西海之内流沙之中有國名曰壑市音郝

西海之内流沙之西有國名曰氾葉音如汎濫之汎

流沙之西有鳥山碧三水出焉三水同出一山也爰有黃金璿瑰丹貨銀鐵皆流于此中言其中有雜珍奇寶又有淮山好水出焉

流沙之東黑水之西有朝雲之國司彘之國黃帝妻雷

祖生昌意（世本云黃帝娶于西陵氏之子謂之纍祖產青陽及昌意）昌意降處若水生韓流（竹書云昌意降居若水產帝乾荒乾荒即韓流也生帝顓頊）韓流擢首謹耳（擢首長咽謹耳未開）人面豕喙麟身渠股（渠車輞言跰脚也大傳曰大如車渠）豚止（止足）取淖子曰阿女生帝顓頊（世本云顓頊母濁山氏之子名昌僕）

流沙之東黑水之間有山名不死之山（即員丘也）華山青水之東有山名曰肇山有人名曰栢高（栢子高仙者也）栢高上下於此至于天（言翱翔雲天往來此山也）

西南黑水之間有都廣之野后稷葬焉（其城方三百里蓋天下之中素女所出也離騷曰絕都廣野而直指號）爰有膏菽膏稻膏黍膏稷（言味好皆滑如膏外傳曰膏粢之子菽豆粢粟也）百穀自生冬夏播琴（播琴猶播殖方俗言耳）

鸞鳥自歌鳳鳥自儛靈壽實華[靈壽木名也似竹有枝節]草木所聚[在此叢殖也]爰有百獸相群爰處[於此羣聚]此草也冬夏不死

南海之内黑水青水之間有木名曰若木[樹赤華青]若水出焉有禺中之國有列襄之國有靈山有赤蛇在木上名曰蝡蛇木食[言不食禽獸也音如耎弱之耎]

有鹽長之國有人焉鳥首名曰鳥氏[今佛書中有此人即鳥夷也]有九丘以水絡之[絡猶繞也]名曰陶唐之丘[陶唐堯號]有叔得之丘孟盈之丘昆吾之丘[此山出名金也尸子曰昆吾之人]黑白之丘赤望之丘參衛之丘武夫之丘[此山出美石]神民之丘[言上有神人]有木青葉紫莖玄華黃實名曰建木百仞無枝有九欘[枝回

曲也音如斤斸之斸下有九枸根盤錯也淮南子曰木大則根欋音劬其實如麻似麻子也其葉如芒芒木似棠梨也大皞爰過言庖羲於此經過也黃帝所爲言治護之也有窫窳龍首是食人在弱水中有青獸人面名曰猩猩能言

西南有巴國今三巴是大皞生咸鳥咸鳥生乘釐乘釐生後照後照是始爲巴人爲之始祖有國名曰流黃辛氏即酆氏也其域中方三百里其出是塵土[illegible]也亦有巴遂山澠水出焉

又有朱卷之國有黑蛇青首食象即巴蛇也

南方有贛巨人即梟楊也音感人面長臂黑身有毛反踵見人笑亦笑脣蔽其面因即逃也又有黑人虎首鳥足四手

持蛇方啗之
有贏民鳥足音盈有封豕大猪也羿射殺之有人曰苗民三苗民也有神焉
人首蛇身長如轅大如車轂澤神也左右有首峻頭衣紫衣冠旃
冠名曰延維委蛇人主得而饗食之伯天下齊桓公出田於大澤見之
遂霸諸侯亦見莊周作朱冠有鸞鳥自歌鳳鳥自舞鳳鳥首文曰德
翼文曰順膺文曰仁背文曰義見則天下和言和平也又有
青獸如菟名曰菌狗音如朝菌之菌有翠鳥有孔鳥孔雀也
南海之內有衡山南嶽有菌山音菌有桂山或云衡山有菌桂桂員似
竹見本草有山名三天子之都一本三天子之鄣山
南方蒼梧之丘蒼梧之淵其中有九嶷音疑山舜之所葬

在長沙零陵界中山今在零陵營道縣南其山九谿皆相似故云九是古者總名其地爲蒼梧也

北海之內有蛇山者蛇水出焉東入于海有五彩之鳥飛蔽一鄉漢宣帝元康元年五色鳥以萬數過蜀都即此鳥也名曰翳鳥鳳屬也離騷曰駟玉虬而乘翳又有不距之山巧倕葬其西倕堯巧工也音瑞

北海之內有反縛盜械帶戈常倍之佐名曰相顧之尸亦貳負危之類

伯夷父生西岳西岳生先龍先龍是始生氐羌氐羌乞姓伯夷父顓頊師今氐羌其苗裔也

北海之內有山名曰幽都之山黑水出焉其上有玄鳥玄蛇玄豹玄虎黑虎名虪見爾雅玄狐蓬尾蓬叢也阻留反說苑曰蓬狐文豹之皮有大玄之山有玄丘之民言丘上人物盡黑也有大幽之國[illegible]

民也穴居無衣有赤脛之民膝已下正赤色有釘靈之國其民從膝已下有毛馬蹄善走詩含神霧曰馬蹄自鞭其蹄日行三百里炎帝之孫伯陵伯陵同吴權之妻阿女緣婦同猶通言淫之也吴權人姓名緣婦孕三年孕懷身也是生鼓延殳始為侯三子名也殳音殊鼓延是始為鍾世本云毋句作磬垂作鍾為樂風作樂之曲制黄帝生駱明駱明生白馬白馬是為鯀即禹父也世本曰黄帝生昌意昌意生顓頊顓頊生鯀帝俊生禺號禺號生淫梁淫梁生番禺是始為舟世本云共鼓貨狄作舟番禺生奚仲奚仲生吉光吉光是始以木為車世本云奚仲作車此言吉光明其父子共創作意是以互稱之少皞生般

音班是始為弓矢世本云牟夷作矢揮作弓弓矢一器作者兩人於義有疑此言般之作是

帝俊賜羿彤弓素矰彤弓朱弓矰矢名以白羽羽之外傳白羽之矰望之如荼也以

扶下國言令羿以射道除患扶助下國羿是始去恤下地之百艱言射殺鑿

齒封豕之屬也有窮后羿慕羿射故號此名也帝俊生晏龍晏龍是為琴瑟世本

云伏羲作琴神農作瑟帝俊有子八人是始為歌儛帝俊生三身

三身生義均義均是始為巧倕是始作下民百巧后稷

是播百穀稷之孫曰叔均是始作牛耕始用牛犁也大比赤

陰或作音是始為國得封為國禹鯀是始布土均定九州布猶敷也

書曰禹敷土定高山大川炎帝之妻赤水之子聽訞生炎居炎居生

節並節並生戲器戲器生祝融祝融高辛氏火正號祝融降處于

江水生共工共工生術器術器首方顛（頭頂平也）是復土穰以處江水（復祝融之所也）共工生后土后土生噎鳴噎鳴生歲十有二（生十二子皆以歲名名之故云然）洪水滔天（滔漫也）鯀竊帝之息壤以堙洪水（息壤者言土自長息無限故可以塞洪水也開筮曰滔滔洪水無所止極伯鯀乃以息石息壤以填洪水漢元帝時臨淮徐縣地踊長五六里高二丈即息土之類也）不待帝命帝令祝融殺鯀于羽郊（羽山之郊）鯀復生禹（開筮曰筮死三歲不腐剖之以具刀化為黃龍也）帝乃命禹卒布土以定九州（鯀績用不成故復命禹終其功）

山海經終

金陵全書

丁編·文獻類

葬經

（晋）郭璞 撰

南京出版傳媒集團
南京出版社

葬經八篇

先伯父校定葬經取西山蔡氏本參以各家最稱善本亂後文籍灰燼此帙僅存尚其珍之 同治庚午冬日元鍾謹識

光緒壬午汪仲伊同年校刊葬書蒐采各家舊刻錄以余家此本為最先鄂中書局重刊仲伊自注與葬經同梓於維揚洵乃是書功臣流播藝林未盡正淺識此以諗知者元煥再記

塟經

金陵甘
氏藏板

地理何昉乎昉於郭景純之葬經也前此無有乎曰有之所謂青烏經狐首經捉脈賦是已然皆後世僞託嫁名以惑世者概不足信後乎此者卓然可遵莫如楊廖然廖公亦云景純葬書最精要後世名家皆從此出故言地理者必以葬經爲鼻祖葬經一名錦囊經一名葬書世傳晉郭景純著自宋始出其後方技家競相粉飾遂有二十篇之多宋蔡季通西山先生病

其蕪雜刪去十二篇訂爲八篇元吳草廬謂就其所存猶不無顛倒混淆之失取其至精至純者爲内篇精粗純駁相半者爲外篇粗駁當去而姑存之者爲雜篇所存内外篇祇一千一百五十八字西山游朱子之門精心理學旁涉術數其於地理夙承牧堂老人之學能抉摘精奧非方士所能及草廬所刪訂終不如西山原本也但西山所訂八篇至前明時又爲術士轉增猥陋之

說以亂其真嗚呼古今人相去遠矣僅恃遺編諷誦以求心法之傳而或妄爲竄易致使承誤踵謬是非莫辨不亦惜乎予因以家藏多本校定務求完善以付剞劂非敢云郭氏功臣庶猶存西山面目以爲人子孝思之一助也至其文辭簡雅賅括靡遺先哲已備言之矣予不復贅

嘉慶二十四年歲次己卯秋八月金陵夢六居士甘福識於津逮樓

葬經

晉郭璞景純著
宋蔡元定季通訂

氣感篇

葬者。乘生氣也。五氣行乎地中。發而生乎萬物。人受體於父母。本骸得氣。遺體受廕。經曰。氣感而應。鬼福及人。是以銅山西崩。靈鐘東應。木華於春。栗芽於室。夫陰陽之氣。噫而爲風。升而爲雲。降而爲雨。行乎地中而爲生氣。經曰。氣乘風則散。界水則止。古人聚之使不散。行之使有止。故謂之風水。風水之法。得水爲上。藏風次之。何以言之。氣之盛雖流行。而其餘者猶有止。雖零散。而其深者猶有聚。故藏於涸燥者宜淺。藏於坦夷者宜深。經曰。淺深得乘。風水自成。夫土者。氣之體。有土斯有氣。氣者水之母。有氣斯有水。經曰。外氣橫行。內氣止生。蓋言此也。邱壠之骨。岡阜之支。氣之所隨。經曰。土形氣行。物因以生。蓋生者氣之聚。凝結者成骨。死而獨留。故葬者。反氣入骨。以蔭所生之法也。

因勢篇

夫氣行乎地中。其行也因地之勢。其聚也因勢之止。葬者。原其起。乘其止。地勢原脈。山勢原骨。委蛇東西。或爲南北。千尺爲勢。百尺爲形。勢來形止。是謂全氣。全氣之地。當葬其止。究委自復。回環重複。若踞而候也。若攬而有也。欲進而卻。欲止而深。來積止聚。沖陽和陰。土高水深。鬱草茂林。貴若千乘。富如萬金。經曰。形止氣蓄。化生萬物。爲上地也。

平支篇

地貴平夷。土貴有支。支之所起。氣隨而始。支之所終。氣隨而鍾。觀支之法。隱隱隆隆。微妙元通。吉在其中。經曰。

地有吉氣，土隨而起；支有止氣，水隨而比。勢順形動，回復終始。法葬其中，永吉無凶。

山勢篇

山者，勢險而有也。法葬其所會，乘其所來，審其所廢，擇其所相，避其所害。禍福不旋日，是以君子奪神功，改天命。經曰：葬山之法，若呼谷中，言應速也。山之不可葬者五：氣以生和，而童山不可葬也；氣因形來，而斷山不可葬也；氣因土行，而石山不可葬也；氣因勢止，而過山不可葬也；氣以龍會，而獨山不可葬也。經曰：童、斷、石、過、獨。

生新凶消已福占山之法以勢爲難而形次之方又次之上地之山若伏若連其原自天若水之波若馬之馳其來若奔其止若尸若懷萬寶而燕息若具萬膳而潔齋若橐之鼓若器之貯若龍若鸞或騰或盤禽伏獸蹲若萬乘之尊也天光發新朝海拱辰四勢端明五害不親十一不具是謂其次

四勢篇

夫葬以左爲青龍右爲白虎前爲朱雀後爲元武元武垂頭朱雀翔舞青龍蜿蜒白虎馴頫形勢反此法當破

死故虎蹲謂之銜屍龍踞謂之嫉主元武不垂頭者拒屍朱雀不翔舞者騰去夫以支爲龍虎者來止跡乎岡阜要如肘臂謂之環抱以水爲朱雀者衰旺係乎形應忌夫湍激謂之悲泣朱雀原於生氣派於未盛朝于大旺澤於將衰流於囚謝以返不絕法每一折瀦而後洩揚揚悠悠顧我欲留其來無源其去無流經曰山來水回貴壽而財山囚水流虜王滅侯

貴穴篇

夫外氣所以聚內氣過水所以止來龍千尺之勢宛委

頓息。外無以聚。内氣散於地中。經曰。不蓄之穴。腐骨之藏也。夫噫氣爲能散生氣。龍虎所以衛區穴。疊疊中阜左空右缺。前曠後折。生氣散於飄風。經曰。騰漏之穴。敗槨之藏也。夫土欲細而堅。潤而不澤。裁肪切玉。備具五色。夫乾如穴粟。濕如刲肉。水泉砂礫。皆爲凶宅。葢穴有三吉。葬有六凶。天光下臨。地德上載。藏神合朔。神迎鬼避。一吉也。陰陽沖和。五土四備。二吉也。目力之巧。工力之具。趨全避缺。增高益下。三吉也。陰陽差錯爲一凶。歲時之乖爲二凶。力小圖大爲三凶。憑福恃勢爲四凶。僭

上偪下爲五凶變應怪見爲六凶經曰穴吉葬凶與棄屍同

形勢篇

經曰勢止形昂前澗後岡龍首之藏鼻顙吉昌角目滅亡耳致侯王唇死兵傷宛而中蓄謂之龍腹其臍深曲必後世福傷其胸脇朝穴暮哭夫人之葬蓋亦難矣支壠之辨眩目惑心禍福之差侯虜有閒土圭測其方位玉尺度其遠邇乘金相水穴土印木外藏八風内秘五行龍虎抱衛主客相迎微妙在智觸類而長元通陰陽

功奪造化。夫牛臥馬馳。鸞舞鳳飛。螣蛇委蛇。黿鼉龜鱉。以水別之。牛富鳳貴。螣蛇凶危。形類百動。葬皆非宜。四應前案。法同忌之。

取類篇

夫重岡疊阜。羣壠衆支。當擇其特。大則特小。小則特大。參形雜勢。主客同情。所不葬也。夫支欲伏於地中。壠欲峙於地上。支壠之止。平夷如掌。故支葬其巔。壠葬其麓。卜支如首。卜壠如足。形勢不經。氣脫如逐。形如仰刀。凶禍伏逃。形如臥劍。誅夷逼僭。形如橫几。子滅孫死。形如覆舟。女病男囚。形如灰囊。灾舍焚倉。形如投筭。百事昏亂。形如亂衣。妬女淫妻。形如植冠。永昌且歡。形如覆釜其巔可富。形如負扆。有壠中峙。法葬其止。王侯崛起。形如燕巢。法葬其凹。胙土分茅。形如側罍。後岡遠來。前應曲回。九棘三槐。勢如萬馬。自天而下。其葬王者。勢如巨浪。重嶺疊嶂。千乘之葬。勢如降龍。水遶雲從。爵祿三公。勢如重屋。茂草喬木。開府建國。勢如驚蛇。屈曲徐斜。滅國亡家。勢如戈矛。兵死刑囚。勢如流水。生人皆鬼。夫勢與形順者吉。勢與形逆者凶。勢凶形吉。百福希一。勢吉形凶。禍不旋日。

謹按華亭張氏地里正義所存葬經係吳草廬刪定本婺源葉氏地里大全所錄葬經亦因吳本次第而附蔡注惟毛子晉津逮秘書所收古本葬經以蔡牧堂集攷之確係蔡本此本与吳本同其亦有与蔡本相出入者如藏風次之正接何以言之不插入經曰內氣橫行外氣止生是也愚以葬書坊間之單行本擬取汲古閣本為主而參之蔡氏發徽諸書以求一是茲獲靚佳刻竊欣先得我心敬校讀一過而附識焉光緒紀元春三月歙縣後學汪宗沂

金陵全書
丁編·文獻類

穆天子傳注

（晋）郭璞 注

南京出版社
南京出版傳媒集團

嘉慶丙寅春

穆天子傳

平津館刻

校正穆天子傳序

穆天子傳六卷晉太康二年汲縣民盜發魏安釐王墓中所得竹書也書記周穆王遊行四海見帝臺西王母暨美人盛姬死事隋書經籍志云體製與今起居正同蓋周時內史所記王命之副案史記穆王在位五十五年此書所載尋其甲子不過四五年間事耳雖殘編斷簡其文字古雅信非周秦以下人所能作如聘禮云管人布幕于寢門外鄭君注云管猶館也古文管爲官此書云官人陳牲官人設几乃古文之厪存者爾雅釋地云觚竹北戶西王母日下謂之四荒此書云紀迹于弇山之石眉曰西王母之山與爾

雅所記合史記周本紀云穆王崩子共王緊扈立司馬貞索隱引世本作伊扈此書云喪主伊扈伊扈卽共王也尤足與經史相證據晉書束晳傳此書本五卷末卷乃雜書十九篇之一索隱引穆天子傳目錄云傳瓚爲校書郎與荀勗同校定穆天子傳今本卷首載勗序云謹以二尺黃紙寫上藏之中經副在三閣今本六卷當卽勗等所定也勗時收書不謹已多殘闕厥後傳寫益復失真晁公武郡齋讀書志云書凡六卷八千五百一十四字今本僅六千六百二十二字則今本又非晁氏所見之本矣頤煊懼是書之荒替因不揣檮昧取今漢魏叢書本與明程榮本吳

穆天子傳舊序

穆天子傳出汲冢晉荀勗校定爲六卷有序言其事雖不典其文甚古頗可觀覽于考書序稱穆王饗國百年耄荒太史公記穆王賓西王母事與諸傳說所載多合則此書葢備記一時之詳不可厚誣也春秋之時諸侯各有國史多龐雜之言下逮戰國王迹熄而聖言湮處士橫議而異端起人人家自爲說求其欲不龐雜其可得乎其書紀王與七萃之士巡行天下然則徒衛簡而徵求寡矣非有如秦漢之千騎萬乘空國而出也王之自數其過及七萃之規未聞以爲迮也登羣玉山命邢侯攻玉而不受其牢是先王

恤民之法未嘗不行至遇雨雪士皆使休獨王之八駿超騰以先待輒旬日然後復發去是非督令致期也其承成康熙洽之餘百姓晏然雖以徐偃王之力行仁義不足以爲倡而搖天下以知非有暴行虐政而君子猶以王爲獲没於祗宮爲深幸足以見人心之危之如此也是豈可效哉是豈可效哉存其書者固可以覽其古徵其事者又安可不考其是非歟南臺都事海岱劉貞庭幹舊藏是書懼其無傳暇日稍加讎校譌舛命金陵學官重刊與博雅之士共之諗予題其篇端云時至正十年歲在庚寅春二月二十七日壬子北岳王漸玄翰序

琯本汪明際本錢唐趙君坦所校吳山道藏本暨史漢諸注唐宋類書所引互相參校表其異同正其舛謬爲補正文及注若干字刪若干字改若干字其無可校證者闕之徒恨傳譌已久未能盡復舊觀如釋古彝器碑碣之十得五六云爾嘉慶庚申六月三日

臨海洪頤煊書于西湖詁經精舍

穆天子傳序　一

穆天子傳序

侍中中書監光祿大夫濟北侯臣荀勗撰

序古文穆天子傳者太康二年汲縣民不準盜發古冢所得書也○案晉書武帝紀云咸寧五年冬十月汲郡人不準掘魏襄王冢得竹簡小篆古書十餘萬言藏于祕府史記周本紀正義晉咸和五年汲郡汲縣發魏襄王冢得古書冊七十五卷咸和即咸寧之譌在太康前二年惟束皙傳云太康二年與此序同皆竹簡素絲編以臣勗前所考定古尺度其簡長二尺四寸以墨書一簡四十字汲者戰國時魏地也案所得紀年蓋魏惠成王子今王之冢也○今王本作令王从史記魏世家集解引紀年改於世本蓋襄王也○藝文類聚四十引王隱晉書云盜發安釐王冢今晉書束皙傳云盜發魏襄王墓或云安釐王冢蓋兩存其說案史記六國年表自今王二十一

年〇史記哀王紀年作今王在位凡二十三年此引年表作二十一年疑誤至秦始皇三十四年燔書之歲八十六年及至太康二年初得此書凡五百七十九年其書言周穆王遊行之事〇左傳正義引王隱晉書束皙傳云周王遊行五卷今謂之穆天子傳春秋左氏傳曰穆王欲肆其心周行於天下將皆使有車轍馬跡焉此書所載則其事也王好巡守得盜驪騄耳之乘造父為御以觀四荒北絕流沙西登昆侖見西王母與太史公記同汲郡收書不謹多毀落殘缺雖其言不典皆是古書頗可觀覽謹以二尺黃紙寫上請事平以本簡書及所新寫〇案太平御覽七百四十九引王隱晉書云荀勗領祕書監始書師鍾明法太康二年得汲郡冢中古文竹書荀自撰次注寫以為中經別在祕書左傳正義引王隱晉書束皙傳

云汲郡初得此書表藏祕府詔荀勗和嶠以隸字寫之疑當日荀所寫僅得鍾本故未見本簡書今晉書束晳傳云武帝以其書付祕書校綴次第尋考指歸而以今文寫之當在事平之後也竝付祕書繕寫藏之中經副在三閣謹序

案此序漢魏叢書本不載道藏本程氏本吳氏本皆有之

穆天子傳序終

附錄

隋書經籍志起居注類穆天子傳六卷汲冢書郭璞注

舊唐書經籍志起居注類穆天子傳六卷郭璞撰

新唐書藝文志起居注類郭璞穆天子傳六卷

宋史藝文志別史類郭璞注穆天子傳六卷

晁公武郡齋讀書志傳記類穆天子傳六卷晉太康二年汲縣民盜發古冢所得凡六卷八千五百一十四字詔荀勗和嶠等以隸字寫之云按春秋左氏傳穆王欲肆其心周行天下將皆有車轍馬跡焉此書所載即其事也穆王始巡狩得驊騮綠耳之乘造父

爲御以觀四荒北絕流沙西登昆侖與太史公記同汲郡守書不謹多毀缺雖其言不典皆古書頗觀覽郭璞注本謂之周王遊行記勗之時古文已不能盡識時有缺者又轉寫譌誤殆不可讀

陳振孫直齋書錄解題起居注類穆天子傳六卷晉武帝時汲冢所得書其體制與起居注正同郭璞爲之注起居注者自漢明德馬皇后始漢魏以來因之

鄭樵通志藝文略起居注類穆天子傳六卷汲冢古文郭璞注其言似今起居注

王應麟玉海藝文傳記類穆天子傳中興書目六卷晉太康二年汲郡民發古冢得之其書言穆王遊行

之事侍中荀勗等校正郭璞爲之注序曰謹以一尺書紙寫上請付祕書繕寫藏之中經副在三閣詔荀勗和嶠以隸字寫之六卷八千五百一十四字

欽定四庫全書簡明目錄小說家類穆天子傳六卷汲冢古本晉郭璞注所紀周穆王西行之事爲經典所不載而與周穆王篇互相出入知當時委巷流傳有此雜記舊史以其編紀日月皆列起居注中今改隸小說以從其實

欽定四庫全書總錄小說家類穆天子傳六卷晉郭璞注前有荀勗序按束晳傳云太康二年汲縣人不準盜發魏襄王墓得竹書穆天子傳五篇又雜書十九

篇周食田法周書論楚事周穆王美人盛姬事按今
盛姬載穆天子傳第六卷葢即束晳傳所謂雜書之
一篇也第其文義應歸此傳束晳傳別出之非也此
書記事有月日而無年又文多斷缺以今本竹書紀
年校之紀年載十二年冬王北巡狩遂征犬戎事在
傳之第一卷十四年夏王畋于軍邱五月作范宮作
虎牢事在傳之第五卷十五年作重璧臺冬王觀于
鹽澤事在傳之第六卷十七年王西征昆侖邱見西
王母事在傳之第二卷第三卷第四卷兩書同時並
出荀勗等互校其文不應牴牾如此葢今本竹書紀
年乃明人撫諸書以爲之非汲冢之舊簡併郭璞中

所引紀年之文尚掇拾未盡況暇考其次第乎是亦今本紀年出于依託之一證或乃謂當移五卷六卷于二卷之前以符竹書之次第則削趾適履矣書中所紀雖多夸言寡實然所謂西王母不過西方一國君所謂縣圃者不過爲飛鳥百獸之所飲食爲大荒之圃澤無所謂神仙怪異之事所謂河宗氏者亦僅國名無所謂魚龍變見之說較山海經淮南子猶爲近實郭璞注爾雅于西至西王母句不過曰西方昬荒之國于河出昆侖墟句雖分大荒西經而不言其靈異其注此書乃頗引志怪之談蓋釋經不敢不謹嚴而箋釋雜書則務矜博洽故也列子周穆王篇所

載與此傳相出入蓋當時流俗有此載記如後世小說野乘之類故列禦寇得捃採其文耳道藏目錄載入洞元部記傳類恭字號與杜光庭錄異記諸書同列則牽附甚矣世所傳汲冢書師春之類久已亾佚逸周書又屬誤入紀年僞妄顯然其眞存于今者惟此傳矣然文字既古訛脫又甚學者多不究心封膜晝于河水之陽見第二卷膜晝自是人名封者錫以爵邑張彥遠歷代名畫記誤以晝爲畫字遂誤以封膜爲畫家之祖邱陵自出乃西王母謠見第三卷方回瀛奎律髓注陳子昂詩邱陵徒自出乃云自出二字疑誤第二卷云乃爲銘迹于縣圃之石上第三卷

云乃紀其迹于弇山之石上其文甚明朱珪名蹟錄乃謂取穆天子傳爲名蹟于弇茲石上全然舛迕則其傳世亦在若存若亾之間固攷古者所宜寶重也

穆天子傳卷一

晉　郭璞　注　　臨海　洪頤煊　校

古文

飲天子蠲（音涓）山之上。戊寅，天子北征，乃絕漳水。（絕猶截也。漳水今在鄴縣。）庚辰，至于□，觴天子于盤石之上。（觴者所以進酒，因云觴耳。）天子乃奏廣樂。（史記云：趙簡子疾，不知人，七日而寤，曰：我之帝所甚樂，與百神遊于釣天，廣樂九奏，萬舞，不類三代之樂，其聲動心。廣樂義見此。）載立不舍。（言在車上立，不下也。）

至于鈃山之下。（燕趙謂山脊爲鈃，即井鈃山也，今在常山石邑縣。鈃音邢。○注燕趙謂山脊爲鈃七字本脫，从太平御覽一百六十一引補。井字、也字从御覽八十五引補。錢辛楣詹事云：井鈃即井陘，古讀鈃如陘，宋牼即宋鈃也。）癸未，雨雪，天子獵于鈃山之西阿。（阿，山陂也。○阿，太平御覽十二、八十五引皆作河。）于是得絕鈃山之隊。（隊謂谷中險阻道也音遂北循虖沱之陽虖沱河今在鴈門鹵城縣陽水北沱音橐駝之駝乙酉天子北升于口天子北征于犬戎國語曰穆王將征犬戎郛公謀父諫不從遂征之得四白狼四白鹿以歸自是荒服不至紀年又曰取其五王以東○今本紀年云穆王十二年毛公班井公利逢公固帥師從王伐犬戎冬十月王北巡狩遂征犬戎犬戎口胡觴天子于當水之陽○下文云犬戎胡觴天子于當水之阿當疑雷字之譌戎下口亦疑衍天子乃樂口賜七萃之士戰萃集也聚也亦猶傳有七輿大夫皆聚集有智力者為王之爪牙也○文選虞子陽詠霍將軍北伐詩注王元長三月三日曲水詩序注引皆無戰字注與上脫七字今从文選注引補庚寅北風雨雪詩曰北風其涼雨雪其雱○廣韻十遇注引詩作霶天子以寒之故命王屬休令王之徒屬休息也甲午天子西征乃絕隃之關隥隥阪也疑此謂北陵西隃西隃鴈門山也音俞○注隃西下本有己亥二字蓋誤以下正文鐫入今刪己亥至于焉居禺知之平疑皆

國名
辛丑天子西征至于鄘人鄘國名音回苦切○說文云鄘右扶風鄠鄉从
邑崩聲讀若陪薄回切漢書鄘成侯周緤史記作蒯索隱云音苦懷反一音裴小顏音普肯反蒯郎鄘字
之譌顏讀與郭氏音同古今姓氏書辨證云鄘國在虞芮之閒
河宗之子孫鄘柏絮柏爵絜名古柏字多以木○鄘史記趙世家正義引
譌作則柏程氏汪氏本或作伯道藏本或作栢今依宇定作柏古今姓氏
書辨證引作蒯伯絮
且逆天子于智之口先豹皮十
艮馬二六古者為禮皆有以先之傳曰先進乘韋
天子使井利受之井利穆王之嬖臣
癸酉天子舍于漆澤一宿為舍○孫同元云漆澤疑即下滲澤之譌
案初學記二十二引下文天子獵于漆澤滲漆字相近孫說是也
乃西釣于河以觀
口智之口甲辰天子獵于滲澤於是得白狐玄貈焉
○貈本作狢从廣韻十九鐸注引改太平御覽六十一引作貉皆古今字
以祭于河宗以將
有事于河奇此獲故用之漢武帝郊祀得一角白鹿
以為祥瑞亦將燎祭之類○郭氏爾雅釋獸注漢武

帝郊雍得一角獸若麃然謂之麟檢史記漢書原文俱同此注云白鹿約言之耳丙午天子飲于河水之阿阿水崖也天子屬六師之人于鄘邦之南滲澤之上屬猶會也戊寅天子西征鶩行至于陽紆之山鶩猶馳也紆音嘔○今本紀年云十三年春祭公帥師從王西征次于陽紆水經河水注云河水又出于陽紆陵門之山淮南子云昔禹治水具禱陽紆蓋於此也河伯無夷之所都居無夷馮夷也山海經云冰夷○水經河水注藝文類聚八十九俱引作馮夷因注而誤是惟河宗氏河四瀆之宗主河者因以爲氏○初學記六引穆天子傳云河與江淮濟三水爲四瀆河曰河宗四瀆之所宗也疑此注文史記趙世家正義云河宗在龍門河之上流嵐勝二州之地河宗柏夭逆天子燕然之山柏夭字也○山偁說郛本引此篇鬻作上勞用束帛加璧勞郊勞也五兩爲一束兩今之二丈○勞本譌作力从道藏本改先白口天子使祭父受之祭父祭公謀父作所招之詩者○說文云祭周邑也从邑祭聲程氏本作此作祭餘

俱名作祭今悉改正癸丑天子大朝于燕口之山河水之阿蓋朝會郡官告將禮河也○口疑然字乃命井利梁固梁門大夫○注門字疑是固字之譌下倣又脫一周字聿將六師聿猶曰也天子命吉日戊午詩曰吉日庚午天子大服冕禕冕冠禕衣蓋王后之上服今帝服之所未詳禕音暉帗帶帗韠也天子亦帗音弗○說文云市韠也篆文作韍帗一幅巾也从巾犮聲讀若撥今借作韍字注韠本譌作韠今改正搢曶曶長三尺杼上推頭一名珽亦謂之大圭搢猶帶也曶音忽○曶太平御覽六百九十二引作芴曶古芴字夾佩左右兩佩奉璧南面立于寒下受河宗也寒下未詳○太平御覽六百九十二引此句譌入注文注受河宗也四字本脫从御覽引補曾祝佐之曾重也傳曰曾臣偃官人陳牲全五口具牛羊之品曰牲體完曰全牲或曰全色純也傳曰牲全肥腯天子授河宗璧河宗柏夭受璧西向沉璧于河河位載昆侖再拜稽首稽首首至地也祝沉牛馬豕羊河宗

口命于皇天子加皇者尊上之○太平御覽八百九十六引無口字命于作孟乎命孟聲
相近河伯號之呼穆王帝曰穆滿以名應謚也言謚蓋後記事者之辭女當
永致用旹事語穆王當長幹理世事也哉○旹古時字本作時从程氏本改南向再
拜穆王拜河宗又號之帝曰穆滿示女春山之瑤山海經春
字作鍾音同耳言此山多珍瑤奇怪○瑤本作寶今悉程氏本改詔女昆侖□舍四
平泉七十疑皆說昆侖山上事物○漢書凡昆侖字皆不从山程氏本皆作昆侖間有从山者
傳寫譌也今悉改正乃至于昆侖之丘以觀春山之瑤皆河伯與穆王
詞語賜語晦月終為晦言賜女受終福○注賜下本有語字程氏本吳氏本重一賜字汪氏本又有
衍益字今从道藏本刪天子受命南向再拜受河伯命已未天子大
朝于黃之山將禮河而去乃披圖視典周觀天子之瑤器
省河所出禮圖○周本作用从事類賦注九引改注出本作覛从太平御覽八十五引改曰天子

之瑤曰河圖辭也玉果石似美玉所謂如果者也〇注如本作大从太平御覽八十五引改
道藏本作女果璿珠璿玉類也音旋燭銀銀有精光如燭〇燭文遂江賦注引作燭黃金
之膏金膏亦猶玉膏皆其精汋也〇注汋太平御覽八百十一引作液天子之瑤萬
金口瑤百金士之瑤五十金鹿人之瑤十金自萬金以下寘
次言諸侯之瑤千金大夫之瑤百金此書殘缺集錄者不續以見關文耳〇孫同元云鹿人疑庶人之譌
案夏小正有鹿人從鹿人亦獸人之屬天子之弓射人步劍牛馬犀口
器千金步劍疑步光之劍也犀似水牛庳腳腳有三蹄黑色〇注本譌作庳腳腳爲三角今據爾
雅注改正天子之馬走千里勝人猛獸言烈勢傑駭也天子之狗
走百里執虎豹言筋力壯猛也柏夭曰征鳥使翼曰口烏鳶
音緣鵾也鶤雞飛八百里即鵾雞鴻鵠屬也〇鶤本作鶴从文選西京賦注太平御覽九
百十六引改注鵾上脫鴻字从御覽引補爾雅釋畜云雞三尺爲鶤西京賦云駕鵝鴻鶤鵾上當有鴻字

名獸使足□走千里狻猊□野馬走五百里狻猊師子亦食
虎豹野馬亦如馬而小狻音俊猊音倪○爾雅釋獸注初學記二十九太平御覽八百八十九引皆云狻
猊日走五百里一切經音義二十一引無日字邛邛距虛走百里亦馬屬尸子曰距虛
不擇地而走山海經云邛邛距虛並言之○距爾雅釋文引作岠史記司馬相如列傳集解引虛下有
日字麋□二十里自麋以下似次第獸能走里數遠近曰柏夭既致河典
典禮也自此以上事物皆河圖數載河伯以為禮禮穆王也○既本作皆从太平御覽八百九十六引改
乃乘渠黃之乘為天子先先驅導路也○太平御覽八百九十六引無渠字注
云所乘馬盡黃色為之驅也與此亦少異以極西土極竟乙丑天子西濟于
河□爰有溫谷樂都溫谷言冬暖也燕有寒谷不生五穀河宗氏之所
遊居栢天之別州邑丙寅天子屬官效器倉官司閽所掌庶物乃命正
公郊父正公謂三上公天子所取正者郊父為之○後漢書周嘉傳注引謝承書曰其先出自周

平王之後漢興紹嗣封爲正公郊父卽圻父也古郊圻通用受敷憲憲教令也管子曰皆受憲○敷本作勑从吳氏本改張參五經文字云敷勑古勑字今相承作勑用中八駿之乘八駿名在下○中本作仲下又有口字从太平御覽四十引改刪○臧鏞堂云宋本板爾雅疏引作用中八駿之乘中爲中之譌中八駿者內廄之所音也以飲于枝詩之中水岐成詩詩小渚也音止○文選海賦枝岐潭淪注引管子云水別於他水入於大水及海者命曰枝毛詩江有汜傳云水歧成渚陸氏釋文本作水枝成渚此注岐字當依正文作枝錢侗云詩與沚通渚玉篇沚小渚也亦作詩積石之南河積石山名今在金城河關縣南河出北山而東南流○注關本譌作閒漢書地理志積石山在金城郡河關縣西南今改正天子之駿駿者馬之美稱赤驥世所謂騏驥盜驪爲馬細頸驪黑色也○史記秦本紀作溫驪溫卽盜字之譌索隱引劉氏音義云盜驪騧驪也白義踰輪○史記秦本紀索隱引穆王傳作騟䮝玉篇云騟紫色馬山子渠黃華騮色如華而赤今名馬驃赤者爲棗騮騮赤馬也○騮史記秦本紀集解引作驊注驃作標赤下無馬字今从集

解引改綠耳紀年曰北唐之君來見以一驪馬是生綠耳魏時鮮卑獻千里馬白色而兩耳黃名曰黃耳郎此類也八駿皆因其毛色以爲名號耳案史記造父爲穆王得盜驪華騮綠耳之馬御以西巡遊見西王母樂而忘歸皆與此同若合符契○注紀年本譌作綠耳以史記秦本紀集解引改以一驪馬本作驪馬以太平御覽八百九十六引改鏞堂云宋板爾雅疏引鮮卑作西卑西鮮聲相近此鮮字當是後人據他書所改狗重工徹山蘿假口黃南口來白皆駿狗之名亦猶宋鵲之類○山本作止从道藏本改張華博物志云周穆王有犬名耗毛白天子之御造父參百下云參百爲御者○參本作三注引下文本作參因改參古三字耿翛芍及造父善御穆王封之於趙城餘未聞也曰天子是與出口入藪田獵釣弋弋繳射也天子曰於乎予一人不盈于德盈猶充也而辨於樂辨作遊樂之事○辨列子周穆王篇作諧後世亦追數吾過乎穆王遊放過度行輒忘歸故作此言以自警也○列子周穆王篇此段在紀迹弇山之後七萃之士口天

子曰後世所望無失天常奉天時也〇注天本作太从汪氏本改農工既得歲豐登也男女衣食無飢寒也百姓珤富富者安也官人執事各視職事故天有眚四時民口氏響口音國〇孫同元云注音國二字疑卽正文響國之譌響與饗古通用國譌作口音卽響字之半耳何謀於樂言不規樂而樂自及何意之念常慎德也與民共利世以爲常也天子嘉之善其有辭賜以左佩玉華玉華之佩佩之精也〇玉字本脫華下譌增一也字从太平御覽六百九十二引改乃再拜頓首

穆天子傳卷一　終

穆天子傳卷二

晉 郭璞 注　臨海 洪頤煊 校

古文

口柏夭曰〇日本作口从道藏本程氏本改口封膜晝于河水之陽膜晝人名疑音莫以爲殷人主主謂主其祭祀言同姓也丁巳天子西南升口之所主居似說古之賢聖所居爰有大木碩草碩大也爰有野獸可以畋獵戊午𠷎口之人居慮〇古疇字居慮名𠷎本作𠷎今據說文改正獻酒百口于天子百下脫盛酒器名天子已飲而行遂宿于昆侖之阿〇阿山海經西山經注引作側赤水之陽昆侖山有五色水赤水出東南隅而東北流皆見山海經爰有䳲鳥之山䳲音甄一音栴天子三日舍于䳲鳥之山口吉日辛酉天子升于昆侖之丘

以觀黃帝之宮黃帝巡遊四海登昆侖山起宮室於其上見新語○漢書地理志云金城郡臨羌縣西北至塞外有西王母石室叉西有弱水昆侖山祠崔鴻十六國春秋云張駿時酒泉太守馬岌上言酒泉南山即昆侖之體周穆王見西王母樂而忘歸謂此山也而封□隆之葬隆上字疑作豐豐隆筮御雲得大壯卦遂為雷師亦猶黃帝橋山有墓封謂增高其上土也以標顯之耳○山海經西山經注水經河水注俱引作封豐隆之葬後傳寫脫豐字注隆上字疑作豐六字本後人校者之文今本誤羼入注中正文封譌作豐今依注改正而注中六字姑仍其舊以詔後世詔謂語之癸亥天子具蠲齋牲全以禋□昆侖之丘蠲者潔也齊祭神曰禋書天子禋于六宗蠲音圭甲子天子北征舍于珠澤此澤出珠因名之云今越嶲平澤出青珠是以釣于沠水○沠本作流从太平御覽八百九十六引改沠古流字曰珠澤之藪方三十里澤中有草者為藪○三太平御覽八百三引作四爰有雚葦莞蒲莞葱蒲或曰莞蒲齊名耳關西云莞音丸○雚本作蘿从太平御覽

九百九十九引改茅萯萯今菩字音倍○道藏本程氏本皆作茅萯太平御覽九百九十九引作
藐葦蒹蒹蘼也似萑而細音兼○爾雅釋草蒹蘼郭氏注云似萑而細注蘼字本譌作荷今改正葽
莠屬詩曰四月秀要乃獻白玉○事物紀原三引作珠澤之人獻白玉石□隻□角
之一□三可以□沐乃進食□酒十□姑劓九□亦
味中糜胃而滑中猶合也○亦道藏本作亓因獻食馬三百可以供厨
膳者○事類賦注二十一引作其人獻食馬三百牛羊三千天子□昆侖此以
上似說封人於昆侖山芻以守黃帝之宮南司赤水而北守春山
之瑤欲以崇表聖德因用顯其功迹天子乃賜□之人□吾黃金之
環三五空邊等爲一環○賜字本脫从北堂書鈔一百二十九引補朱帶貝飾三十
淮南子曰貝帶鵕鸃是也○貝太平御覽六百九十六引作具史記佞幸列傳云孝惠時郎侍中皆冠鵕
鸃貝帶匈奴列傳云黃金飾具帶一具具各異注引淮南爲證者必作貝也注貝上本衍其字鵕鸃譌作

駿䮝今从佞幸列傳索隱淮南改正工布之四口吾乃膜拜而受今之胡人禮佛舉手加頭稱南謨拜者即此類也音模○注謨本作膜从程氏本改天子又與之黃牛二六以爲犧牲種以三十口人于昆侖丘季夏丁卯天子北升于春山之上以望四野曰春山是唯天下之高山也孳木華不畏雪○今本孳本下作口華畏雪太平御覽二十二引作蕃不畏霜蕃即華字之譌以下句證之孳本下不應有口字因从御覽引改正惟霜字尚不如今本雪字之善耳天子於是取孳木華之實持歸種之孳音滋○持歸種之本譌作注从太平御覽二十二引改正曰春山之澤清水出泉溫和無風烝條適也飛鳥百獸之所飲食先王所謂縣圃淮南子曰昆侖去地一萬一千里上有曾城九重或上倍之是謂閬風或上倍之是謂玄圃以次相及山海經云明明昆侖玄圃各一山但相近耳又曰實唯帝之平圃也○藝文類聚六十五引王下有之字天子於是

得玉榮枝斯之英英玉之精華也尸子曰龍泉有玉英山海經曰黄帝乃取密山之玉榮而投之鍾山之陽是也○榮本作策注同後漢書張衡傳注引山海經亦作策同裹弟賓嶇云郭氏彼注云謂玉華也字當作榮作策者誤也玉海八十七引山海經云玉策小字注云穆天子傳注作玉榮玉厚齋所見本尚不誤今改正曰春山百獸之所聚也飛鳥之所棲也爰有口獸食虎豹如麋而載骨盤口始如麕小頭大鼻麕麞是也爰有赤豹白虎詩曰赤豹黄羆熊羆豺狼野馬野牛山羊野豕今華陰山有野牛山羊肉皆千斤爰有白鵯青雕執犬羊食豕鹿今之雕亦能食麕鹿○鵯本作鳥从山海經海內西經注引改一切經音義六引作白梟注麕本作瘴从文選鸚鵡賦注引改曰天子五日觀于春山之上○錢詹事云古文曰與粵通此書多有云曰天子者當與粵同義乃爲銘迹于縣圃之上以詔後世謂勒石銘功德也秦始皇漢武帝巡守登名山所在刻石立表此之類也○縣

山海經西山經注太平御覽五百九十引作玄壬申天子西征甲戌至于赤烏之人丌○丌本作其案下文丌乃膜拜而受赤烏之人丌字皆作丌古其字傳寫者譌作其耳至于下依文義當脫赤烏氏三字獻酒千斛于天子食馬九百羊牛三千穄麥百載穄似黍而不黏○玉篇云穄關西糜似黍不黏太平御覽八百四十二引作棯天子使鄒父受之曰赤烏氏先出自周宗與周同始祖○周宗藝文類聚六十七引作宗周大王亶父即古公亶父字也之始作西土言作興於岐山之下今邑在扶風美陽是也封其元子吳太伯于東吳太伯讓國入吳因即封之于吳詔以金刃之刑南金精利故語其刑法也賄用周室之璧賄贈賄也封丌璧臣長綽于春山之虱○吳氏本綽上有季字虱疑是古文函字之譌妻以元女詔以玉石之刑昆侖山出美玉石處故以語之以為周室主天子乃賜赤烏之人口丌○口疑衍字墨乘

四周禮大夫乘墨車黃金四十鎰二十兩爲鎰貝帶五十○太平御覽貝六百九十六引作具朱三百裹裹音罷過之過丌乃膜拜而受丌名赤烏人名也○注丌下名字疑衍曰口山是唯天下之良山也珤玉之所在嘉穀生之草木碩美天子於是取嘉禾以歸樹于中國漢武帝取外國香草美菜種之中國曰天子五日休于口山之下乃奏廣樂赤烏之人丌好獻二女于天子所以結恩好也○二字本脫夂藝文類聚十七太平御覽三百八十一引補女聽女列以爲嬖人一名聽名失一女名下文○以字从藝文類聚十七引補注有脫譌不可曉曰赤烏氏美人之地也珤玉之所在也己卯天子北征趙行口舍趙猶超騰舍三十里庚辰濟于洋水洋水出昆侖山西北隅而東流洋音詳○山海經西山經注引作戊長辛巳入于曹奴之人戲觴天子于洋水之上

戲國人名也○水經滦水注引同今本依文義入于下當脫曹奴氏三字乃獻食馬九百
○食水經渭水注引作艮牛羊七千穄米百車天子使逢固受之
逢固周大夫天子乃賜曹奴之人戲口黃金之鹿白銀之
麕今所在地中得玉肫金狗之類此皆古者以賂夷狄之奇貨也○白銀之麕本譌脫作口以藝文類
聚九十五太平御覽九百六引補貝帶四十朱四百裹戲乃膜拜而
受壬午天子北征東還從東頭而還歸○注還道藏本作旋甲申至于
黑水水亦出昆侖山西北隅而東南流西膜之所謂鴻鷺西膜沙漠之鄉以言
外域人名物與中華不同春秋叔弓敗莒師于濆水穀梁傳曰狄人爲濆泉失台號從中國名從主人之
類也於是降雨七日天子留骨六師之屬穆王馬駿而御良故行輒
出從衆前○骨疑是胥字之譌胥有待義韓勑碑胥作肙與骨字相近因誤劉九華云文選枚乘七發云
通厲骨毋之埸越絕書作胥毋此其證也天子乃封長肱于黑水之西河

郎長臂人也身如中國臂長三丈魏時在赤海中得此人裾也長脚人又在赤海東皆見山海經是惟鴻鷺之上○山海經西山經注引惟下有昆侖二字以為周室主是曰䣙骨之邦因以名之辛卯天子北征東還乃循黑水癸巳至于羣玉之山郎山海經玉山西王母所居者○注本脫郎字又經下有羣字从文选謝玄暉郡內高齋閑坐答呂法曹詩注引改容成氏之所守○成本作口从太平御覽六百十八引改路史前紀五引作庸成氏之所守庸容古通用曰羣玉田山口知阿平無險言邊無險阻也○阿史記太史公自序索隱山海經西山經注引皆作河險太平御覽六百十入路史前紀五引皆作隘四徹中繩言皆平直○徹山海經西山經注引作轍先王之所謂冊府言往古帝王以為藏書冊之府所謂藏之名山者也○冊本作策从文選謝玄暉郡內高齋閑坐答呂法曹詩注引改說文云冊符命也象其一長一短中有二編之形策馬箠也冊策本不同今經典通用寡草木而無鳥獸言純玉石也爰有口木西膜之

穆天子傳卷二 五

所謂口天子於是攻其玉石取玉版三乘玉器服物環珮之屬○攻其玉石四字本脫从山海經西山經注引補版字从西山經注太平御覽三十八引補載玉萬隻雙玉爲瑴半瑴爲隻見左氏傳○載上本有於是二字注又脫隻半瑴爲隻一句今从西山經注御覽三十八引改正惟御覽引隻譌作候今不從天子四日休羣玉之山休遊息也乃命邢侯待攻玉者留待之也邢今廣平襄國縣孟秋丁酉天子北征口之人潛時潛時名也觴天子于羽陵之上乃獻良馬牛羊天子以其邦之攻玉石也不受其牢重憤費其牢牲禮也○攻道藏本作功柏天曰口氏檻口之後也天子乃賜之黃金之罌三六郎孟也徐州謂之罌○罌本作罌山海經西山經注引作黃金之罌罌古罌字玉海一百五十四引亦作罌皆古字之厪存者今悉改正朱三百裹潛時乃膜拜而受○膜下本脫拜字依前後文例補戊戌天子西征辛

丑至于剨閭氏（音倚）天子乃命剨閭氏供食六師之人（天子六軍詩曰周王于邁六師及之）于鐵山之下○（鐵本作鐵俗字从北堂書鈔十六太平御覽五十引改）壬寅天子祭于鐵山○（祭本作登从北堂書鈔十六太平御覽五十引改）祀于郊門○（四字本脫从北堂書鈔十六引補）乃徵祭器于剨閭之人（以祭餘胙賜之）溫歸乃膜拜而受（溫歸名也）天子已祭而行乃遂西征丙午至于鄄韓氏（鄄之然切○鄄本作鷤下同又注四字本脫从事類賦注二十三引改補）爰有樂野溫和稌麥之所草（此字作艸下早疑古茂字○錢詹事云草當爲皁字之誤隸楷形相涉耳宋咸熙云草古皁字當讀詩既方既皁之皁）犬馬牛羊之所昌（昌猶盛也）琂玉之所口丁未天子大朝于平衍之中（衍壙之下者見周禮）乃命六師之屬休已酉天子大饗正公諸侯王吏七萃之士于平衍之中鄄韓之人無

鳧乃獻良馬百匹服牛三百服可服用者○服本一作用从北堂書鈔三十一引補注首服字亦據引補良犬七千良調習者○注良字本脫从北堂書鈔三十二引補牥牛二百○太平御覽八百九十九引作三百野馬三百牛羊二千穄麥三百車天子乃賜之黃金銀罌四七貝帶五十朱三百裹變口雕官無鳧上下乃膜拜而受疑古上下字今夷狄多復名○注疑古上下字正文必不作上下凡書中譌字無別本可校者俱仍其舊注復字吳氏本作覆

庚戌天子西征至于玄池天子休于玄池之上○休上本有三日二字當涉下文而誤从事類賦注二十四玉海一百七十一引刪乃奏廣樂三日而終○文選宋孝武宣貴妃誄注引無廣字是曰樂池因改名爲樂池猶漢武改桐鄉爲聞喜之類○注桐本作祠今改正天子乃樹之竹種竹池邊是曰竹林竹木盛者爲林○案下文云天子南葬盛姬于樂池之南注云即玄池也地當在河濟之間不應次在此煊

云樂池名同地異郭氏注誤也太平寰宇記三十盩厔縣下司竹園在縣東一十二里穆天子西征至玄池乃植之竹是此故史記云渭川千畝竹漢謂鄠杜竹林云癸丑天子乃遂西征丙辰至于苦山西膜之所茂苑○山海經中山經有苦山與帝臺相近晉書束晳傳言此書記周穆王游行四海見帝臺西王母疑即此山天子於是休獵於是食苦苦屮名可食丁巳天子西征己未宿于黃鼠之山西口乃遂西征癸亥至于西王母之邦

穆天子傳卷二終

穆天子傳卷三

晉 郭璞 注　臨海 洪頤煊 校

古文

吉日甲子，天子賓于西王母西王母如人虎齒蓬髮戴勝善嘯紀年穆王十七年西征昆侖丘見西王母其年來見賓于昭宮○注善嘯道藏本作善笑宮本譌作公从山海經西山經注太平御覽八十五引改乃執白圭玄璧以見西王母執贄者致敬也好獻錦組百純□組三百純純疋端名也周禮曰純帛不過五兩組綬屬音祖○山海經西山經注引作錦組百縷金玉百斤西王母再拜受之□乙丑天子觴西王母于瑶池之上○史記大宛列傳索隱初學記十八引無于字西王母為天子謠徒歌曰謠曰白雲在天山隊陵字自出○文選沈休文早發定山詩注太平御覽八引作巨陵道里悠

遠○里太平御覽八引作路八十五引作理山川閒之閒音諫○顏氏家訓書證篇云穆天
子傳音諫爲閒段若膺明府云案顏語知本作山川諫之郭讀諫爲閒將子無死將請也
尚能復來尚庶幾也天子答之曰予歸東土○歸山海經西山經注引
作還和治諸夏○治山海經西山經注引作理是唐時避諱所改太平御覽五百七十二引作
洽萬民平均吾顧見汝顧還也○顧太平御覽五百七十二引作願注三字本在
下文从道藏本改正比及三年將復而野復反此野而見汝也○注而字本脫从道
藏本補西王母又爲天子吟○案自道藏本以下皆作西王母之山還歸丌口世
民作憂以吟云云本在下文冒曰西王母之山下與山浮經西山經注所引不同今本多譌舛不可句讀
或是後人傳寫之誤山海經注文義明順又同爲郭氏所注所引當得其眞因改此而從彼曰徂
彼西土徂往也○今本作比徂西土爰居其野○野西山經注作所虎豹爲
羣於鵲與處於讀曰烏○西山經注作烏嘉命不遷言守此一方○遷事類賦

十九引作還我惟帝女帝天帝也○女字本脫从事類賦注十九引補太平御覽九百二十一引作惟我惟女彼何世民又將去子○今本無此二句有天子大命而不可稱顧世民之恩流涕芔隕十七字吹笙鼓簧簧在笙中中心翔翔憂無薄也○西山經注作翔翔世民之子唯天之望所瞻望也天子遂驅升于弇山弇弇兹山日入所也○弇西山經注作奄乃紀名迹于弇山之石銘題之○名本作丌邢咼爾雅疏引作其山海經西山經注引無丌字大荒西經注引作乃紀名迹元朱珪名蹟錄謂取義於此則宋本同有作名迹者矣以注及上文云乃銘迹于縣圖之上校之宋本是也因改正而樹之槐眉曰西王母之山言是西王母所居也○今本自天子遂驅以下本在上文將復而野下又列子湯問篇言穆王越昆侖至弇山反有獻工人偃師一段丁未天子飲于溫山口考鳥紀年曰穆王見西王母西王母止之曰有鳥𪂀人疑說此鳥脫落不可知也○今本紀年無此文原本紀年久佚今本乃後人採掇成書故年數次第多與此傳不合已酉

天子飲于溽水之上溽音淑○太平御覽八十五引作辱水山海經西山經云陰山北二百里曰鳥山辱水出焉疑即此水乃發憲命憲謂法令詔六師之人口其羽爰有口藪水澤爰有陵衍平陸大阜曰陵高平曰陸碩鳥解羽六師之人畢至于曠原言將獵也下云北至曠原之野飛鳥之所解其羽山海經云大澤方千里羣鳥之所生及所解紀年曰穆王北征行積羽千里皆謂此野耳曰天子三月舍于曠原口天子大饗正公諸侯王勤七萃之士勤猶勞也○勤本譌作勤从太平御覽八百三十二引改于羽琌之上下有羽陵疑亦同○太平御覽八百三十二引作羽陵上文山際自出注云陵字水經汝水注云楚武王冢民謂之楚王琴皇覽作楚王岑皆陵字之譌乃奏廣樂六師之人翔畋于曠原翔猶遊也○樂下本有口字从太平御覽八十五八百三十二引删得獲無疆無疆無限也鳥獸絕羣言取盡也六師之人大畋九日乃駐于羽陵之

口○陵字本脫據上注引補收皮效物物謂毛色也詩云九十維物僨車受載僨猶借也○王懷祖觀察廣雅疏證引作貨車受載今俗語猶謂以財租物曰貨矣天子于是載羽百車十羽爲箴百羽爲縛十縛爲緷見周官職○廣雅疏證引百車作百緷案周禮羽人云十羽爲審百羽爲摶十摶爲縳爾雅釋器云一羽謂之箴十羽謂之縳百羽謂之緷此注郭氏本引周官今名从爾雅疑後人所改已亥天子東歸六師口起庚子至于口之山而休以待六師之人庚辰天子東征癸未至于戊口之山智氏之所處口智口往天子于戊口之山○智下口疑氏字左氏襄廿八年傳君使子展迋勞於東門之外杜預注云迋往也說文往古文迋勞用白驂二疋驂騑馬也野馬野牛四十守犬七十任守備者乃獻食馬四百牛羊三千曰智氏口天子北遊于貉子之澤智氏之夫獻酒百口于天子天子賜之狗𤩭

采疑玉名○瓓疑璪字之譌古文璪瓓通用黄金之嬰二九貝帶四十朱丹三百裹桂薑百口乃膜拜而受○下文兩言桂薑百嵒口當是嵒字之譌漢書南粤王傳獻桂蠹一器疑即此類依前後文義口下尚脫智氏二字乙酉天子南征東還己丑至于獻水乃遂東征飲而行乃遂東南己亥至于瓜纑之山三周若城言山周匝三重狀如城壘閼氏胡氏閼音遏之所保天子乃遂東征南絕沙衍沙衍水中有沙者辛丑天子渴于沙衍沙中無水泉○衍太平御覽六百九十二引作中求飲未至七萃之士曰高奔戎刺其左驂之頸○日字本脫从太平御覽八百六十一引補頸御覽六百九十二引作頻取其清血以飲天子今西方羌胡刺馬咽取血飲渴亦愈○清本作青从太平御覽六百九十二引改八百六十一引注與此微不同天子美之乃賜奔戎佩玉一隻奔戎再拜䭫首古稽字

天子乃遂南征甲辰至于積山之邊爰有募柏曰䍃余之人命懷命懷人名獻酒于天子天子賜之黃金之嬰貝帶朱丹七十裹命懷乃膜拜而受乙巳囗諸飦獻酒于天子諸飦亦人名音犍牛之犍天子賜之黃金之嬰貝帶朱丹七十裹諸飦乃膜拜而受○受下本有之字依前後文例刪

穆天子傳卷三終

穆天子傳卷四

晉 郭璞 注　臨海 洪頤煊 校

古文

庚辰至于滔水濁繇氏之所食（山海經曰有川名曰三淖昆吾之所食亦此類）辛巳天子東征癸未至于蘇谷骨飦氏之所衣被（言谷中有艸木皮可以爲衣被）乃遂南征東還丙戌至于長淡（○下云送天子至于長沙之山淡疑沙字之譌）重䍐氏之西疆（疆界也○䍐道藏本皆作䍐）丁亥天子升于長淡乃遂東征庚寅至于重䍐氏黑水之阿爰有野麥（自然生也）爰有荅堇（祗謹二音）西膜之所謂木禾（木禾穀類也長五尋大五圍見山海經云○穀本作粟从山海經海內西經注改）重䍐氏之所食爰有采石之山（出文采之石也）重䍐氏之所守曰枝

斯璿瑰璿瑰玉名左傳曰贈我以璿瑰璿瑰旋回兩音琝瑤亦玉名瑤音遙○琝本作瑕从玉篇玉部引改琅玕石似珠也郎干兩音玲瓏无瓚皆玉名字皆無聞玲瓏音鈴瓚○玲本作玲案玉篇云采石山有玲玗琪與郭音鈴合今改正又上文瓏采郭不作音此音瓚者必瓚字也震煊云本作瓏无玲瓚傳寫者譌在玲字下无卽采字之譌玗琪玉屬也丁其二音徵尾無聞馬凡好石之器于是出盡出此山孟秋癸巳天子命重䣙氏共食天子之屬音供言不及六師也五日丁酉天子升于采石之山於是取采石焉天子使重䣙之民鑄以成器于黑水之上今外國人所鑄作器者亦皆石類也○上太平御覽五十一引作山道藏本作黑山之上史記司馬相如列傳索隱引河圖云流州多積石名琨珸石鍊之成鐵以作劍光明如水精卽此類器服物佩好無疆曰天子一月休秋癸亥天子觴重䣙之人䚕鰥○北海相景君銘元二解寡曹全碑撫育鰥寡鰥皆作䚕䚕疑古鰥字乃

賜之黃金之嬰二九銀烏一隻貝帶五十朱七百裹○朱汪氏本作珠筩箭○震煊云筩當作筩古文攸通作卣作竹下甬者因作竹下攸耳筱箭類也桂薑百峋絲總雕官○總道藏本作縂觻䍡乃膜拜而受

乙丑天子東征觻䍡送天子至于長沙之山○山海經西山經云長沙之山泚水出焉北流注于泑水口隻天子使柏夭受之柏夭曰重䍡氏之先三苗氏之口處以黃木䍡銀采口乃膜拜而受之三苗舜所竄於三危山者○䍡疑鼉字之譌重黎三苗皆顓頊之後見山海經丙寅天子東征南還已巳至于文山西膜之所謂口觴天子于文山西膜之人乃獻食馬三百牛羊二千穄米千車天子使畢矩受之曰口天子三日遊于文山於是取采石似有采石故號文山壬寅天子飲于文山之下文

山之人歸遺歸遺名也乃獻良馬十駟四馬爲駟用牛三百守狗九十牨牛二百此牛能行流沙中如橐駝○百下本有以行流沙四字當是注文傳寫之譌今刪太平御覽八百九十九引此注在上文鄄韓之人所獻牨牛下天子之豪馬豪牛豪猶髦也山海經云髦馬如馬足四節皆有毛○今山海經作旄馬髦旄古通用尨狗尨尨茸謂猛狗或曰尨亦狗名○尨道藏本作龍尨龍古通用豪羊似髦牛以三十祭文山又賜之黃金之嬰二九貝帶三十朱三百裹桂薑百嵎歸遺乃膜拜而受癸酉天子命駕八駿之乘右服䮧騮疑華騮字○列子周穆王篇作䮧騮爾雅釋畜注疏俱引作右服盜驪臧鏞堂云郭引右服盜驪以證爾雅之小領盜驪盜驪且自解云盜驪千里馬然則穆傳注必作疑盜驪字矣邪叔明所引山海經正與雅注合今本作華騮與御覽所引同此後人臯改之本非郭注原書也正文作驪更非而左綠耳右驂亦蘢古驥字而左白儀古義字○列子周穆王篇作白濼太

平御覽八百九十六引云右服驊騮而左綠耳右驂赤驥而左白義唐宋類書引此書凡遇古文皆从注中今字天子主車造父爲御囱囱爲右○列子周穆王篇作𥦗囱釋文云𥦗音泰篆作㐬囱音丙石經作宂張湛注云上齊下合此古字未審孫貽穀侍御云雲溪友議載王起不識穆王傳𪗋囱二字今本無𪗋字惟湛注上齊下合頫與𪗋字佀類疑列子𥦗此𥦗皆𪗋字之譌次車之乘次車副車右服渠黃○黃太平御覽八百九十六引作晉而左踰輪右驂盜驪○驂字本脫从太平御覽八百九十六引補列子周穆王篇亦有驂字而左山子柏天主車參百爲御奔戎爲右天子乃遂東南翔行馳驅千里一舉譬千里行如飛翔○文選王元長三月三日曲水詩序注引無驅字至于巨蒐氏○巨蒐氏三字本脫从太平御覽三百七十二八百九十六引補史記匈奴列傳索隱引作臣蒐誤巨蒐之人㺒奴○錢詹事云㺒疑卽若字古文若作𦯈說文叒卽若木字乃獻白鵠之血○鵠太平御覽三百七十二九百十九事類賦注十八俱引作鶴鵠

鵠古通用以飲天子飲血所以益人炁力○注飲血本譌在所以下今改正因具牛羊之湩湩乳也今江南人亦呼乳爲湩音寒朿反以洗天子之足令肌膚滑及二乘之人謂主天子車及副車者也○列子周穆王篇自天子命駕八駿之乘以下至此俱同惟下云已飲而行遂宿于昆侖之阿赤水之陽別日升昆侖之丘以觀黃帝之宮與今次爲少異耳甲戌巨蒐之[illegible]奴鬺天子于焚留之山乃獻馬三百牛羊五千秋麥千車秋麥禾也膜稷三十車稷粟也膜未聞天子使柏夭受之好獻枝斯之英四十精者爲英○英本作石从注改㑥[illegible][illegible][illegible]珌佩百隻琅玕四十[illegible][illegible]十篋疑此紝葛之屬天子使造父受之口乃賜之銀木[illegible]采○[illegible]采疑即上文瓀采黃金之嬰二九貝帶四十朱三百裹桂薑百亶[illegible]奴乃膜拜而受乙亥天子南征陽紆之東尾尾山後也乃遂絕[illegible][illegible]

之谷已至于鞻𤪌河之水北阿爰有𤇯溲之口河伯之孫（今西有渠搜國𤇯疑渠字）事皇天子之山有模堇其葉是食明后（模堇木名后君也堇音謹）天子嘉之賜以佩玉一隻柏夭再拜稽首癸丑天子東征柏夭送天子至于鄘人鄘柏絮觴天子于滲澤之上𠝹多之汭（汭水涯）河水之所南還（還回也還音旋）曰天子五日休于滲澤之上以待六師之人（○自上爻辛丑天子西征至于鄘人遂由河宗西至崑侖上見西王母至此始還故此書自第一卷至第四卷雖中多斷簡皆一時事滲澤卽滲澤古字通用）戊午天子東征顧命柏夭歸于丌邦天子曰河宗正也柏夭再拜稽首（辭去也）天子南還升于長松之隥（坂有長松○隥太平御覽五十三引作坂水經河水注西河陰山縣有長松水與蒲水合疑從此隥得名）孟冬壬戌天子至于雷首

雷首山名今在河東蒲坂縣南也○天子二字本脫从水經河水注玉海一百四十八引補犬戎
胡觴天子于雷水之阿○水經河水注北堂書鈔八十二引作雷首之阿乃
獻食馬四六○食水經河水注太平御覽九十二引作良天子使孔牙受
之曰雷水之平寒○平水經河水注引作干寡人具犬馬羊牛○初
學記二十九太平御覽九百二引俱無寒下八字爰有黑牛白角爰有黑羊
白血記異也癸亥天子南征升于髭之隥音訾丙寅天子
至于銒山之隊○史記淮陰矦列傳索隱引作陘山之隧東升于三道之
隥○文選顏延年三月三日曲水詩序注引脫之字乃宿于二邊命毛班毛班
毛伯衞之先也逢固先至于周以待天之命○天下㞐脫子字癸酉
天子命駕八駿之乘赤驥之駟造父爲御南征翔行
逕絕翟道翟道在隴西謂截隴阪過○御下本有口字从太平寰宇記引刪翔行寰宇記引作

朔野升于太行南濟于河馳驅千里遂入于宗周官人進白鵠之血以飲天子以洗天子之足亦謂乳也造父乃具羊之血以飲四馬之乘一與王同車御右之屬左傳所謂四乘是也庚辰天子大朝于宗周之廟乃里西土之數里謂計其道里也紀年曰穆王西征還里天下億有九萬里曰自宗周瀍水以西瀍水今在洛西洛卽成周也音纏北至于河宗之邦○北字本脫从水經河水注引補陽紆之山三千有四百里○有下文或作又古字通用自陽紆西至于西夏氏○周書史記解云昔者西夏性仁非兵城郭不修武士無位唐氏伐之西夏以亡二千又五百里自西夏至于珠余氏及河首千又五百里自河首襄山以西○史記封禪書云自華以西名山七曰薄山薄山者襄山也據括地志襄山卽上文雷首山南至于春山珠澤昆侖之丘七百里自

穆天子傳卷四　五

春山以西至于赤烏氏春山三百里東北還至于羣玉之山截春山以北截猶阻也自羣玉之山以西至于西王母之邦三千里□自西王母之邦北至于曠原之野飛鳥之所解其羽所謂解毛之處○藝文類聚六太平御覽九百十四引俱無其字千有九百里□宗周至于西北大曠原案山海經云羣鳥所集澤有兩處一方百里一方千里即此大曠原也一萬四千里乃還東南復至于陽紆七千里還歸于周三千里各行兼數三萬有五千里吉日甲申天子祭于宗周之廟告行反也書大傳曰反必告廟也乙酉天子□六師之人于洛水之上丁亥天子北濟于河□羝之隊○羝程氏本作羝以西北升于盟門九河之隥盟門山今在河北尸子曰河出于盟門之上○盟山海經北山經注水經河水注俱引作

孟史記索隱云盟古孟字乃遂西南仲冬壬辰至𩕄山之上乃奏廣樂三日而終吉日丁酉天子入于南鄭今京兆鄭縣也紀年穆王元年築祇宮于南鄭傳所謂王是以獲沒于祇宮者○漢書地理志京兆鄭縣周宣王弟鄭桓公邑臣瓚曰周自穆王以下都于西鄭不得以封鄭桓公也案傳瓚所引乃紀年之文與此傳合顏師古注謂穆王以下無都西鄭之事正未檢及此兩書耳

穆天子傳卷四終

穆天子傳卷五

晉 郭璞 注　臨海 洪頤煊 校

古文

瑶處曰天子四日休于濩澤今平陽濩澤縣是也濩音獲○事類賦注四引作四月於是射鳥獵獸丁丑天子□甬乃至鄔父自圃鄭來謁鄭有圃田因云圃鄭謁告也畱昆歸玉百枝畱昆國見紀年○枝道藏本汪氏本皆作枚今本紀年云十五年春正月畱昆氏來賓陵翟致賂陵翟隗姓國也音峻○廣韻云陵亭名在馮翊良馬百駟傳曰文馬百駟歸畢之瑶畢國名言翟前取此琯也○左氏僖廿四年傳畢原鄷郇杜預注云畢國在長安縣西北以詰其成成謂平也詁猶責也陵子鬲胡□東牡夷狄有德者稱子疇胡名見許男于洧上男爵也許國今許昌縣洧水之所在音羽美反鄔父以天子命辭曰去茲羔用

玉帛見禮男執蒲璧許男欲崇謙故執羔也許男不敢辭奉王命還取束
帛加璧口毛公舉幣玉毛公郎毛班也是日也天子飲許男
于洧上天子曰朕非許邦而恤百姓口也咎氏宴飲
毋有禮禮天子稱異姓諸侯爲伯舅燕者私會不欲崇禮敬也管子曰伯咎無下拜字亦作咎作咎
猶舅也○口字疑衍注引管子伯咎與下作咎俱譌作舅字今从注意改正錢詹事云士昏禮贊見婦于
舅姑注古文舅皆爲咎春秋傳舅犯它書多作咎犯此書舅氏爲咎氏足證爲眞古文矣許男不
敢辭升坐于出尊禮記曰反坫出尊唯兩君爲好既獻反爵坫上出尊蓋此之類也坐
之於尊邊使爲酒魁欲以盡歡酣也乃用宴樂言曲宴也天子賜許男駿馬
十六稱駿者名馬也許男降再拜空首空首頭至于地周禮三曰空拜乃升
平坐及暮天子遣許男歸癸亥天子乘鳥舟龍浮于
大沼沼池龍下有舟字舟皆以龍鳥爲形制今吳之青雀舫此其遺象也○鳥舟文選張景陽七命

注引作鳥舟龍下本有卒字从太平御覽七百六十九事類賦注十六引刪又御覽事類賦注引俱作鳥舟龍舟注龍下有舟字五字亦是校者之文注象也本作制者从文選注引改夏庚午天子飲于洧上乃遣祭父如圃鄭用口諸侯辛未天子北還鈞于漸澤食魚于桑野丁丑天子里圃田之路盡度以爲苑圃地規而虞守之也東至于房房房子屬趙國地有巑山○案漢書地理志房子有贊皇山不聞巑山歐陽修集古錄周穆王吉日癸巳文皷引穆天子傳登贊皇山以望臨城太平寰宇記六十亦引穆天子傳云至房子登贊皇山今本無此文注巑山即贊皇山之譌當是彼處闕文今殘脫不可考矣又水經濟水注疑房在陽武縣故城南以郭氏此注爲非西至于口丘南至于桑野北盡經林煮口之藪南北五十口十虞東虞曰兎臺○史記趙世家云魏敗我兎臺正義云兎臺在河北西虞曰欒丘欒今河南陽翟縣音立南虞曰口富丘○水經濟水注引紀年云梁惠成王十六年邯鄲伐衞取

溱富上城之北虞曰相其御虞曰口來十虞所口辰天子次于軍丘以畋于藪口甲寅天子作居范宮范離宮之名也○今本紀年云十四年夏四月王畋于軍丘五月作范宮以觀桑者桑採桑也詩云桑者閒閒兮○毛詩釋文本作閒閒太平御覽九百五十七引作閑閑與今注疏本同乃飲于桑中桑林之中○飲太平御覽九百五十七引譌作飯天子命桑虞主桑者也出口桑者用禁暴民不得令妄剗犯桑本○民本作人从藝文類聚八十八太平御覽九百五十七引改仲夏甲申天子口所庚寅天子西遊乃宿于鄒鄒鄒公邑壬辰鄒公飲天子酒乃歌𪀀天之詩詩頌有昊天有成命二后受之成王不敢康疑鄒公以此規諫也天子命歌南山有𪇆詩小雅有南山有臺樂之君子邦家之基以答鄒公之言然皆古字難曉所以未詳○說文握古文作𡌭與臺形相近此𪇆字復與握形相近皆古文也乃紹宴樂紹繼也丁酉天子作臺以為西

居壬寅天子東至于雀梁○水經濟水注云黃水又東北至滎澤南分爲二水一水北入滎澤一水東北流卽黃雀溝引此傳云壬寅天子東至于雀梁者也甲辰浮于滎水今滎陽滎澤是○水經濟水注引作甲寅下又有天子二字乃奏廣樂季夏庚口休于范宮仲秋丁巳天子射鹿于林中乃飲于孟氏爰舞白鶴二八今之畜鶴孔雀馴者亦能應節鼓舞還宿于雀梁季秋辛巳天子司戎于口來虞人次御以次侍御備有所問孟冬鳥至雁來翔也王臣口弋下云王臣姬姓之女疑是婦官也○臣古姬字之省今本譌作臣从道藏本改漢書音義臣瓚曰漢秩祿令及茂陵書姬並內官也秩比二千石位次倢伃下在八子上仲冬丁酉天子射獸休于深萑萑葦之藂○萑本作雈說文雈小爵也萑葦之萑从艸雈聲今改正得麋麙豕鹿四百有二十得二虎九狼乃祭于先王命庖人熟之庖人主飲食者戊戌天子西遊射

于中口方落艸木鮮命虞人掠林除藪以爲百姓材以供人之材用掠謂剗伐之是日也天子北入于邴邴鄭邑也音丙與井
公博三日而決疑井公賢人而隱祊故穆王就之遊戲也○太平御覽七百五十四引此注譌作正文又注祊字譌作者字公羊隱八年鄭伯使宛來歸邴左氏作歸祊二字古通用辛丑
塞戒不如故進爲塞也至于臺乃大暑除天子居于臺以聽天
下之因以避暑○下疑脫政字之遠方口之數而衆從之是以選
扐音勒○韓維鏞云選數也選扐卽揲蓍之法乃載之神人口之能數也有道數也乃左右望之占候也天子樂之愛其術也命爲口而時
口焉口其名曰口公去乘人口猶口有虎在於葭中葭屮○於本作乎从事類賦注二十引改太平寰宇記五十二引作天子獵于鄭國有虎在葭中國疑圃字之譌約上文而言耳
天子將至七萃之士曰高奔戎請生搏

虎必全之○曰字本脫从太平御覽三百八十六八百九十一引補乃生搏虎而
獻之天子詩所謂袒裼暴虎獻于公所此之謂也○搏本作捕从漢書地理志顏師古注後漢
郡國志注引改天子二字从漢書注引補天子命為柙柙檻也論語曰虎兕出於柙○
命下本有之字从後漢郡國志注引刪而畜之東虢是曰虎牢因以名其地也
今滎陽成皋縣是○虢本作虞漢書地理志注後漢郡國志注俱引作虢案成皋本春秋北制左氏隱元
年傳云制巖邑也虢叔死焉杜預注云虢叔東虢君也舊作東虞非是因改正今本紀年作虎牢在十四
年漢書地理志注引作獸牢避唐諱也天子賜奔戎畋馬十駟爾雅曰畋馬齊
足尚疾也歸之太牢牛羊豕為太牢奔戎再拜䭫首丙辰天子北
遊于林中乃大受命而歸仲秋甲戌天子東遊次于
雀梁一宿為舍再宿為信過信為次口蠹書于羽陵謂暴書中蠹蟲因云蠹書也○
陵本作林从左傳襄廿七年正義太平御覽二十四引改季秋口乃宿于防○郎上文

東至于房也漢隸唐公房碑校官碑房皆作防畢人告戎告戎難也曰陖翟來侵
天子使孟僉如畢討戎僉音豫○僉吳氏本作愈注同今本紀年云十四年秋九
月翟人侵畢霍侯舊告薨霍國今在平陽永安縣西南有城○今本紀年云十六年霍侯
舊薨天子臨于軍丘狩于藪季冬甲戌天子東遊飲于
畱祈○祈太平御覽二十六引作祁射于麗虎讀書于菞丘君舉必書菞音
犂○讀太平御覽二十二引作續宋咸熙云菞丘卽下文所謂黎丘之陽也漢書匈奴傳贊云菞庶亾干
戈之役師古曰菞古黎字本譌作藪今改正□獻酒于天子乃奏廣樂天
子遺其靈鼓乃化爲黃蛇周禮曰靈鼓四面洪範所謂鼓妖也是日天
子鼓道其下而鳴從失鼓而擊鼓也鼓在地下鳴道從也韓非曰道南方來也乃
樹之桐因以樹梧桐桐亦響木也以爲鼓則神且鳴則利於戎宜以
攻戎以爲琴則利□于黃澤天子東遊于黃澤○水經云蕩水

又南北至內黃縣入于黃澤天子二字本脫从太平御覽五百七十二八百九十六引補宿于曲洛洛水之回曲地名也○太平寰宇記四偃師縣東北有曲河驛以洛水之曲為名即引此傳為證廢口使宮樂謠宮樂典樂者曰黃之池其馬歕沙歕噴也普悶切○池藝文類聚四十三引作陁皇人威儀威畏也黃之澤其馬歕玉皇人壽穀穀生也皆諸謠辭○壽本作受从初學記二十九太平御覽八百九十六引改丙辰天子南遊于黃室之丘○黃下本有口字从太平御覽三十四五百九十二引刪文選雪賦注引作黃臺之丘以觀夏后啓之所居疑此言太室之丘嵩高山啓母在此山化爲石而子啓亦登仙故其上有啓石也皆見歸藏及淮南子○藝文類聚六十二引歸藏曰昔者夏后啓葬享神于晉之墟作爲璿臺于水之陽山海經海外西經注引歸藏鄭母經曰夏后啓筮御飛龍登于天吉明啓亦仙也是說此事乃口于啓室似謂入啓室中天子筮獵苹苹音餅○今本紀年云十四年蒐于萍澤藝文類聚七十五引作萃澤誤其卦遇訟三

穆天子傳卷五　五

䷅坎下乾上逢公占之曰訟之繇繇爻辭音冑○案左氏昭十年傳云戊子逢公以登杜預注云逢公殷諸侯居齊地者孔穎達正義云伯陵之後世爲逢君此乃其胄裔也藪澤蒼蒼其中口宜其正公○宜其藝文類聚七十五引作其宜戎事則從水性平而天無私兵不曲橈而戎事集也祭祀則憙畋獵則獲口飲逢公酒賜之駿馬十六絺紵三十篋絺葛精者○紵太平御覽八百一十九引作綌逢公再拜稽首賜筮史狐口有陰雨夢神有事有事祭也是謂重陰因以紀也天子乃休日中大寒北風雨雪有凍人○太平御覽十二三十四引凍下有死字天子作詩三章以哀民哀猶愍也○初學記二太平御覽十二引作下有黃竹二字曰我徂黃竹口負閟寒閟閉也音祕○負本作員从初學記二文選雪賦注太平御覽十二引改注五字本脫从御覽引補唐開元占經百一引穆天子傳云雪盈數尺年豐入節或是此處脫文今姑附于此帝收九行九行

九道也言收羅九域之道里也傳曰經啓九道注本作行道也从太平御覽五百九十二引改○嗟
我公侯百辟家卿辟君家卿家宰皇我萬民皇正也旦夕勿怠
恒念之也我徂黃竹口負閟寒帝收九行嗟我公侯百辟
家卿皇我萬民旦夕勿窮令無困也有皎者鵅皎白皃鵅鳥名音路
○注皎白皃三字本在鳥名下今依義改正翩翩其飛言得意也○翩翩太平御覽九百二
十五引[illegible]作鶣鶣嗟我公侯口勿則還自侯以下似當云百辟家卿皇我萬民口
勿則遷居樂甚寡言守一居少樂○太平御覽五百九十二引作樂其寡樂以居字屬上句
譌誤不如遷土居無求安禮樂其民言當以禮樂化其民也天子曰余
一人則淫淫于遊樂○余太平御覽五百九十二引作予不皇萬民口登乃
宿于黃竹天子夢羿射于塗山羿有窮氏帝善射者鄒公占之
疏口之口乃宿于曲山壬申天子西升于曲山口天

子西征升于九阿疑今新安縣十里九阪也○于字本脫从水經洛水注太平御覽五十六引補注本譌作西安从御覽引改正南宿于丹黃戊寅天子西升于黎丘之陽○黎丘之三字本脫从太平御覽九百六事類賦注二十三引補口過于靈口井公博穆王往返軋從井公博遊明其有道德人也乃駕鹿以遊于山上爲之石圭而口寘輪即輪坂也今在河東大陽縣傳曰入于寘輪巔零二音○太平寰宇記五引作天子自寘輪次于洹水之陽說文寘在穴部水經河水注引作寘傳寫之譌河水注引左傳作入自巔輪今本左傳又作巔輪皆字之異乃次于洹水之陽今之洹津也在河東河北縣音項脰之脰吉日丁亥天子入于南鄭

穆天子傳卷五終

穆天子傳卷六

晉 郭璞 注　臨海 洪頤煊 校

古文

之虛皇帝之閭乃□先王九觀以詔後世此復是登名山有所銘勒封建也殘闕字多不可推考耳已巳天子□征舍于菹臺辛未獵菹之獸管子曰菹菜之壤今吳人呼田獵茸艸地爲菹音冝○獵本作緇从事類賦注二十三引改太平御覽九百六引作狎於是白鹿一遻棄逸出走言突圍出遻觸也或曰所駕鹿遻猶驚也○遻本作牾从文選長笛賦注引改事類賦注二十三引作有白鹿一迕乘而逸遻迕皆古今字天子乘渠黃之乘馳焉□自此已上疑說遂得鹿之狀○馳字本脫又□字譌在焉字上从事類賦注二十三引改正天子丘之丘謂爲之名號方言耳

是曰五鹿官人之□是丘□其皮是曰□皮□其脯

是曰口腫天子飲于漯水之上漯水今濟陰漯陰縣音沓○震煊云北堂書鈔八十二引作濕水濕古漯字疑淺識者改爲漯爾官人膳鹿獻之天子美之是曰甘自此以上皆因鹿以名所在地用紀之也今元城縣東郭有五鹿墟晉文公所乞食於野人處者也癸酉天子南祭白鹿于漯口乃西飲于草中草野之中大奏廣樂大謂盛作之也是曰樂人亦以紀之甲戌天子西北口姬姓也盛柏之子也盛國名疑上說姬事公羊傳曰成者何盛也曷謂爲之成諱滅同姓也○列子湯問篇偃師獻伎人王與盛姬內御竝觀之天子賜之上姬之長令盛伯爲姬姓之長位位在上也是曰盛門天子乃爲之臺爲盛姬築臺也是曰重璧之臺言臺狀如壘璧○今本紀年云十五年作重璧臺戊寅天子東田于澤中○田本作狃从太平御覽八百三十二引改逢寒疾言盛姬在此遇風寒得疾天子舍于澤中盛姬告病天子憐之口澤

曰寒氏以名澤也盛姬求飲天子命人取漿而給得之速也傳曰何其給也是曰壺輸壺器名輸音遄速也與遄同天子西至于重璧之臺盛姬告病口天子哀之上疑說盛姬死也是曰哀次哭泣之位次天子乃殯盛姬于穀丘之廟先王之廟有在此者漢氏亦所在有廟焉○穀丘本作𣪊丘太平御覽五百五十引譌作古兵从文選宋孝武宣貴妃誄注引改口壬寅天子命哭命羣臣大臨也啟爲主爲之喪主即下伊扈也啟疑爲開殯出柩也鄒父賓喪儐贊禮儀天子王女叔㛗爲主叔㛗穆王之女也音痤○王廣韻七歌注引作三天子口賓之命終喪禮命持喪終禮也於是殤祀而哭殤未成喪盛姬年少也内史執策所以書贈賵之事内史主冊命者官人口亓職曾祝敷筵席設几敷猶鋪也周禮曰喪事仍几盛饋具饋具奠也肺鹽羹肉也當以音行○注當以音行四字誤汪繼培云字林云羹肉有汁也儀禮注今文湇爲

穆天子傳卷六　二

汁音字疑湆之譌當字近瀋左傳注瀋汁也今無善本可校姑仍之胾大臠脯棗醢粥清也音移醓肉醬也魚腊乾魚糗寒粥也韭韭菹百物言備有也乃陳腥俎十二乾豆九十鼎敦壺尊四十敦似盤音堆器雜器皿也會祝祭食禮雖喪祭皆祭食示有所先也進肺鹽祭酒以肺換鹽中以祭所謂振祭也禮以肝見少牢饋食也○注換本作換禮以肝本作禮以肺案少牢饋食尸右兼取肝換于俎鹽振祭引之今改正乃獻喪主伊扈伊扈拜受口祭女又獻女主叔姪叔姪拜受祭口祝報祭觴大師樂官乃哭即位就喪位也畢哭內史口策而哭策上宜作讀既夕禮曰主人之史讀明是也曾祝捧饋而哭捧兩手持也御者口祈而哭侍御者禮曰御者入浴抗者觴夕而哭抗猶舉也禮記曰小臣四人抗衾也佐者承斗而哭佐斂者也斗斟水杓也佐者佐飲食者衣衾佩口而哭樂口人陳琴瑟口竽疑竽上宜

作笙笙籥如笛今戟吏箢如併兩亦竽屬籥三孔簌所吹者箢笛音管而哭百衆官

人各口其職事以哭百衆猶百族也○百下本有口字案注文不宜有今刪曰

士女錯踊九口乃終錯互也哭則三踊三哭而九踊所謂成踊者也喪主伊

扈○扈本作扈注不云古扈字舊本作扈今改正哭出造舍倚廬也○道藏本自此以下多

未刻字今不悉記父兄宗姓及在位者從之佐者哭佐斂者也且

徹饋及壺鼎俎豆皆佐者主爲之衆宮人各口其職皆哭而

出事畢井利口事後出而收井利所以獨後出者典喪祭器物收斂之也或曰井

利稽慢出不及輩故收縛之癸卯大哭殤祀而載載祖載也甲辰天子

南葬盛姬于樂池之南郎玄池也天子乃命盛姬口之喪

視皇后之葬法視猶比也亦不拜後于諸侯疑字錯誤所未詳也○拜

道藏本作邦河濟之間共事供給喪事○注喪事本作事也从太平御覽五百五十五

(引改)韋穀黃城三邦之事輦喪(輦謂挽輴車發三國之衆以示榮侈○事字疑當作衆)七萃之士抗即車(舉棺以就車○抗下本有者字从太平御覽五百五十五引刪)會祝先喪(導也)大匠御棺(爲棺御也周禮曰喪祝爲御禮記曰諸侯御柩以羽葆謂在前謂行止之節)日月之旗七星之文(言旗上畫日月及北斗七星也周禮日日月爲常旗亦通名也○注七字本脫左傳桓二年正義引云蓋畫北斗七星也太平御覽三百四十引注亦有七字今補周禮本譌作禮記从御覽五百五十五引改)鼓鍾以葬龍旗以□鳥以建鼓獸以建鍾龍以建旗曰喪之先後及哭踊者之間畢有鍾旗□百物喪器井利典之列于喪行靡有不備(行行伍)擊鼓以行喪舉旗以勸之(令盡哀也)擊鍾以止哭彌旗以節之(爲節音節彌猶低也)曰□祀大哭九而終喪出于門喪主即位(就哭位也)周室父兄子孫倍之(倍倍

列位也○倍古陪字尚書至于倍尾漢書地理志作倍尾顏師古注云倍讀曰陪諸侯屬子宗屬羣子王吏倍之外官王屬七萃之士倍之外官所主在外者姬姓子弟倍之盛姬之族屬也執職之人倍之執職猶職事也百官衆人倍之哭者七倍之列七重踊者三十行行萃百人百人爲一倍萃聚也女主即位嬖人羣女倍之嬖人王所幸愛者王臣姬姓之女倍之疑同姓之女爲大夫士妻者所謂內宗也宮官人倍之宮官爲內也宮賢庶妾倍之庶妾衆散妾也哭者五倍踊者次從以次相從曰天子命喪一里而擊鐘止哭曰匠人哭于車上御棺不得下也會祝哭于喪前○前字本脫从道藏本補七萃之士哭于喪所曰小哭錯踊三踊而行五里而次次猶止也曰喪三舍至于哀次五舍至于重璧之臺三十里爲舍也傳曰避君三舍乃

休（休駐也）天子乃周姑繇之水以圜喪車（決水周繞之也繇音遙圜音員○圜文選宋孝武宣貴妃誄注引作環）是曰圜車（以號水也）曰殤祀之（於此復祭）孟冬辛亥邢侯曹侯來弔（曹國今濟陰定陶縣是也）內史將之以見天子天子告不豫而辭焉（不豫辭病也尚書曰武王不豫）邢侯曹侯乃弔太子太子哭出廟門以迎邢侯（曹侯不進○迎太平御覽一百四十一引譌作送）再拜勞之（問勞之也）侯不答拜（謙不敢與太子抗禮）邢侯謁哭于廟（謁告也）太子先哭而入西向即位內史賓侯（賓相）北向而立大哭九邢侯厝踊三而止（與太子拾踊○上文作錯踊此作厝踊錯厝古字通用）太子送邢侯至廟門之外邢侯遂出太子再拜送之曹侯廟弔入哭太子送之亦如邢侯之禮（雖弔異而禮同）壬子天子具官見邢侯曹侯（具官備禮）

（相見）天子還反（將歸）邦侯曹侯執見拜天子之武一（義厥未聞）天子見之乃遣邦侯曹侯歸于其邦王官執禮共于二侯如故（言不以喪廢禮）曰天子出憲（憲命）以或䙵賵（此以上似說賵賵事衣物曰䙵音遂○䙵上疑脫口字注似本作以今改正）癸丑大哭而口甲寅殤祀大哭而行喪五舍于大次曰喪三日于大次（停三日也）殤祀如初辛酉大成百物皆備（送葬之物具備注具道藏本作俱）壬戌葬史錄繇鼓鍾以赤下棺（窆也）七萃之士口士女錯踊九口喪下（下謂入土）昧爽天子使嬖人（所愛幸者）賵用文錦明衣九領（謂之明衣言神明之衣）喪宗伊扈賵用變裳（宗亦主變裳裳名也）女主叔㜪賵用茵組（茵褥）百嬖人官師畢賵（言盡有䙵賵也官師羣士號也禮記曰官師一廟）井利乃藏（藏之于墓所）報哭于大次

報猶反也大次有次神次也祥祠口祝喪罷哭辭于遠人辭謝遣歸為盛姬謚曰哀淑人恭仁短折曰哀○注仁本謚作人从周書謚法改正天子名之為丘作名○名之本謚作丘人从太平御覽五十三引改孫同元云名之當作丘之與上文天子丘上之為一例是曰哀淑之丘○今本作淑人从太平御覽五十三引改震塏云北堂書鈔九十四引作淑人之丘是本有作淑人者義亦通唐乙丑天子東征舍于五鹿叔㛗思哭思哭盛姬是曰女㛗之丘因以名五鹿也丁卯天子東征釣于漯水○水經漯水注太平御覽一百六十引天子下俱有自五鹿三字以祭淑人是曰祭丘已巳天子東征食馬于漯水之上乃鼓之棘○鼓疑是樹字之譌是曰馬主未詳所云癸酉天子南征至于菹臺仲冬甲戌天子西征至于因氏國名天子乃釣于河以觀姑繇之木姑繇大木也山海經云尋木長千里生河邊謂此木之類○太

平御覽八百八十三引無以字說文云橃崑崙河隅之長木也字本从木注河邊本譌作海邊从御覽八百三十四引改丁丑天子北征戊寅舍于河上乃致父兄子弟王邑姬口祥祠畢哭上云王邑姬姓之女疑此亦同也○祠本作祀从道藏本改終喪于嚻氏服闋己卯天子西濟于河嚻氏之遂○嚻上當有脫字遂是隧字之省庚辰舍于茅尺地名於是禋祀除喪始樂素服而歸哀未忘也是曰素氏天子遂西南癸未至于野王今河內縣甲申天子北升于大北之隥疑此太行山也而降休于兩柏之下有兩柏也天子永念傷心乃思淑人盛姬於是流涕七萃之士葽豫上諫于天子曰自古有死有生○文選繆熙伯挽歌詩注引死下無有字豈獨淑人天子不樂出於永思永思有益莫忘其新言思之有益者莫忘更求新人天子哀之

穆天子傳卷六　六

乃又流涕聞此言愈更增感也是日輟乙酉天子西絕鈃隥卽鈃山之坂一云癸巳遊于井鈃之山吉日癸巳○乙酉上本有已未二字从水經汾水注引刪注一云癸巳以下亦枝者語吉日癸巳四字是壇山刻石文不知何以誤附在此乃遂西南戊子至于盬盬鹽池今在河東解縣盬音古○盬水經汾水注程氏本俱譌作鹽已丑天子南登于薄山窴軨之隥今軨橋西南懸絕中央有兩道○北堂書鈔十六引祭于冥軨之鄭疑此譌文水經河水注引無山字乃宿于虞虞國名今大陽縣庚寅天子南征吉日辛卯天子入于南鄭

穆天子傳卷六終